全国商业职业教育教学指导委员会推荐教材

工业和信息化高职高专“十二五”规划教材
高等职业教育财经类**名师精品**规划教材

Auditing Practice

审计实务

苗美华 编著

人民邮电出版社
北京

图书在版编目（CIP）数据

审计实务 / 苗美华编著. -- 北京 : 人民邮电出版社, 2014.2（2020.1重印）
高等职业教育财经类名师精品规划教材
ISBN 978-7-115-32984-4

Ⅰ. ①审… Ⅱ. ①苗… Ⅲ. ①审计学－高等职业教育－教材 Ⅳ. ①F239.0

中国版本图书馆CIP数据核字(2013)第265626号

内 容 提 要

本书按照会计师事务所财务报表审计工作底稿编制指南的要求，按照实际审计工作任务安排本书内容，每个任务设置知识准备、典型工作任务、任务操作演示及任务实训等栏目，能够满足会计师事务所对助理审计人员的知识、能力和综合素质的需求。

本教材适用于高职会计类专业教学，也能满足助理审计人员后续教育的需求。

◆ 编　　著　苗美华
责任编辑　李育民
责任印制　杨林杰

◆ 人民邮电出版社出版发行　　北京市丰台区成寿寺路 11 号
邮编　100164　　电子邮件　315@ptpress.com.cn
网址　http://www.ptpress.com.cn
涿州市京南印刷厂印刷

◆ 开本：787×1092　1/16
印张：16.25　　2014 年 2 月第 1 版
字数：416 千字　　2020 年 1 月河北第 6 次印刷

定价：36.00 元

读者服务热线：(010)81055256　印装质量热线：(010)81055316
反盗版热线：(010)81055315
广告经营许可证：京东工商广登字 20170147 号

编委会

序

一个国家经济社会的发展，主要是靠自然资源、物质资源和人力资源，但是我们不能仅依靠对自然资源破坏性的开发和对物质资源的大量消耗、浪费来发展社会经济。由于我国自然资源比较贫乏，物质资源也相对有限，所以我们要实现经济社会的持续发展就要建设人力资源强国。当前，我国处于从一个人力资源大国向人力资源强国转变关键时期，要实现这样的转变就必须大力发展教育。人力资源理论指出教育对于经济的增长有重要作用，以 1926—1957 年的美国为例，其经济增长中有近三分之一是来自人力资源增长的贡献。所以一个国家经济社会要发展，首先就要发展教育，特别是发展职业教育，因为职业教育是为一线生产、服务、管理等部门培养高素质的劳动者和技术技能型应用人才的，这些人才的素质高低直接关系到一个国家经济社会的发展的规模、速度和效益。因此可以说，国家之间的实力竞争，归根结底是人才的竞争，是一线劳动者和技术技能人才综合素质的竞争，所以抓职业教育发展就是抓经济社会发展。

为了更好地促进职业教育商业类专业的发展，教育部和商务部牵头成立了全国商业职业教育教学指导委员会，其主要职能之一就是“研究商业职业教育的人才培养目标，教学基本要求和人才培养质量的评价方法，对专业设置，教学计划制定，课程开发，教材建设提出建议”，推进职业教育课程衔接体系建设，全面推进现代职业教育体系的建设，推动职业教育商业类人才的培养。

进入 21 世纪以来，随着中国经济实力的飞速提升，中国商业获得了巨大的发展，发生了深刻的变化。与商业相关的多个行业领域也重获新生且飞速发展，不仅各行业内部的繁荣程度得到不断提升，行业对外开放程度，行业的法制建设、人才建设等各方面都取得了显著成就，上升到了新的水平。我国商业及相关经济行业的飞速发展，既为商科职业教育的发展带来了勃勃生机，也同时带来了新的挑战。以往商科高等职业教育更多借鉴原专科教学经验，教学内容和教学形式多为原专科教学的“翻版”，尤其是教材，很多经典教材都由从事本专科教学的教师编写。实践证明，这些教材越来越难以满足高等职业教育应用性强及以就业为导向的教学需要。正是基于这样的考虑，2012 年年初，人民邮电出版社发起了“职业教育财经类名师精品教材建设项目”，这个“聚名师、建精品、促教学”的有益之举甫一出台就得到全国多家知名高职院校的支持和响应。同年仲夏，该项目在北京召开了项目启动仪式及专家委员会组建大会，之后历时一年，该项目的成果终能付梓，也就是现在呈现给各位读者的“高等职业教育财经类名师精品规划教材”。

作为“职业教育财经类名师精品教材建设项目”专家委员会的主任委员，我参与了这套教材的筹备、审稿等多个关键环节，认为这套教材与以往高职高专财经类教材相比，在三个方面做的比较好。首先，编者名师汇集，内容紧扣教改。这套教材的编写者、审阅者都是国内商科类院校的知名专家、教授，他们将自己多年教学实践所得，按照职业教育最新的“五个深度对接”的教学改革要求撰写成册，实现了课程教材内容与职业标准对接，充分体现了“做中学，做中教”、“理论实践一体化”的要求，科学地将专业知识和专业技能的培养结合起来，教材内容在确保学生达到职业资格要求的同时，还能促进学生综合职业素养的发展。其次，体例论证严密，呈现形式有创新性。组建了专门的专家委员会对教材的体例、内容进行审定。其中主任委员负责教材宏观方向和思路的把握；副主任委员负责具体教材规划的制定，包括课程规划、写作思路、教材体例、整体进度规划等，通过多级专家审定和多次会议讨论、商定，最终选择符合课程特色和教学改革新要求的教材编写体例和内容呈现形式。最后，资源丰富实用，打造立体平台。为了寓教于学，充分调动学生学习的积极性和主动性，出版社聘请专人运用最先进的教学资源建设理念和手段，为每本教材配套建设了丰富的多媒体教学资源，这些教学资源都经过精心的教学设计，能够与教材内容紧密结合，有效地促进学与教，从而为教师课堂教学注入新的活力。

相信这套教材被广大职业院校使用之后，可以有效地实现对学生学习能力、职业能力和社会能力的培养，促进学生综合素质的发展和提高。

这套教材从专家团队组建、教材编写定位、教材结构设计、教材大纲审定到教材编写、审校全过程都倾注了高职商科教学一线众多教育专家和教学工作者的心血，在这里我真诚地对参加编审的教授、专家表示衷心的感谢。

全国商业职业教育教学指导委员会副主任委员 王晋卿

2013 年 6 月 26 日

前言

Preface

会计类专业学生去会计师事务所从事助理审计工作,既是事务所在季节性繁忙时的客观需要,也是渴望到事务所从事审计工作的学生们的愿望。财务报表审计工作专业性强，职业谨慎、专业胜任能力要求高，强调具备项目团队合作精神、时间观念、沟通能力，责任感、法规意识要求特别强。

本教材具有三大显著特点。

1. 符合职业规律。有利于学生形成与审计职业要求相一致的系统化思维方式和行为习惯。做到只要确定审计具体项目，就能够按照项目审计目标、具体项目审计步骤、项目审计应完成的任务、完成任务应获取的证据种类、编制的审计工作底稿，以及应履行的手续等开始工作并完成任务。

2. 符合教育规律。始终站在学生立场上，按照知识的获取和能力的形成过程，由浅入深，由已知到未知，最终实现内化为学生自身的素质，使学生获得一种掌握新知识、提高综合素质的学习能力。

3. 创新教材形式。教材内容全面贯彻 2012 中国注册会计师审计准则。教材形式服务于“以学生为主体，以教师为主导”的职业教育理念，按照“在做中学”的要求，在“知识准备”、“典型工作任务”、“任务操作演示”、“任务训练”等所有教学内容部分，为学生提出思考、讨论的问题和预留操作的版面。按照岗位职业工作要求，循序渐进，全面培养学生职业工作能力。在小组学习的过程中，训练学生团队意识，培养其责任心、时间观念和沟通能力。设置“海外实习学生日记”栏目，介绍初做审计的学生的体会和感受，有很好的教育效果。

在此，特别感谢山东商业职业技术学院会计学院的老师们，在常年教学工作过程中积累了丰富的实践教学凭证资料，为审计教学提供了难得的可利用素材，增强了财务报表审计的职业性。特别感谢山东正源和信会计师事务所王晓楠注册会计师、中天运会计师事务所孙宗彬注册会计师提供的无私业务指导和帮助。感谢审计专业毕业生郭景华、任庆铃等同学分享的学习工作体会和建议。感谢山东商业职业技术学院会计学院谭霞老师参与了教材的校对工作。

由于时间紧，作者水平有限，教材中一定存在许多不完善的地方，敬请大家提出宝贵意见和建议。

苗美华

2013 年 11 月

目 录

Contents

绪论
审计理论概述

学习目标

1. 明确企业财务报表审计目标；
2. 明确企业财务报表审计流程；
3. 了解获取审计证据的方法；
4. 了解审计工作底稿的种类。

在学习按照交易循环分财务报表项目执行审计前，将现代风险导向审计的工作原理及其按照审计准则要求落实到实际审计工作中的重要事项归纳在一起，明确各自的含义，特别是他们之间的相互关系很重要。你要意识到，每一个对某单位财务报表审计的项目，解剖开分析看，都是会计师事务所注册会计按照【中国注册会计师执业准则（2012）】要求，执行审计程序、获取和评价审计证据、编制和整理审计工作底稿、最终实现审计目标的结果。作为助理审计人员，重点掌握与获取实质性程序相关的审计证据和相关的工作底稿就可以了。

一、财务报表审计流程

在风险导向审计模式下，会计师事务所针对已承接的审计项目，实施风险评估是必要程序，实施风险评估的内容及结果如图 0-1 所示。在了解被审计单位及其环境的基础上，评价客户财务报表总体是否存在重大错报风险，决定是否采取总体应对措施；以及针对业务流程层面评估的重大错报风险做出决策，计划对相关交易和账户余额采取控制测试和实质性程序的性质、时间、范围。

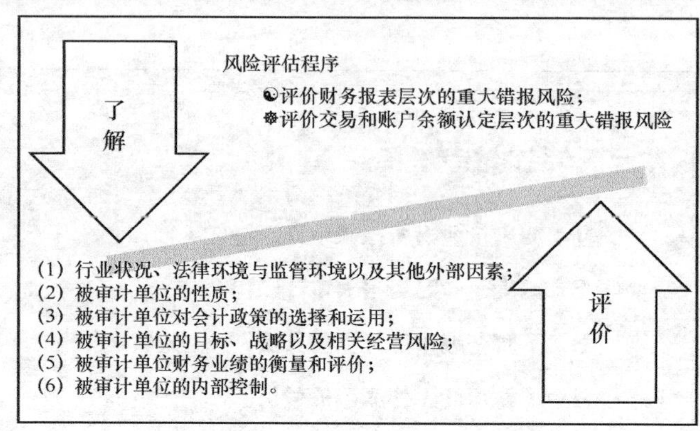

图 0-1　风险评估的内容及结果

在实施进一步审计程序获取充分适当的审计证据基础上，依据中国注册会计师审计准则第 1101 号，对财务报表发表意见包括以下几点。

（1）对财务报表整体是否不存在由于舞弊或错误导致的重大错报获取合理保证，使得注册会计师能够对财务报表是否在所有重大方面按照适用的财务报告编制基础编制发表审计意见。

（2）按照审计准则的规定，根据审计结果对财务报表出具审计报告，并与管理层和治理层沟通。

二、财务报表审计中的几个重要事项和相互关系

表 0-1 汇总了财务报表审计流程中与确认错报相关的几个重要项目，请仔细阅读体会其含义和相互关系。

表 0-1　　财务报表审计中的几个重要事项和相互关系

<table>
<tr><th>管理层认定</th><th>明确审计目标</th><th>选择审计程序</th><th>获取审计证据</th><th>编制审计工作底稿</th></tr>
<tr><td rowspan="3">1. 与交易相关：发生、完整性、准确性、分类、截止</td><td rowspan="3">针对交易认定确认是否存在错报：是否发生、入账是否完整、计价是否准确、分类是否恰当、截止是否正确</td><td rowspan="8">针对交易和账户余额的认定执行细节测试或实质性分析程序，以确认错报。选择的审计程序以获取审计证据必须与认定相关</td><td>书面证据</td><td>审定表</td></tr>
<tr><td>实物证据</td><td>明细表</td></tr>
<tr><td>口头证据</td><td>分析表</td></tr>
<tr><td rowspan="3">2. 与余额相关：存在、权利与义务、完整性、计价与分摊</td><td rowspan="3">针对余额认定确认是否存在错报：是否存在、有无少计、是否拥有权力和义务、计价是否正确</td><td>环境证据</td><td>询证函</td></tr>
<tr><td rowspan="4">检查书面文件和记录/检查有形资产/观察/函证/分析程序/询问/重新计算/重新执行</td><td>监盘表</td></tr>
<tr><td>截止测试表</td></tr>
<tr><td rowspan="2">3. 与列报相关：发生以及权利和义务、完整性、分类和可理解性、准确性和计价</td><td rowspan="2">针对列报认定确认是否存在错报：账表是否一致、列报和披露是否恰当</td><td>计价测试表</td></tr>
<tr><td>检查情况表</td></tr>
</table>

三、实质性审计程序的应用

本书内容立足于培养高职会计类学生参与企业财务报表审计时，作为项目组成员，在项目负责人的指导和监督下，掌握完成各业务循环涉及的财务报表主要项目实质性程序的证据收集、工作底稿编制工作的知识和技能。这是财务报表审计的核心工作，体现了风险导向审计模式下各项审计准则的具体要求。

你必须清醒地认识到：你所参与的项目审计只是其中一部分工作；每一项工作都有审计准则的专业技术要求和完成工作的时间要求；当你从第一个项目开始学习和操作时，可能会感到很陌生和不知所措，但在不断积累、在“做中学”的过程中，你会逐渐屡清思路，理解和明白审计的原理和技术，而且会加深对企业财务报表各项目的形成过程及结果的认识；你会知道许多财务舞弊的动机和手段；你必须变得谨慎和更有责任心。所有的文件记录需要用计算机完成。这里有挑战！你准备好了吗？

按业务循环分项目学习时，每个循环涉及的主要报表项目作为一个独立的任务。针对每个任务，根据学生已有的知识基础和审计的要求，在案例引导下，按照知识准备、典型工作任务和操作演示、任务训练三个层次，循序渐进。课上、课后采取的小组学习方式开展讨论，课后根据教材内容和任务要求进行的预习准备和项目训练，是实现以学生为主体、教师为主导的教学模式改革的基础。课程教学内容及组织方式如图 0-2 所示。没有你的积极配合参与，就无法实现预期目标。

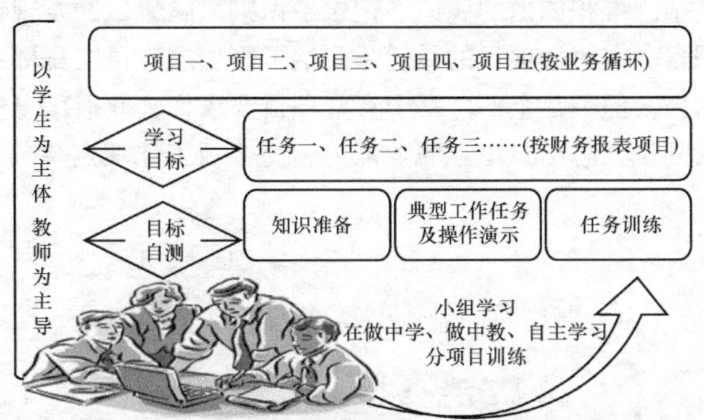

图 0-2　以学生为主体，教师为主导的教学模式

① 按业务循环学习财务报表项目审计，符合内部控制设计和测试的需要，有利于形成与实际工作相一致的职业思维和行为方式；但业务循环的划分，需要根据被审计单位所属行业、实际业务和管理情况确定，本教材的划分方式可以作为参考。

② 对应各业务循环列示的报表项目，是执行实质性程序时应主要掌握的审计项目，没有涵盖所有项目。其他项目的审计，不专门介绍审计目标，但在已列示的项目执行实质性测试时，可能会有所涉及。关于所得税费用的审查，会在审计完成阶段对所有损益项目建议调整的基础上重新计算确定，不在此处安排。

③ 本部分的内容以执行《企业会计准则》的生产或批发商业企业为背景，业务的性质、范围，涉及的主要财务报表项目均建立在此基础上。如果是服务业、零售业、金融保险业等或属于小微企业的相关差异，除特别说明外，不再赘述。

④ 审计准则对所有审计项目都有《财务报表审计工作底稿编制指南》，针对每一个项目实施实质性程序时，为使你更准确地了解具体工作要求，为你提供了典型工作任务审计工作底稿模板。完成每一张工作底稿的编制，需要大量的背景资料。通过任务操作演示，仅列举了部分常用的和重要的，希望你能够在“做中学”的过程中，举一反三，最终实现增强职业洞察力、善于发现问题、提高分析问题和解决问题的能力的目标。

在分循环按财务报表项目开始学习前，请你先从下面的文字中，感受一下财务信息的质量、舞弊与造假的领域和手段。世界通信公司前内部审计部副主管 Cynthia Cooper 因为在 2002 年揭露超过 30 亿美元的世通舞弊案件而出名，她在美国女性会计师协会和美国女性注册会计师协会组织的年度全国联合大会上说：“很多次我都确实感受到死亡的恐惧，我不得不找到一种驱除恐惧的方法。什么是合法的？什么是道德的？有时候，二者是相同的，有时候又是完全不同的。”会上，Cynthia Cooper 问听众：“在你的工作中，是否被要求做一些你觉得不舒服的事情？这往往是道德沦丧的开始，人们一旦突破了自己的道德底线，就很容易屈从于压力，特别是来自于高层的压力。”引用造假者世界通信公司前执行副总裁兼前首席财务官司特 D.苏利文的话：“假的终究是假的，再高明的手法也造不出真账，犯不着为做假账挖空心思。”

你从中获得了怎样的启示？

中国股票市场历史上也有十大经典造假案，造假者可谓费尽心机。因篇幅所限，这里不再详述。你可以上网查阅案情及对相关责任人的处理。了解有关资料，可能会对你在分项目学习时有所帮助。如何在错综复杂、堆积如山的凭证、记录中识别风险领域，发现错报，判断错报的性质及重要性，需要经验积累。在每个项目的最后，归纳了管理层和员工舞弊的表现、手段以及利用分析程序可能发现的错报，但不是全部。书中有些项目要求你去获取信息整理，提高认识。希望你在不断的学习中，反复积累总结，增强职业能力，为今后工作奠定基础。

项目一 销售与收款循环审计

学习目标

1 了解典型业务种类，熟识相关业务的凭证；

2 了解内部控制要求，掌握重要的不相容职务；

3 明确审计目标，明确相关证据的种类及获取方法；

4 会编制典型任务审计工作底稿，明确相关工作底稿的编写依据、编写要求，会综合运用所学知识，评价审计证据，进行审计调整；

5 熟练运用计算机操作编制本循环各项目工作底稿；

6 了解管理层、员工舞弊的表现及原因，以增强职业判断能力。

虽然客户所处行业可能不同，经营业务的范围、规模也不完全一样，但财务报表审计的目标、审计工作底稿的编制都必须符合中国注册会计师审计准则要求。本项目的内容安排，主要考虑到销售与收款业务的发生密切相关，主营业务收入、应收账款、应收票据、银行存款、应交税费等账户的记录具有直接对应关系。本循环的主要内容是：将本循环典型业务及凭证种类、内部控制要求作为知识准备；以完成典型项目审计具体目标为工作任务；为扩展视野增强职业判断能力，将管理层或员工在不同环境下产生舞弊的表现及原因分析作为经验积累；并配合能力训练实现上述学习目标。表 1-1 汇总了本循环交易、账户、凭证，有助于你形成项目审计系统化认识。

表 1-1 销售与收款循环中的交易、账户、业务活动和相关的凭证与记录

序号	交易种类	相关账户	业务活动	凭证与记录	备注
1	销售	主营业务收入 应收账款 应收票据 应交税费	处理顾客订单 批准赊销 签订合同 装运货物 开具销货发票 记录明细账、总账	顾客采购订货单 销货订单 销货合同 销货通知单（发货单） 销货发票 商业汇票 主营业务收入明细账 应收账款明细账 应收票据明细账 应收票据备查簿 应交税费明细账 总账 应收账款账龄分析表 应收账款对账单	连续编号，一式数联 连续编号，一式数联 连续编号，一式数联 连续编号，一式数联
2	收款	银行存款 应收账款 应收票据	办理收款 办理票据贴现 记录明细账、总账	收账通知 银行存款日记账 应收账款明细账 应收票据明细账、备查簿 总账	
3	销货退回或折让	主营业务收入 应收账款 应交税费 银行存款	受理退货或折让 开具退货或折让通知单 开具红字（销项负数）发票 办理退款 记录明细账、总账	顾客申请 退货或折让通知单（代入库单） 红字销货发票 付款凭证 相关明细账 总账	连续编号，一式数联 连续编号，一式数联
4	核销坏账	坏账准备 应收账款	调查应收账款可收回情况 批准核销 记录明细账、总账	坏账申请审批表 坏账准备明细账 应收账款明细账 总账	
5	坏账收回	银行存款 坏账准备 应收账款	办理收款 确认已核销应收账款收回 记录明细账、总账	收账通知 银行存款日记账 坏账准备明细账 应收账款明细账 总账	
6	计提坏账准备	资产减值损失 坏账准备	计算计提坏账准备 记录明细账、总账	坏账准备计算表 资产减值损失明细账 坏账准备明细账 总账	

①不论现销或是赊销，直接收款或是收回应收账款，货币资金的增加业务及账户的审计在货币资金审计项目中一并学习，本循环的审计项目不再包括。②因客户营业范围、性质不同，销售货物和提供劳务发生时应计算交纳的流转税不一样。有交纳增值税的，有交纳营业税或消费税的，销售或提供劳务的发票种类也不一样。审计时一定注意按照客户背景和基本情况选择适当的标准。在这里，销售相关的账户中“应交税费”是针对增值税纳税人的，其他行业企业会单独说明。③相关交易的“凭证与记录”都包括该业务的记账凭证，以下循环与此相同，不再重复说明。

任务一 主营业务收入审计

案例导读

五粮液回应10亿差错为“误录入”

【资料来源：2009年9月30日第一财经日报】证监会日前披露对五粮液调查结果，指出其存在三项违规：第一是未按照规定披露重大投资行为及较大投资损失；第二是未如实披露重大证券投资损失；第三是披露的主营业务收入数据存在差错。

五粮液对前两项并未做出解释，只对第三项做了回应，声称2007年年度报告在披露主要控股子公司供销公司的“主营业务收入、主营业务利润、净利润”数据时，将供销公司的“主营业务收入”725 066.15万元误录入为825 066.15万元，金额数据的确出现差错，但不存在虚假披露的情况。五粮液方面表示，虽然供销公司的主营业务收入数据差错不影响投资者正确使用2007年股份公司合并财务指标、财务数据和财务会计报告，但公司披露的供销公司的主营业务收入数据存在差错且未能及时进行更正，公司一定从中吸取教训，今后在编制定期报告时将更加认真、细致，防止出现类似差错和疏漏。

证监会日前表示，五粮液的行为涉嫌违反了《证券法》第六十三条“发行人、上市公司依法披露的信息，必须真实、准确、完整，不得有虚假记载、误导性陈述或者重大遗漏”的规定。

此前，五粮液董事长唐桥于9月15日曾对传言的偷漏税、与集团的关联交易、失陷亚洲证券等三件事一一做了澄清。唐桥表示，公司不存在偷漏税，与集团的关联交易已经解决，五粮液上市公司也没拿出一分钱给亚洲证券进行炒股，也没有任何一个高管涉嫌亚洲证券案。

一、知识准备

被审计单位的主营业务收入及其具体项目，与其合法经营范围相关，审计人员可以根据营业执照获取信息。至于主营业务收入是否被错计（多计或少计），则要按照审计目标的要求，通过审查相关会计资料及其他资料获取审计证据，保持职业谨慎态度，运用职业判断，完成审计任务。

主营业务收入是如何实现的？业务发生的单据主要有哪些？什么原因可能导致主营业务收入被错计？

1．销售业务涉及的部门、业务活动及凭证种类

图1-1列示了销售业务涉及的部门、业务活动及凭证种类。

①销售业务发生（发出货物、开具发票、收款）的依据是什么？②销货发票的种类有几种？开具的时间、内容依据是什么？③以下销售业务发生记录的相关账簿有哪些？写出账户对应关系。

A. 直接收款销售：

B. 预收账款销售：

C. 委托代销：

D. 赊销：

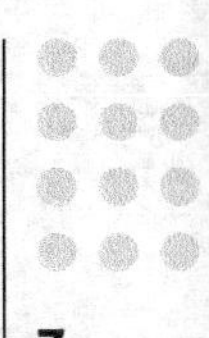

④ 虽然都是销售货物，你知道在预收款销售方式下开具发票的时间吗？如果购销合同约定预收款销售，但在预收款时就开具发票，你认为该笔业务应该如何入账才能被认可呢？写下来。

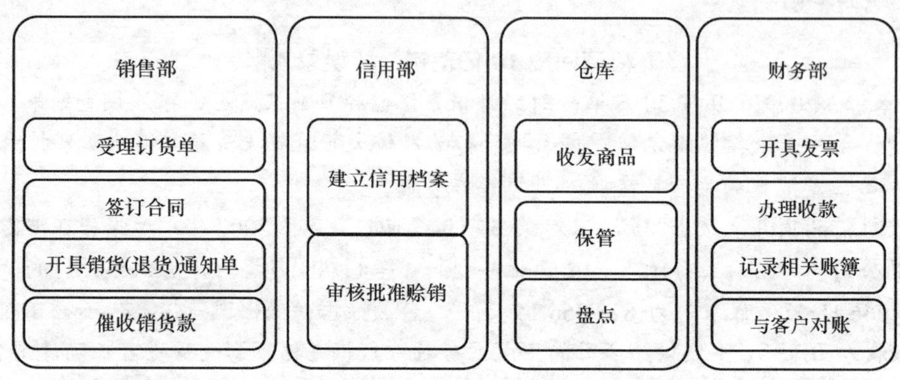

图 1-1　销售业务相关部门、业务活动、凭证种类

2．销售内部控制及常用控制测试

按照财政部《企业内部控制基本规范》及相关《企业内部控制应用指引》要求，销售业务的内部控制基本内容见图 1-2。

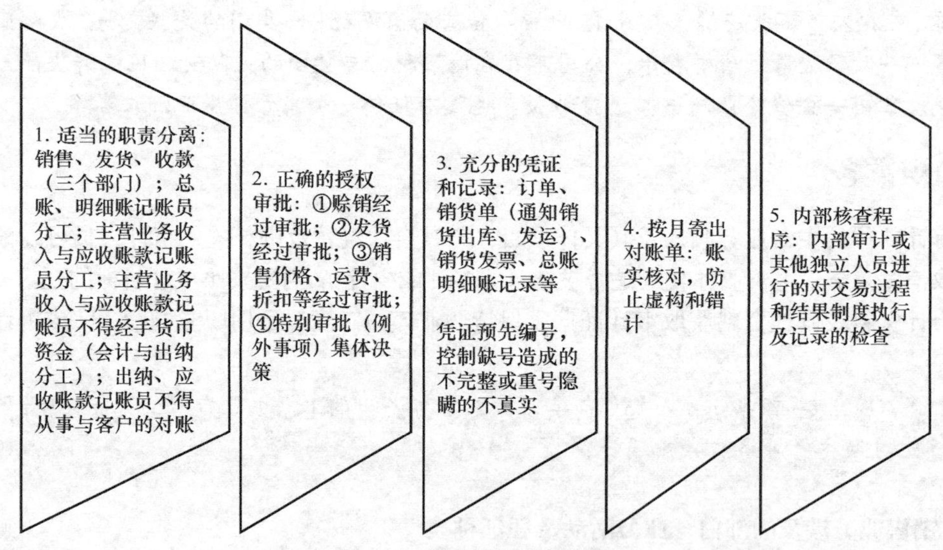

图 1-2　销售交易的内部控制

仔细阅读表 1-2，重点理解建立和执行相关内部控制的目标、关键控制程序。控制测试及编制相关工作底稿不作为学习和操作要求。

表 1–2　　销售交易内部控制及常用控制测试表

内部控制目标	关键内部控制	常用的控制测试
登记入账的销售交易确实已经发货给真实的顾客（发生）	销售交易是以已经审核的发运凭证及经过批准的顾客订单、销货订单为依据登记入账的； 在发货前，顾客的赊购已经被授权批准；	检查销货发票是否附有发运（出库、提货）凭证及顾客订单、销货订单； 检查顾客的赊购是否经过批准；

续表

内部控制目标	关键内部控制	常用的控制测试
	销货发票均经事先编号，并已恰当地登记入账； 每月向顾客寄送对账单，对顾客提出的意见做专门调查	检查销货发票连续编号的完整性； 观察是否寄发对账单，并检查顾客回函档案
所有销售交易均已登记入账（完整性）	发运凭证（或提货单）均经事先编号并已经登记入账； 销货发票均经事先编号，并已登记入账	检查发运凭证连续编号的完整性； 检查销货发票连续编号的完整性
登记入账的销售数量确系已发货的数量，已正确开具账单并登记入账（准确性）	销售价格、付款条件、运费和销售折扣的确定已经适当的授权批准； 由独立人员对销售发票的编制做内部核查	检查销货发票是否经适当授权批准； 检查有关凭证上内部复核和核查的标记
销售交易的分类恰当（分类）	采用恰当的会计科目表； 内部复核和检查	检查会计科目表是否适当； 检查有关凭证上内部复核和核查的标记
销售交易的记录及时（截止）	采用尽量能在销售发生时开具收款账单和登记入账的控制方法（明确规定凭证传递时间）； 内部核查	检查尚未开具收款账单的发货和尚未登记入账的销售交易； 检查有关凭证上内部核查的标记
销售交易已经正确地记入明细账，并经正确汇总（准确性）	每月定期给顾客寄送对账单； 由独立人员对应收账款做内部核查； 将应收账款明细账、总账余额核对	观察对账单是否已经寄出； 检查内部核查标记； 检查账账核对标记

上表所列内部控制目标与管理当局的认定有何内在联系？针对某项认定的多项关键控制不存在或薄弱，可能造成的后果有哪些？

① 验证销售和应收账款记录的业务是否真的发生，而不是虚构，应该将什么记录与什么记录核对？②验证已经发生的销售是否入账，是否已完整记录在销售和应收账款中，没有被隐瞒，应该将什么记录与什么记录核对？

上述问题很重要，企业要建立相应的制度合理保证不发生虚构或隐瞒，而审计的责任是应该将可能存在的重大错报查出来。

3．主营业务收入审计目标

通过审计目标与管理当局认定对应关系表（表 1-3），可以帮助你清楚地理解主营业务收入审计目标确定的合理性。因主营业务收入要求在利润表中与其他业务收入一并以“营业收入”列报，你可以把表中对营业收入的要求，理解为对本项目的要求。

表 1-3　　　　审计目标与管理当局认定对应关系表

审计目标		财务报表认定					
		发生	完整性	准确性	截止	分类	列报
A	利润表中记录的营业收入已发生，且与被审计单位有关	√					
B	所有应当记录的营业收入均已记录		√				
C	与营业收入有关的金额及其他数据已恰当记录			√			
D	营业收入已记录于正确的会计期间				√		
E	营业收入已记录于恰当的账户					√	
F	营业收入已按照企业会计准则的规定在财务报表中做出恰当的列报						√

4．为实现审计目标，审计准则要求的可选择审计程序及编制的工作底稿

仔细阅读表1-4，你可以比较全面地了解主营业务收入审计所涉及的所有工作内容，将审计目标、获取审计证据的程序、审计工作底稿有机结合在一起，为“做中学”完成典型工作任务做好知识准备。

表 1-4　　审计目标与可选择审计程序及编制的工作底稿对照表

审计目标	可供选择的审计程序	工作底稿
C	1. 获取或编制主营业务收入明细表。 复核加计是否正确，并与总账数和明细账合计数核对是否相符，结合其他业务收入科目与报表数核对是否相符	主营业务收入明细表
ABC	2. 实质性分析程序（必要时）。 （1）针对已识别需要运用分析程序的有关项目，并基于对被审计单位及其环境的了解，通过进行以下比较，同时考虑有关数据间关系的影响，以建立有关数据的期望值。 ① 将本期的主营业务收入与上期的主营业务收入进行比较，分析产品销售的结构和价格变动是否异常，并分析异常变动的原因； ② 计算本期重要产品的毛利率，与上期比较，检查是否存在异常，各期之间是否存在重大波动，查明原因； ③ 比较本期各月各类主营业务收入的波动情况，分析其变动趋势是否正常，是否符合被审计单位季节性、周期性的经营规律，查明异常现象和重大波动的原因； ④ 将本期重要产品的毛利率与同行业企业进行对比分析，检查是否存在异常； ⑤ 根据增值税发票申报表或普通发票，估算全年收入，与实际收入金额比较。 （2）确定可接受的差异额。 （3）将实际的情况与期望值相比较，识别需要进一步调查的差异。 （4）如果其差额超过可接受的差异额，调查并获取充分的解释和恰当的佐证审计证据（如通过检查相关的凭证等）。 （5）评估分析程序的测试结果	业务/产品销售分析表、月度毛利率分析表
ABCD	3. 抽取__张发货单，审查出库日期、品名、数量等是否与发票、销售合同、记账凭证等一致	主营业收入完整性测试表
ACD	4. 抽取__张记账凭证，审查入账日期、品名、数量、单价、金额等是否与发票、发货单、销售合同等一致	营业收入检查情况表
D	5. 销售的截止测试。 （1）通过测试资产负债表日前后__天且金额大于__的发货单据，将应收账款和收入明细账进行核对；同时，从应收账款和收入明细账选取在资产负债表日前后__天且金额大于__的凭证，与发货单据核对，以确定销售是否存在跨期现象； （2）复核资产负债表日前后销售和发货水平，确定业务活动水平是否异常（如与正常水平相比），并考虑是否有必要追加截止程序； （3）取得资产负债表日后所有的销售退回记录，检查是否存在提前确认收入的情况； （4）结合对资产负债表日应收账款的函证程序，检查有无未取得对方认可的大额销售； （5）调整重大跨期销售	主营业务收入截止测试
A	6. 存在销货退回的，检查手续是否符合规定，结合原始销售凭证检查其会计处理是否正确。结合存货项目审计关注其真实性	营业收入检查情况表
C	7. 销售折扣与折让。 （1）获取或编制折扣与折让明细表，复核加计正确，并与明细账合计数核对相符； （2）取得被审计单位有关折扣与折让的具体规定和其他文件资料，并抽查较大的折扣与折让发生额的授权批准情况，与实际执行情况进行核对，检查其是否经授权批准，是否合法、真实； （3）销售折让与折扣是否及时足额提交对方，有无虚设中介、转移收入、私设账外“小金库”等情况； （4）检查折扣与折让的会计处理是否正确	营业收入检查情况表

续表

审计目标	可供选择的审计程序	工作底稿
ABCDE	8. 检查有无特殊的销售行为，如委托代销、分期收款销售、商品需要安装和检验的销售、附有退回条件的销售、售后租回、售后回购、以旧换新、出口销售等，选择恰当的审计程序进行审核	营业收入检查情况表
AC	9. 调查向关联方销售的情况，记录其交易品种、价格、数量、金额和比例，并记录占总销售收入的比例。对于合并范围内的销售活动，记录应予合并抵销的金额	关联交易统计表
	10. 根据评估的舞弊风险等因素增加的审计程序	

表中主营业务收入审计可选择的程序没有全部列示，如果你感兴趣，可以通过学习《财务报表审计工作底稿编制指南》获得更全面的信息。

归纳的主营业务收入审计思路、审计要点，见图1-3。

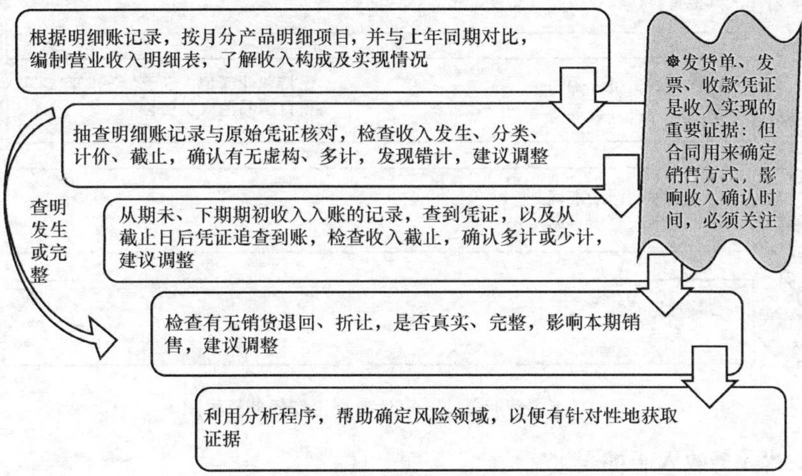

图1-3　主营业务收入审计思路和审计要点

记录测试过程和结果的审计工作底稿及相互关系，见图1-4

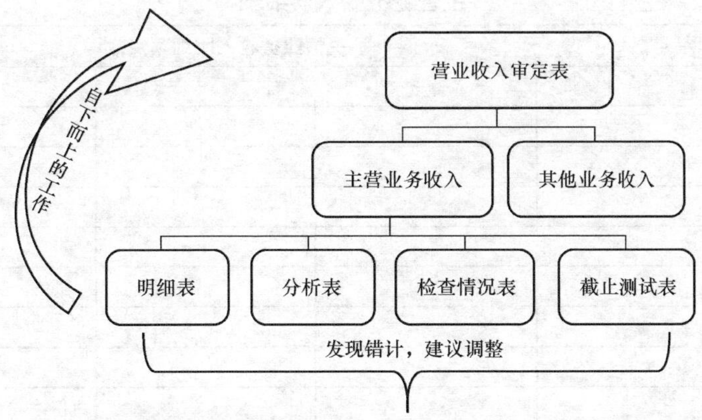

图1-4　主营业务收入实质性程序工作底稿

① 你还记得什么是审计证据的相关性特征吗？②运用审计证据的相关性要求，理解并说一说上述可选择的审计程序中所做的工作，获取的审计证据和审计目标的关联性。理解并记住。

二、典型工作任务

在项目经理的指导、监督下，按照具体审计计划的要求，你应该能够利用计算机办公软件完成下列工作任务：编制主营业务收入明细表，编制销售分析表，编制主营业务收入检查情况表，编制主营业务收入截止测试表，编制营业收入审定表。

请你在接受某项任务后，理清工作思路，做到“四明确”，如图 1-5 所示，即明确任务、明确完成时间、明确咨询对象、明确复核人。

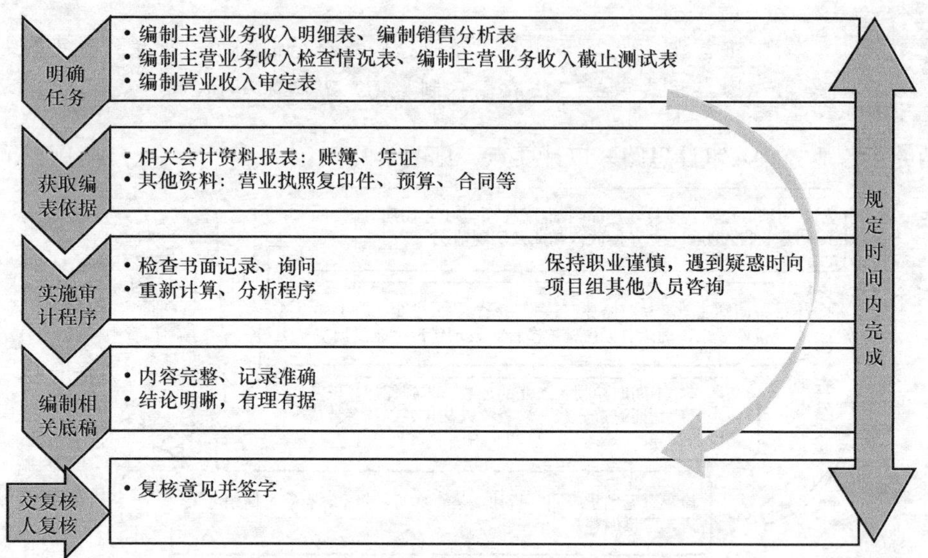

图 1-5 主营业务收入审计典型工作任务流程图

1．编制主营业务收入明细表

（1）明确任务，需编制的主营业务收入明细表，如表 1-5 所示。

表 1-5 主营业务收入明细表

月份	主营业务收入明细项目				
	合计				
1月					
2月					
…					
12月					
合计					
上期数					
变动额					
变动比例					

审计说明：

（2）获取被审计单位本期利润表、主营业务收入总账、明细账以及上期经审计的利润表、总账、明细账。

（3）复核总账、明细账，利用分析程序计算变动额和变动比例。

（4）编表。

① 根据本期明细账记录，分月份、分收入明细项目填列；

② 合计本期收入总额与总账核对，计算各类产品全年收入；

③ 填写上期数；

④ 计算变动额；

⑤ 计算变动比率；

⑥ 审计说明：包括本期经复核的总账、明细账是否一致；与其他业务收入一并与利润表核对是否一致；与上期比较，分析是否存在异常，对重大差异引起关注。

（5）编制人签名，注明日期；检查内容完整，数据可靠，计算准确，交复核人。

讨论

上述工作任务在利用 Excel 完成时，录入、计算有关数据，选择字体、字号、颜色，对齐时需要注意些什么？修改与保存怎么办？会设定打印吗？这些都属于职业素质的范畴，希望你在所有项目的审计工作底稿编制时，都能有意识地注意训练。

2．编制销售分析表

（1）明确任务，需编制的销售分析表，如表 1-6 所示。

表 1-6 业务/产品销售分析表

收入类别/产品名称	本期数					上期数					变动幅度			
	数量	单价	主营业务收入	主营业务成本	毛利率	数量	单价	主营业务收入	主营业务成本	毛利率	单价	主营业务收入	主营业务成本	毛利率
合计														

审计说明：

（2）获取被审计单位本期主营业务收入、主营业务成本、库存商品明细账，销售明细表以及上期经审计的相关明细账、上期审计编制的销售明细表。

（3）依据相关资料核对销售量，确认销售收入、成本口径是否一致，保持职业谨慎，注意咨询。

（4）编表。

① 根据本期销售明细表或相关明细账记录，分产品或类别填列数量、主营业务收入、主营业务成本，计算毛利率；

② 根据上期工作底稿或相关账表填列；

③ 计算变动幅度；

④ 计算合计收入、成本，计算综合毛利率；

⑤ 计算总的变动幅度；

⑥ 审计说明：根据计算结果，分产品或类别与上期比较，结合对被审计单位所处环境的了解，分析是否存在异常，对重大差异引起关注。

（5）编制人签名，注明日期；检查内容完整，数据可靠，计算准确，交复核人。

3．编制主营业务收入检查情况表

（1）明确任务，需编制的主营业务收入检查情况表，也可以合并为营业收入检查情况表，如表 1-7 所示。

表 1-7　　　　主营业务收入检查情况表

记账日期	凭证编号	业务内容	借方科目	贷方科目	金额	附件	核对内容（用“√”“×”表示）					备注
							1	2	3	4	5	

核对内容说明：

1. 原始凭证是否齐全；2. 记账凭证与原始凭证是否相符；3. 账务处理是否正确；4. 是否记录于恰当的会计期间；5. ……

审计说明：

（2）获取被审计单位本期主营业务收入明细账、记账凭证及所附原始凭证，销货合同、产品价目表等。

（3）按照项目负责人的抽凭要求，分月份、有重点地依据明细账记录的收入发生业务，核对相关记账凭证及所附原始凭证；按照表中要求的核对项目逐项检查时，要运用审阅、核对、重新计算、询问等方法；遇到矛盾证据时，一定要保持职业谨慎，注意咨询。

（4）编表。

① 根据被抽查的记账凭证填写相关日期、凭证号、业务内容、借贷科目及金额。

② 附件根据所附原始凭证种类填写。

③ 核对内容逐项进行，符合的打√，不符合的打×，一定要检查销售合同规定的销售方式和货款结算方式，确认该笔销售的实际发生及正确的账务处理，以判断是否符合。

④ 遇到被审计单位核算不规范，但经核实属实等需要备注的，可以备注说明。

⑤ 根据抽凭检查的结果，分别对以下情况做出说明。未发现异常，收入可以确认；对认定的错计，可以在咨询的基础上，注明凭证号及建议调整分录；记录其他需说明的事项，如对重要事项核实、沟通过程及结果等。

（5）编制人签名，注明日期；检查内容完整，数据可靠，结论准确，交复核人。

① 你从上述检查表的内容中是否发现，所谓检查表的功能是什么？也就是说编制这种表实施的审计程序、要达到的主要目的是什么？②前面提到预收款方式或委托代销方式下的收入入账时间、入账依据、账务处理要求是怎样的？结合到在编制检查表时，如果经核对发现此类业务处理错误，有针对性地设计几种调整意见，写出来。③好客来公司是一个从事百货、食品、服装等销售的现代化零售商场。从现场观察中审计了解到顾客用贵宾卡结算现象非常普遍。顾客消费时与现金结算或银联卡结算相同，收银员会打印发票并收款盖章。审计人员到卖卡办公室也办理了一张 500 元的卡，交款后索要并收到发票。办卡工作人员很忙，很多单位或个人来办理该项业务，开具正规发票并附有销货清单。针对这种销售收款方式，你感觉企业本期的主营业务收入会在什么时间确认？持卡销售开具的发票会有什么不同？

4．编制主营业务收入截止测试表

（1）明确任务，需编制的主营业务收入截止测试表，包括从发货单到明细账的审查路径（见

表 1-8），和从明细账到发货单的审查路径（见表 1-9）两种测试。

表 1-8　　　　主营业务收入截止测试表（一）

编号	发货单		发票内容					明细账				是否跨期
	日期	号码	日期	客户名称	货物名称	销售额	税额	日期	凭证号	主营业务收入	应交税费	

截 止 日 前

截止日期：201　年　月　日

截止日后

注：从发货单到明细账。

审计说明：

表 1-9　　　　主营业务收入截止测试表（二）

编号	明细账				发票内容					发货单		是否跨期
	日期	凭证号	主营业务收入	应交税费	日期	客户名称	货物名称	销售额	税额	日期	号码	

截 止 日 前

截止日期：201　年　月　日

截止日后

注：从明细账到发货单。

审计说明：

（2）按照项目负责人要求，获取资产负债表日前、后若干天的连续编号的发货单存根联（会计记账联已入账装订）、销货发票的存根联或发票使用明细表以及截止日前后的主营业务收入明细账，相关销货合同。

（3）从发货单到明细账的截止测试。

① 抽取截止日前的发货单，找到该笔销货发票，核对发票时间和价税金额是否与发货单一致，核对入账时间，根据销货合同签订的销售方式和货款结算方式，判断该笔货物销售入账时间有无跨期，是否推迟。

② 同样抽取截止日后的发货单，找到该笔销货发票，核对发票时间和价税金额是否与发货单一致，核对入账时间，根据销货合同签订的销售方式和货款结算方式，判断该笔货物销售入账时间有无跨期，是否提前。注意，一般情况下，发货单、发票、入账时间、金额应该一致，收入确认时间以发货时间为准（所有权转移），但被审计单位出于某种目的，可能将开票时间和销售入账时间推迟或提前，使本期收入被少计或多计。遇到矛盾证据时，一定要保持职业谨慎，注意咨询。

（4）从明细账到发货单的截止测试。

① 从截止日前主营业务收入明细账中抽取几笔销售记录，找到该笔记录的记账凭证及所附原

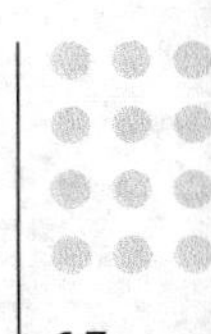

始凭证，核对发票、发货单时间和价税金额是否一致，根据销货合同签订的销售方式和货款结算方式，判断该笔货物销售入账时间有无跨期，是否提前。

② 同样从截止日后的主营业务收入明细账中抽取几笔销售记录，找到该笔记录的记账凭证及所附原始凭证，核对发票、发货单时间和价税金额是否一致，根据销货合同签订的销售方式和货款结算方式，判断该笔货物销售入账时间有无跨期，是否推迟。

（5）从发货单到明细账的编表。

① 分别填写抽取的截止日前的发货单日期、号码。

② 按找到的该发票的内容如实填写或计算填写。

③ 按该笔销货的记账凭证和明细账，填写日期、凭证号、收入金额和税额。

④ 判断是否跨期。

⑤ 抽取截止日后的发货单填写内容与前述相同。

⑥ 根据测试结果，分别以以下情况做出说明。收入截止测试未发现异常；如果发现跨期错计，可以在咨询的基础上，注明凭证号及建议调整分录；其他需说明的事项，如对重要事项核实、沟通过程及结果等。

（6）从明细账到发货单的编表。

① 按抽查的截止日前的主营业务收入明细账填写。

② 填写对应的发票内容。

③ 填写对应的发货单内容。

④ 判断是否跨期。

⑤ 抽查的截止日后的主营业务收入明细账填写内容与前述相同。

⑥ 根据测试结果，分别对以下情况做出说明。收入截止测试未发现异常；对认定的跨期错计，可以在咨询的基础上，注明凭证号及建议调整分录；其他需说明的事项，如对重要事项核实、沟通过程及结果等。

（7）编制人签名，注明日期；检查内容完整，数据可靠，结论准确，交复核人。

① 你能理解上述两种测试路径的原理吗？②是否还有第三条路径以测试收入截止的正确性？

收入截止测试是实质性程序中重要的工作内容，这种审计思路与工作原理同样应用在存货等项目的完整性测试中。希望你结合案例资料深刻理解，并能够分辨同样是进行账证核对，达到的目的有何不同。

5．编制营业收入审定表

（1）明确任务，需编制的营业收入审定表如表 1-10 所示。

表 1-10　营业收入审定表

项目类别	本期未审数	账项调整		期末审定数	上期末审定数	本期审定数与上期审定数比较	
		借方	贷方			变动额	变动率
一、主营业务收入							
小计							

续表

项目类别	本期未审数	账项调整		期末审定数	上期末审定数	本期审定数与上期审定数比较	
		借方	贷方			变动额	变动率
二、其他业务收入							
小计							
营业收入合计							

审计结论：

（2）获取被审计单位本期利润表，主营业务收入、其他业务收入总账、明细账以及上期经审计的相关工作底稿，本期审计编制的相关工作底稿。

（3）编表。

① 主营业务收入、其他业务收入项目及未审数根据本期明细账填写。

② 账项调整依据已复核的相关工作底稿调整分录填写并注明索引号。

③ 计算本期审定数。

④ 上期审定数根据上期相关工作底稿填写。

⑤ 计算小计数和营业收入合计。

⑥ 计算变动额和变动率。注意核对主营业务收入、其他业务收入的小计数应与其总账一致；营业收入的合计数应与其利润表一致。

⑦ 审计结论：营业收入未发现重大异常，发生额可以确认（如果没有建议调整事项）；建议调整。

（4）编制人签名，注明日期；检查内容完整，数据可靠，计算准确，交复核人。

三、任务操作演示

1．编制主营业务收入检查情况表

案例资料：获取华兴股份有限公司有关账证资料共 5 张，见表 1-11 至表 1-15。项目负责人要求抽查其中的 20×1 年 12 月 17 日转字第 7 号凭证，记录工作过程，完成对主营业务收入发生、准确、截止、分类的检查。

表 1-11　　主营业务收入明细账

明细科目：M 产品　　第　页

20×1 年		记账凭证号数	摘要	对方科目	借方										贷方										借或贷	余额									
月	日				千	百	十	万	千	百	十	元	角	分	千	百	十	万	千	百	十	元	角	分		千	百	十	万	千	百	十	元	角	分
12	2	收 3	销售 M 产品 3 000 件														4	8	0	0	0	0	0	0	贷			4	8	0	0	0	0	0	0
	9	转 3	销售 M 产品 1 000 件														1	5	0	0	0	0	0	0	贷			6	3	0	0	0	0	0	0
	17	转 7	销售 M 产品 3 500 件														5	6	0	0	0	0	0	0	贷		1	1	9	0	0	0	0	0	0
	31	转 151/2	结转本年利润			1	1	9	0	0	0	0	0	0											平										
	31		本月合计			1	1	9	0	0	0	0	0	0		1	1	9	0	0	0	0	0	0	平										

表 1-12 转账凭证

20×1 年 12 月 17 日 转字第 7 号

摘　要	会计科目	明细科目	√	借方金额（千百十万千百十元角分）	√	贷方金额（千百十万千百十元角分）
销售产品款未收	应收账款	海台公司		88920000	√	
	主营业务收入	*m* 产品			√	56000000
		n 产品			√	20000000
	应交税费	应交增值税			√	12920000
				88920000		88920000

附单据 3 张

会计主管：王强　记账：丁一　出纳：　审核：　制单：丁一

表 1-13 山东增值税专用发票

3100050678　（此联不作报销扣税凭证　国家税务总局监制）　№ 00829402

开票日期：20×1 年 12 月 17 日

购货单位	名　称：海台公司 纳税人识别号：370112787444223 地址、电话：济南市历山路 102 号 0531-89025678 开户行及账号：工行历城区支行洪楼分理处　1602357009034120761	密码区	67893--+9827/16<241<　加密版本：01 0<<>3<2+876<-6105>4+>　3100050678 51*84-9319<8>9-20<750 0/-3000252/9-*+91>>4+　00829402

货物或应税劳务名称	规格型号	单位	数量	单价	金额	税率	税额
M 产品		件	3 500	160.00	560 000.00	17%	95 200.00
N 产品		件	1 000	200.00	200 000.00	17%	34 000.00
合　计					¥760 000.00		¥129 200.00
价税合计（大写）	⊗捌拾捌万玖仟贰佰元整				（小写）¥889 200.00		

销货单位	名　称：华兴股份有限公司 纳税人识别号：310104760169081 地 址、电 话：济南市旅游路 88 号 0531-86345678 开户行及账号：工行历城区支行洪楼分理处　1602007009034120818	备注	华兴股份有限公司　税号：370104760169081　发票专用章

收款人：苗艳　复核：李经开　开票人：王越　销货单位：（章）

国税函［2010］150 号济南华森印刷厂

第一联　记账联　销货方记账凭证

表 1-14 出库单

发往单位：海台公司　20×1 年 12 月 17 日　№：065836

品　名	单　位	数　量	单　价	金　额
M 产品	件	3 500		
			付讫	
用途	销售			

审核：李文　保管：李莉

表 1-15 出库单

发往单位：海台公司　20×1 年 12 月 17 日　№：065837

品　名	单　位	数　量	单　价	金　额
N 产品	件	1 000		
			付讫	
用途	销售			

审核：李文　保管：李莉

任务完成：编制的“主营业务收入检查情况表”见表 1-16。

表 1-16　　主营业务收入检查情况表

被审计单位：华兴股份有限公司	编制：卫华	日期：20×2 年 1 月 9 日
时期/时点：20×1 年度	复核：	日期：
项目名称：营业收入检查情况表		索引号：SA9

营业收入检查情况表

记账日期	凭证编号	业务内容	借方科目	贷方科目	金融	附件	核对内容（用“√”、“×”表示） 1	2	3	4	5	备注
12 月 17 日	转 7	销售产品款未收	应收账款		889 200.00	发票 1 张、出库单 2 张	√	√	√	√		
				主营业务收入	760 000.00							
				应交税费	129 200.00							

核对内容说明：

1. 原始凭证是否齐全；2. 记账凭证与原始凭证是否相符；3. 账务处理是否正确；4. 是否记录于恰当的会计期间；5. ……

审计说明：未发现异常，可以确认。

2．编制主营业务收入截止测试表

案例资料：获取华兴股份有限公司审计年度截止日前有关账证资料共 5 张，见表 1-17 至表 1-21，获取下年度账证资料共 4 张，见表 1-22 至表 1-25。项目负责人要求从明细账到发货单对主营业务收入进行截止测试。记录工作过程，完成对主营业务收入截止、完整性检查（与上例无关，仅用以说明截止测试的思路、方法）。

表 1-17　　主营业务收入明细账

明细科目：M 产品　　　　第　　页

20×1 年 月	日	记账凭证号数	摘要	对方科目	借方（千百十万千百十元角分）	贷方（千百十万千百十元角分）	借或贷	余额（千百十万千百十元角分）
12	2	收 3	销售 M 产品 3 000 件			48000000	贷	48000000
	9	转 3	销售 M 产品 1 000 件			15000000	贷	63000000
	31	转 78	销售 M 产品 3 500 件			56000000	贷	119000000
	31	转 151/2	结转本年利润		119000000		平	
	31		本月合计		119000000	119000000	平	

期末入账的业务账证核对

表 1-18　　转账凭证

20×1 年 12 月 31 日　　转字第 78 号

摘　要	会 计 科 目	明 细 科 目	√	借方金额（千百十万千百十元角分）	√	贷方金额（千百十万千百十元角分）
销售产品款未收	应收账款	海台公司		88920000	√	
	主营业务收入	*m* 产品			√	56000000
		n 产品			√	20000000
	应交税费	应交增值税			√	12920000
				88920000		88920000

附单据 3 张

会计主管：王强　　记账：丁一　　出纳：　　审核：　　制单：丁一

表 1-19　　山东增值税专用发票

3100050678　　（印章：全国统一发票监制章 此联不作报销扣税凭证 国家税务总局监制）　　№ 00829402

开票日期：20×1 年 12 月 31 日

国税函[2010]150 号济南华森印刷厂

购货单位	名　　称：海台公司 纳税人识别号：370112787444223 地址、电话：济南市历山路 102 号 0531-89025678 开户行及账号：工行历城区支行洪楼分理处　1602357009034120761			密码区	67893--+9827/16<241< 0<<>3<2+876<-6105>4+> 51*84-9319<8>9-20<750 0/-3000252/9-*+91>>4+	加密版本:01 3100050678 00829402	
货物或应税劳务名称	规格型号	单位	数量	单价	金额	税率	税额
M 产品		件	3 500	160.00	560 000.00	17%	95 200.00
N 产品		件	1 000	200.00	200 000.00	17%	34 000.00
合 计					¥760 000.00		¥129 200.00
价税合计（大写）	⊗捌拾捌万玖仟贰佰元整				（小写）¥889 200.00		
销货单位	名　　称：华兴股份有限公司 纳税人识别号：310104760169081 地 址、电 话：济南市旅游路 88 号 0531-86345678 开户行及账号：工行历城区支行洪楼分理处　1602007009034120818			备注	（印章：华兴股份有限公司 税号：370104760169081 发票专用章）		

收款人：苗艳　　复核：李经开　　开票人：王越　　销货单位：（章）

第一联 记账联 销货方记账凭证

表 1-20　　出库单

发往单位：海台公司　　20×1 年 12 月 31 日　　№：065836

品　　名	单　　位	数　　量	单　　价	金　　额
M 产品	件	3 500		
用途	销售		付讫	

审核：李文　　保管：李莉

表 1-21　　出库单

发往单位：海台公司　　20×1 年 12 月 31 日　　№：065837

品　　名	单　　位	数　　量	单　　价	金　　额
N 产品	件	1 000		
用途	销售		付讫	

审核：李文　　保管：李莉

表 1-22　　主营业务收入明细账

明细科目：M 产品　　第　　页

下年初入账的业务账证核对

20×2 年 月	日	记账凭证号数	摘要	对方科目	借方（千百十万千百十元角分）	贷方（千百十万千百十元角分）	借或贷	余额（千百十万千百十元角分）
1	2	收 3	销售 M 产品 3 000 件			48000000	贷	48000000
	11	转 8	销售 M 产品 500 件			7500000	贷	55500000
	22	转 39	销售 M 产品 1 000 件			16000000	贷	71500000
	31	转 151/2	结转本年利润		71500000		平	
	31		本月合计		71500000	71500000	平	

表 1-23 收款凭证

20×2 年 1 月 2 日 转字第 3 号

摘 要	会计科目	明细科目	√	借方金额（千百十万千百十元角分）	√	贷方金额（千百十万千百十元角分）
销售产品	银行存款			56160000	√	
款收妥入账	主营业务收入	*m* 产品			√	48000000
	应交税费	应交增值税			√	8160000
				56160000		56160000

附单据 3 张

会计主管：王强 记账：丁一 出纳：黄兰 审核： 制单：丁一

表 1-24 山东增值税专用发票

3100050678 № 00829402

开票日期：20×2 年 1 月 2 日

购货单位	名 称：海台公司 纳税人识别号：370112787444223 地址、电话：济南市历山路 102 号 0531-89025678 开户行及账号：工行历城区支行洪楼分理处 1602357009034120761	密码区	67893--+9827/16<241< 加密版本：01 0<<>3<2+876<-6105>4+> 3100050678 51*84-9319<8>9-20<750 0/-3000252/9-*+91>>4+

货物或应税劳务名称	规格型号	单位	数量	单价	金额	税率	税额
M 产品		件	3 000	160.00	480 000.00	17%	81 600.00
合 计					¥480 000.00		¥81 600.00
价税合计（大写）	⊗伍拾陆万壹仟陆佰元整					（小写）¥561 600.00	

已网银结算

销货单位	名 称：华兴股份有限公司 纳税人识别号：310104760169081 地 址、电 话：济南市旅游路 88 号 0531-86345678 开户行及账号：工行历城区支行洪楼分理处 1602007009034120818	备注	华兴股份有限公司 税号：370104760169081 发票专用章

收款人：苗艳 复核：李经开 开票人：王越 销货单位：（章）

国税函[2010]150 号济南华森印刷厂

第一联 记账联 销货方记账凭证

表 1-25 出库单

发往单位：海台公司 20×2 年 1 月 2 日 №：065838

品 名	单 位	数 量	单 价	金 额
M 产品	件	3 000		
用途		销售		

付讫

审核：李文 保管：李莉

◆发票、出库单、收账单与合同一致，确属下年初销售

◆出库单与上年末连续，没有漏计

任务完成：编制的“主营业务收入截止测试表”见表 1-26。

表 1-26　　主营业务收入截止测试表

被审计单位　华兴股份有限公司　　编制：卫华　　日期：20×2 年 1 月 10 日
时期/时点：20×1 年度　　复核：　　日期：
项目名称：主营业务收入截止测试　　索引号：SA5-2

主营业务收入截止测试

编号	明细账				发票内容					出库单		是否跨期
	日期	凭证号	主营业务收入	应交税金	日期	客户名称	货物名称	销售额	税额	日期	号码	
1	12.31	转 78	560 000.00	129 200.00	12.31	海台分司	M 产品	560 000.00	129 200.00	12.31	№：065836	否
			200 000.00				N 产品	200 000.00			№：065837	否

截止日前

截止日期：20×1 年 12 月 31 日

截止日后

1	1.2	收 3	480 000.00	81 600.00	1.2	海台公司	M 产品	480 000.00	81 600.00	1.2	№：065838	否

注：从明细账到发货单。

审计说明：收入截止测试未发现异常

3．编制主营业务收入审定表

案例资料：华兴科技有限公司注册资本 800 万元，主要经营计算机硬件开发、集成与销售。其主营业务流程是，向客户提供技术建议书—签署销售合同—结合库存情况备货—委托货运公司送货—安装验收—根据安装验收报告开具发票并确认收入。2011 年 2 月中润会计师事务所接受委托，对该公司 2010 年财务报表审计。经初步了解，公司经营环境、组织机构与上年没有大的变化，没有公司重组行为；该行业竞争更加激烈，毛利率平均水平为 8%左右；从公司年初制定的预算中了解到，2010 年营业额要求比上年增长 70%，并与各级管理者奖惩挂钩。审计人员在编制的表 1-27 主营业务收入明细表、表 1-28 产品销售分析表的基础上，确定以硬件 1 本期收入的发生为审计重点，抽查 12 月份发生业务的凭证，对怀疑的事项进行了确认。

表 1-27　　主营业务收入明细表

月份	主营业务收入明细项目			金额单位：万元		
	合计	硬件 1	硬件 2			
1 月	8 120	7 800	320			
2 月	7 780	7 600	180			
3 月	7 630	7 400	230			
4 月	7 910	7 700	210			
5 月	8 250	7 800	450			

续表

月份	主营业务收入明细项目		金额单位：万元			
	合计	硬件 1	硬件 2			
6月	8 220	7 850	370			
7月	8 230	7 950	280			
8月	7 930	7 700	230			
9月	7 845	7 600	245			
10月	8 220	7 900	320			
11月	8 430	8 100	330			
12月	19 210	18 900	310			
合计	107 775	104 300	3 475			
上期数	62 330	58 900	3 430			
变动额	45 445	45 400	45			
变动比	0.73	0.77	0.01			

审计说明：

1. 总账、明细账核对相符；与报表核对相符。
2. 与上年比，硬件 1 销售增长超过预算规定，增长幅度大；
3. 产品销售无突出季节性特点，但硬件 1 的各月销售不均衡，12 月份的销售明显偏高，重点确认收入的发生是否真实

表 1-28　产品销售分析表

收入类别/产品名称	本期数				上期数				变动幅度			
	数量	主营业务收入	主营业务成本	毛利率	数量	主营业务收入	主营业务成本	毛利率	数量	主营业务收入	主营业务成本	毛利率
硬件1	805	104 300	91 845	0.12	434	58 900	53 599	0.09	85.48%	77.08%	71.36%	32.68%
硬件2	327	3 475	3 213	0.08	316	3 430	3 178	0.07	3.48%	1.31%	1.10%	2.62%
合计		107 775	95 058	0.12		62 330	56 777	0.09	88.96%	78.39%	72.46%	32.45%

审计说明：硬件 1 的各项指标增长不正常，毛利率与行业环境不符，增长幅度过大，应进一步确认收入发生是否真实，截止有无提前

审计人员共抽查了 4 笔硬件 1 产品 12 月份业务的账证记录，如图 1-6 至图 1-9 所示。

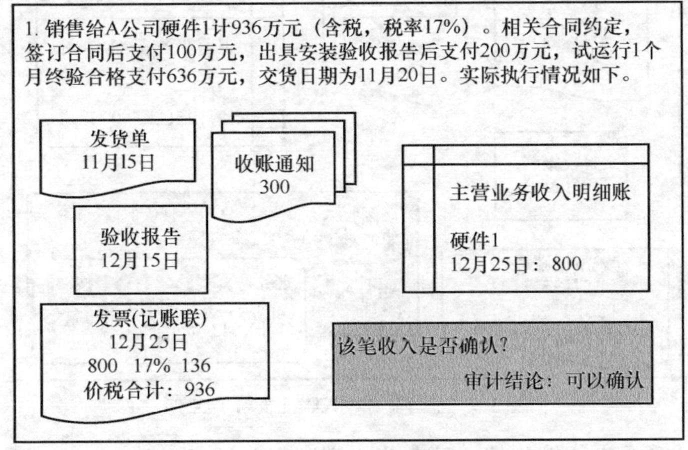

图 1-6　主营业务收入账证资料（一）

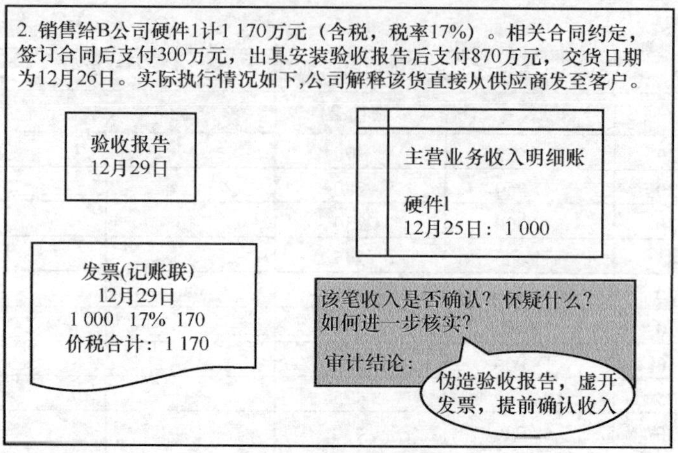

2. 销售给B公司硬件1计1 170万元（含税，税率17%）。相关合同约定，签订合同后支付300万元，出具安装验收报告后支付870万元，交货日期为12月26日。实际执行情况如下,公司解释该货直接从供应商发至客户。
验收报告
12月29日
主营业务收入明细账
硬件1
12月25日：1 000
发票(记账联)
12月29日
1 000 17% 170
价税合计：1 170
该笔收入是否确认？怀疑什么？
如何进一步核实？
审计结论：
伪造验收报告，虚开发票，提前确认收入

图 1-7 主营业务收入账证资料（二）

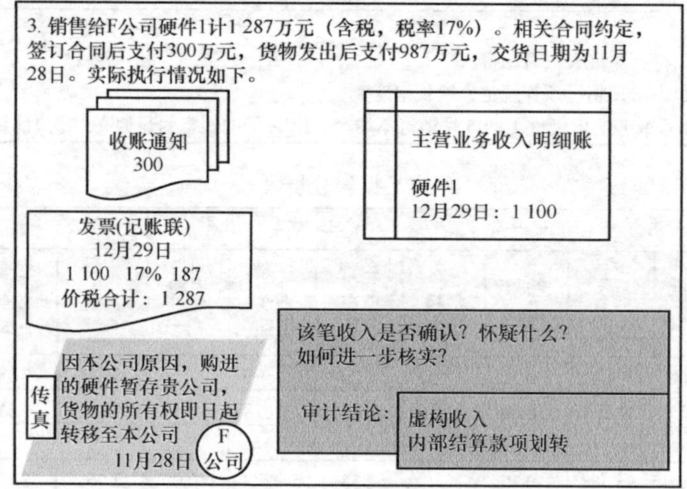

3. 销售给F公司硬件1计1 287万元（含税，税率17%）。相关合同约定，签订合同后支付300万元，货物发出后支付987万元，交货日期为11月28日。实际执行情况如下。
收账通知
300
主营业务收入明细账
硬件1
12月29日：1 100
发票(记账联)
12月29日
1 100 17% 187
价税合计：1 287
该笔收入是否确认？怀疑什么？
如何进一步核实？
传真
因本公司原因，购进的硬件暂存贵公司，货物的所有权即日起转移至本公司
11月28日
F公司
审计结论：
虚构收入
内部结算款项划转

图 1-8 主营业务收入账证资料（三）

4. 销售给控股股东G公司硬件1计3 510万元（含税，税率17%）。相关合同、验收报告无异常，货物全部收到。实际执行情况如下。
发货单
11月25日
成本：1 800
收账通知
3 510
主营业务收入明细账
硬件1
12月25日：3 000
验收报告
12月25日
该笔收入是否确认？怀疑什么？
如何进一步核实？
发票(记账联)
12月25日
3 000 17% 510
价税合计：3 510
审计结论：
业务是真实的。毛利率按8%计的话，收入预计1 956.52元，多计1 043.48元。

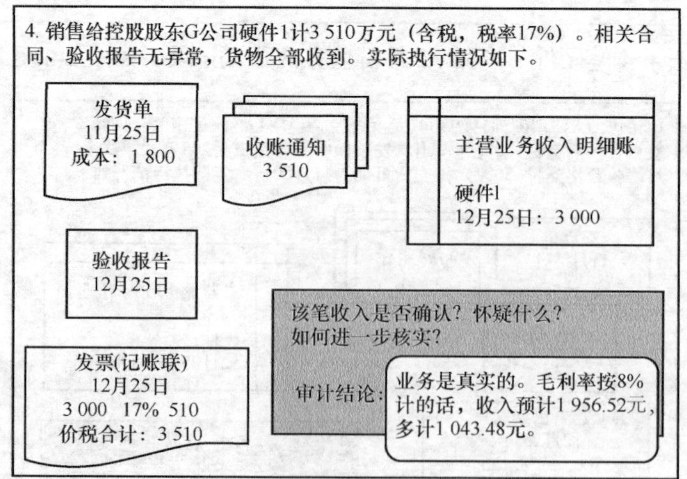

图 1-9 主营业务收入账证资料（四）

任务实施：用计算机操作编制的“营业收入审定表”见表 1-29。

表 1-29　营业收入审定表

项目类别	本期未审数	账项调整		期末审定数	上期末审定数	本期审定数与上期审定数比较	
		借方	贷方			变动额	变动率
一、主营业务收入							
硬件 1	104 300.00	3 143.48		101 156.52	58 900.00	42 256.52	71.74%
硬件 1	3 475.00			3 475.00	3 430.00	45.00	1.31%
合计	107 775.00	3 143.48		104 631.52	62 330.00	42 301.52	67.87%

审计结论：主营业务收入经调整可以确认。

经验积累

（1）管理层舞弊分析。从管理层的角度看，由于被审计单位的性质不同、规模大小不一样，同一单位不同时期的战略规划不同，业绩考核办法不一样，对主营业务收入高低的期望会有差异。在“压力、动机”的驱使下，某个会计期间可能出现管理层操纵收入，进而操纵利润的舞弊行为。风险领域分析如表 1-30 所示。管理层常见舞弊手段和一般表现如表 1-31 所示。

表 1-30　风险领域分析

单位性质/规模	风险领域（高/低）		
	动机	压力	备注
上市公司	发生/完整性	发生/完整性	投资者预期
国有企业	发生/完整性	发生/完整性	业绩考核
拟上市公司	发生/完整性	发生/完整性	政策要求
中小企业	发生/完整性	发生/完整性	筹资需要
	完整性/发生	完整性/发生	少缴税费

表 1-31　管理层常见舞弊手段和一般表现

错计性质	常见手段
高估收入	虚构客户销售，虚开发票，在后期虚构销货退回冲减
	没有原始凭证虚列销售记账，在后期虚构销货退回冲减
	虚开发票，虚增销售记账
	不符合收入确认时间要求，提前确认收入
	将已记录的销售重复记账
低估收入	销售不开或少开发票隐瞒收入
	故意推迟发票开具时间或推迟入账时间，少计本期收入
	不符合会计准则收入确认核算要求，隐瞒在负债或其他账户中

（2）员工侵占资产分析。从员工的角度看，在单位内部控制薄弱的条件下，在“压力、动机、机会”的驱使下，利用职务之便，员工个人或串通侵占、挪用企业资产，进而造成虚减主营业务收入的舞弊行为见表 1-32。

（3）利用分析程序发现可能的错报。表1-34提供了与主营业务收入相关的分析程序的应用，帮助你分析发现可能存在的错报领域。

表1-32　　员工舞弊常用手段表现

常用手段	舞弊表现
不开、少开发票	贪污、挪用货款，已实现的收入不入账
虚构销货退回	虚减收入，将退货款贪污

① 将你通过媒体或其他渠道了解到的管理层或员工舞弊的做法补充在表中。②通过了解管理层或员工舞弊的表现，你对在实现不同审计目标时应获取的相关审计证据种类有较深层的认识了吗？归纳一下。

表1-33　　利用分析程序发现可能的错报

序号	分析程序	可能的错报
1	将本年度销售产品分类别按月份与上年度比较	高估或低估
2	将本年度销售产品分类别按月份计算结构比例与上年度比较	高估或低估
3	将本年度的毛利率与以前年度比较（分别产品类别）	高估或低估
4	将销货退回或折让占销售收入总额的比例与以前年度比较（分别产品类别）	高估或低估

四、任务训练

1．利用分析程序确定主营业务收入可能存在的错报。

（1）任务背景资料：大西部木材公司主要从事木材加工、销售。审计人员依据公司的账簿记录计算了三种产品的毛利率，并取得已公布的同行业资料，如表1-34所示。

表1-34　　大西部木材公司毛利率行业资料

产品	2011年毛利率%		2010年毛利率%		2009年毛利率%	
	客户	同行业	客户	同行业	客户	同行业
硬木	36.3	32.4	36.4	32.5	36.0	32.3
软木	23.9	22.0	20.3	22.1	20.5	22.3
复合板	40.3	50.1	44.2	54.3	45.4	55.6

审计人员与客户讨论上述结果时，财务部长声称，公司硬木产品的毛利率一直高于同行业水平，因为他们重视那些他们可以制定较高售价而不强调销售量的市场。反过来说，复合板也是如此。在这一市场上，他们拥有顾客的数量比较少，由于销售量很大，这些顾客都要求较低的售价。部长还指出，近两年，竞争压力导致同行业和公司的复合板的毛利率都有所下降，且一直略低于行业水平；由于积极扩大销售，软木的毛利率有了较大幅度的增长。

根据已知事实，审计人员认为部长大部分的话是合理的，但公司软木的毛利率从20.3%到23.9%的变化可能存在潜在错报，错报的金额估计是（23.9%～20.3%）×软木的销售额，并认为该金额可能是重要的。分析错报的原因，可能是：①收入被高估；②存货被高估，销售成本未结转，低估；③采购成本被低估，导致销售成本低估；④毛利率的提升是积极扩大销售的结果，不存在错报。

（2）任务实施：学会用数字说明原因（假定主营业务成本为 100）。进行影响毛利率因素分析，完成表 1-35。

表 1-35　　影响毛利率因素分析（软木）　　单位：万元

项目	2010 年	2011 年	按 2010 年毛利率计算	收入高估	按 2010 年毛利率计算	成本低估	备注
主营业务收入							
主营业务成本	100.00	100.00	100.00				
毛利率%							

2．对主营业务收入截止测试。

（1）任务背景资料：接本任务中任务操作演示二截止测试的项目。获取下年初入账相关账证，合同要求 20×1 年末销售，且出库单、进账单时间都是本年末，而发票开具在下年初。查相关单据如表 1-36、表 1-37 所示。

表 1-36　　山东增值税专用发票

3100050678　　№ 00829402

开票日期：20×2 年 1 月 2 日

购货单位	名　　称：海台公司 纳税人识别号：370112787444223 地址、电话：济南市历山路 102 号 0531-89025678 开户行及账号：工行历城区支行洪楼分理处　1602357009034120761	密码区	67893--+9827/16<241<　加密版本：01 0<<>3<2+876<-6105>4+>　3100050678 51*84-9319<8>9-20<750 0/-3000252/9-*+91>>4+　00829402

货物或应税劳务名称	规格型号	单位	数量	单价	金额	税率	税额
M 产品		件	3 000	160.00	480 000.00	17%	81 600.00
合 计					¥480 000.00		¥81 600.00
价税合计（大写）	⊗伍拾陆万壹仟陆佰元整				（小写）¥561 600.00		

已网银结算

销货单位	名　　称：华兴股份有限公司 纳税人识别号：310104760169081 地 址、电 话：济南市旅游路 88 号 0531-86345678 开户行及账号：工行历城区支行洪楼分理处　1602007009034120818	备注	华兴股份有限公司 税号：370104760169081 发票专用章

收款人：苗艳　　复核：李经升　　开票人：王越　　销货单位：（章）

国税函[2010]150 号济南华森印刷厂

第一联 记账联 销货方记账凭证

表 1-37　　出库单

发往单位：海台公司　　20×1 年 12 月 31 日　　№：065838

品　　名	单　　位	数　　量	单　　价	金　　额
M 产品	件	3 000		
用途		销售		

付讫

审核：李文　　保管：李莉

◆出库单、网银收款时间与合同、银行对账单一致，属于本年度

进一步检查发出产品成本已结转，如表 1-38 所示。

表 1-38　　记账凭证

20×1 年 12 月 31 日　　记字第 89 号

摘　　要	会 计 科 目	明 细 科 目	√	借方金额（千百十万千百十元角分）	√	贷方金额（千百十万千百十元角分）
结转成本	主营业务成本	*m* 产品	√	42800000		
	库存商品	*m* 产品			√	42800000
合计				42800000		42800000

附单据　张

成本计算和结转符合要求

会计主管：王海　　记账：丁一　　出纳：　　审核：　　制单：丁一

（2）任务实施：编制主营业务收入截止测试表（见表 1-39，用计算机完成）。

表 1-39　　主营业务收入截止测试表

被审计单位：	编制：	日期：
截止日/期间：	复核：	日期：
项目名称：主营业务收入截止测试		索引号：SA5-2

主营业务收入截止测试

编号	明细账				发票内容					发货单		是否跨期
	日期	凭证号	主营业务收入	应交税金	日期	客户名称	货物名称	销售额	税额	日期	号码	

截止日前

……………………………………………………

截止日期：20×1 年 12 月 31 日

……………………………………………………

截止日后

编号	日期	凭证号	主营业务收入	应交税金	日期	客户名称	货物名称	销售额	税额	日期	号码	是否跨期

注：从明细账到发货单。

审计说明：

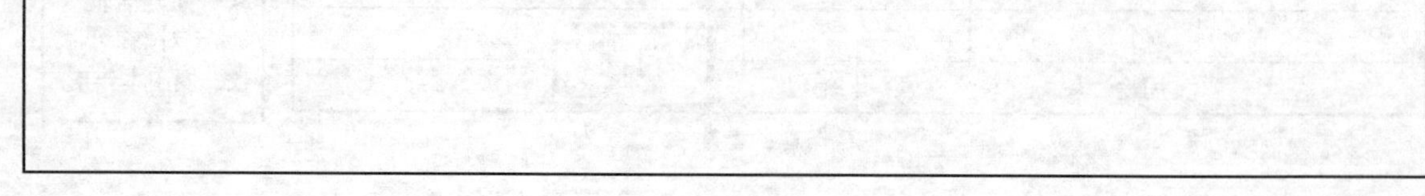

任务二 应收账款审计

案例导读

【资料来源：新浪财经】请阅读青岛海尔股份有限公司有关应收账款的信息，如图 1-10 以及表 1-40 所示。

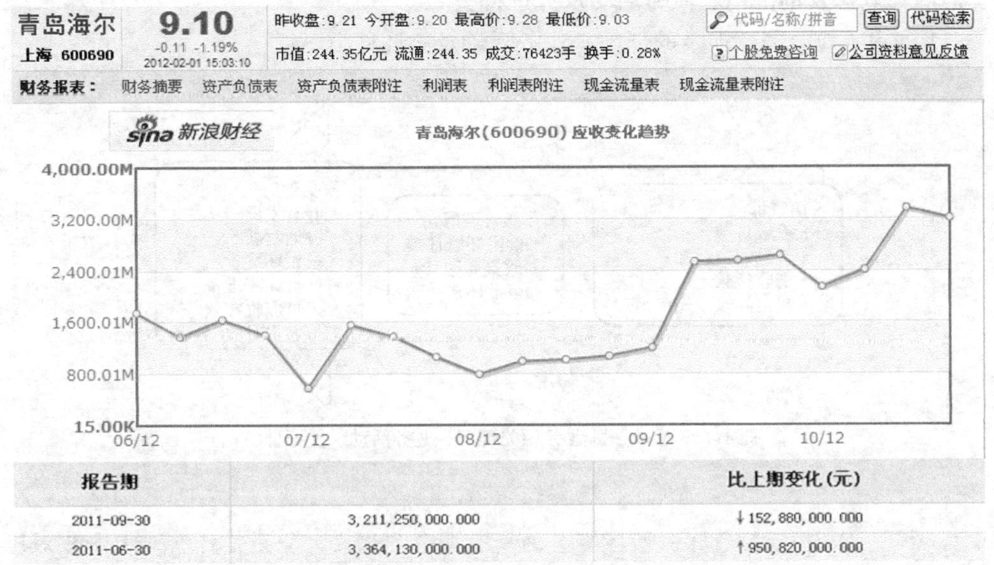

图 1-10 青岛海尔应收账款趋势图

表 1-40 青岛海尔应收账款分析表

项目	2010 年 6 月 30 日	2011 年 6 月 30 日	增减额	增减率
应收账款	2 413 310 000.00	3 364 130 000.00	950 820 000.00	39.40%
总资产	29 267 200 000.00	37 640 900 000.00	8 373 700 000.00	28.61%
结构	8.25%	8.94%		10.79%

可以看出，应收账款的增长幅度超过总资产的增幅，且所占比重持续增长。如果应收账款管理不善，经营风险可能会导致财务报表重大错报。应收账款的发生、应收账款计提坏账准备的会计估计应该作为审计的重点。

一、知识准备

不是所有单位都会因销售产生应收账款。如零售业经营模式普遍采取交款提货，即一手钱一手货的交易模式，在销售实现的同时，货款也全部结清。即使有应收账款，不同行业货款回收的快慢、账龄长短、应收账款周转率的高低也会有区别。在存在应收账款的情况下，企业应该根据实际情况，选择恰当的会计政策和合理会计估计，运用应收账款余额百分比法或账龄百分比等方法，合理估计百分比率，计提坏账准备，以准确反映企业应收账款的实际净值以及利润的真实状况。因此，应收账款是否被错计（多计或少计），要结合对主营业务收入审计时已了解到的企业经营范围，进一步取得企业客户信息、销售合同，了解企业对应收账款的管理等，按照审计目标的要求，通过审查相关会计资料及其他资料获取审计证据，保持职业谨慎态度，运用职业判断，完成审计任务。

应收账款是如何发生的？业务发生的单据主要有哪些？什么原因可能导致应收账款被错计？

1. 应收账款涉及的部门、业务活动及凭证种类

图 1-11 列示了应收账款涉及的部门、业务活动及凭证种类。

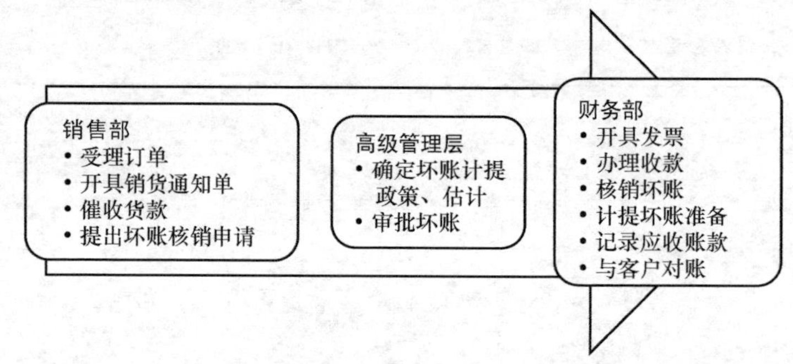

图 1-11　应收账款业务相关部门、业务活动、凭证种类

① 将与应收账款增减有关的所有业务列出来，凭证是什么？把账户对应关系写出来。

② 什么是坏账？坏账准备计提的方法有哪些？请根据表 1-41、表 1-42 重新计算坏账准备的余额，并理解应收账款错报的原因。

表 1-41　　清华同方应收账款坏账测算表

账龄	清华同方应收账款余额	应收账款坏账提取率%		应收账款计提坏账		主观决策错报金额
		变更前	变更后	变更前	变更后	
1 年以内	760 000.00	0.3	0.5		3 800.00	
1 至 2 年	930 000.00	1	5		46 500.00	
2 至 3 年	290 000.00	10	15		43 500.00	
3 至 4 年	850 000.00	20	30		255 000.00	
4 至 5 年	79 000.00	20	50		39 500.00	
5 年以上	380 000.00	20	100		380 000.00	
合　计	3 289 000.00				768 300.00	

审计认为清华同方没有合理理由将坏账提取率变更，请你计算按照变更前提取率坏账准备是多少，填在上表中，并计算错报金额。

表 1-42　　方正科技应收账款坏账测算表

账龄	方正科技应收账款余额	应收账款坏账提取率%	应收账款计提坏账	坏账提取率%（审计）	审计确认计提坏账	主观决策错报金额（不允许变更）
1 年以内	1 000 000.00	5	50 000.00	0.5		
1 至 2 年	590 000.00	10	59 000.00	5		
2 至 3 年	380 000.00	30	114 000.00	15		
3 至 4 年	70 000.00	70	49 000.00	30		
4 至 5 年	98 000.00	100	98 000.00	50		
5 年以上	200 000.00	100	200 000.00	100		
合　计	2 338 000.00		570 000.00			

注意　审计认为方正科技坏账提取率的会计估计不符合企业实际，请你重新计算坏账准备，并计算错报金额填在上表中。

2．应收账款内部控制及常用控制测试

请阅读表 1-43，应收账款内部控制及常用控制测试与销售相联系，不再赘述。

表 1-43　　应收账款内部控制及常用控制测试表

控制目标（XS L-3）	被审单位的控制活动（XS L-3）	控制测试程序
已记录的销售均已发出货物（发生）	船运公司在货船离岸后，开出货运提单，通知 S 公司货物离岸时间。信息管理员×××将商品离岸信息输入系统，系统内的销售订单状态由“已完工”自动更改为“已离岸”。应收账款记账员×××根据系统显示的“已离岸”销售订单信息，将销售发票所载信息和报关单、货运提单等进行核对。如所有单证核对一致，应收账款记账员×××在发票上加盖“相符”印戳并将有关信息输入系统，此时系统内的采购订单状态即由“已离岸”自动更改为“已处理”	抽取销售订单、销售发票、出运通知单以及送货单检查其内容是否一致
已记录的销售交易计价准确（准确性）	月末，应收账款主管×××编制应收账款账龄报告，其内容还应包括应收账款总额与应收账款明细账合计数，以及应收账款明细账与顾客对账单的核对情况。如有差异，应收账款主管×××将立即进行调查	抽取顾客对账单检查其与应收账款明细账金额是否一致，如有差异，是否已进行调查和处理
与销售货物相关的权利均已记录至应收账款（权利）	信息管理员×××根据系统显示的“已完工”销售订单信息和销售合同约定的交货日期，开具连续编号的销售发票(出口发票一式六联)，交销售经理×××审核，发票存根联由销售部留存，其他联次分别用于报关、出口押汇、税务核销、外汇核销以及财务记账等。应收账款记账员×××根据系统显示的“已离岸”销售订单信息，将销售发票所载信息和报关单、货运提单等进行核对。如所有单证核对一致，应收账款记账员×××在发票上加盖“相符”印戳并将有关信息输入系统，此时系统内的采购订单状态即由“已离岸”自动更改为“已处理”	抽取销售订单、销售发票、出运通知单以及送货单检查其内容是否一致
已记录的销售退回、折扣与折让均为真实发生的（发生）	S 公司销售业务系以出口销售为主，与顾客签订的销售合同中不允许退货，若发生质量纠纷，应采取索赔方式，根据双方确定的金额调整应收账款。业务员×××接到顾客的索赔传真件等资料后，编制连续编号的顾客索赔处理表，交至生产部门和技术部门，由生产经理×××技术经理×××确定是否确属产品质量问题，并签字确认。如确属 S 公司的责任，应收账款记账员××××在顾客索赔处理表注明货款结算情况。对于索赔金额不超过人民币××元的，由销售经理×××批准，如超过该标准，应经总经理×××审批	抽取顾客索赔处理表检查是否真实发生

续表

控制目标（XS L-3）	被审单位的控制活动（XS L-3）	控制测试程序
已发生的销售退回、折扣与折让均已记录（完整）	月末，应收账款主管×××编制应收账款账龄报告，其内容还应包括应收账款总额与应收账款明细账合计数，以及应收账款明细账与顾客对账单的核对情况。如有差异，应收账款主管×××将立即进行调查	抽取顾客对账单检查其与应收账款明细账金额是否一致，如有差异，是否已进行调查和处理
已发生的销售退回、折扣与折让均记录于适当期间（截止）	业务员×××接到顾客的索赔传真件等资料后，编制连续编号的顾客索赔处理表。应收账款记账员×××编制应收账款调整分录，后附经适当审批的顾客索赔处理表，交会计主管×××复核后进行账务处理	抽取顾客索赔处理表检查是否已进行记录
已发生的销售退回、折扣与折让均已准确记录（准确性）	业务员×××接到顾客的索赔传真件等资料后，编制连续编号的顾客索赔处理表，交至生产部门和技术部门，由生产经理×××技术经理×××确定是否确属产品质量问题，并签字确认。如确属S公司的责任，应收账款记账员×××在顾客索赔处理表注明货款结算情况。对于索赔金额不超过人民币××元的，由销售经理×××批准，如超过该标准，应经总经理×××审批	抽取记账凭证，检查与顾客索赔处理表金额是否一致，并经适当复核
准确计提坏账准备和核销坏账，并记录于适当期间（准确性、截止）	公司董事会制订并批准了应收账款坏账准备计提方法和计提比例的会计估计。每年末，销售经理×××根据以往的经验、债务单位的实际财务状况和现金流量的情况，以及其他相关信息，编写应收账款可收回性分析报告，交财务部复核。会计主管×××根据应收账款可收回性分析报告，分析坏账准备的计提比例是否较原先的估计发生较大变化。如发生较大变化，会计主管×××编写会计估计变更建议，经财务经理×××复核后报董事会批准。S公司坏账准备由系统自动计算生成，对于需要计提特别坏账准备以及拟核销的坏账，由业务员×××填写连续编号的坏账变更申请表，并附顾客破产文件等相关资料，经销售经理×××审批后，金额在××元以下的，由财务经理×××审批，金额在××元以上的，由总经理×××审批。应收账款记账员×××根据经适当批准的更改申请表进行账务处理	抽取销售部门出具的应收账款可收回性分析报告。检查是否编写会计估计变更建议，经财务经理复核后报董事会批准

3．应收账款审计目标

应收账款审计目标与管理层认定相联系。针对应收账款余额及其报表列示，审计目标见表1-44。

表1-44　　审计目标与管理当局认定对应关系表

	审计目标	财务报表认定				
		存在	完整性	权利和义务	计价和分摊	列报
A	资产负债表中记录的应收账款是存在的	√				
B	所有应当记录的应收账款均已记录		√			
C	记录的应收账款由被审计单位拥有或控制			√		
D	应收账款以恰当的金额包括在财务报表中，与之相关的计价调整已恰当记录				√	
E	应收账款已按照企业会计准则的规定在财务报表中做出恰当列报					√

4．为实现审计目标，按照审计准则要求的可选择审计程序及编制的工作底稿

仔细阅读表1-45，作为审计助理应该掌握其中一些重要程序的应用。

表 1-45　　审计目标与可选择审计程序及编制的工作底稿对照表

审计目标	可供选择的实质性程序	工作底稿
D	1. 获取或编制应收账款明细表。 （1）复核加计是否正确，并与总账数和明细账合计数核对是否相符；结合坏账准备科目与报表数核对是否相符。 （2）检查非记账本位币应收账款的折算汇率及折算是否正确。 （3）分析有贷方余额的项目，查明原因，必要时，做重分类调整。 （4）结合其他应收款、预收账款等往来项目的明细余额，调查有无同一客户多处挂账、异常余额或与销售无关的其他款项（如代销账户、关联方账户或雇员账户）。如有，应做出记录，必要时做调整。 （5）标识重要的欠款单位，计算其欠款合计数占应收账款余额的比例	应收账款明细表
ACD	2. 对应收账款进行函证。 除非有充分证据表明应收账款对财务报表不重要或函证很可能无效，否则，应对应收账款进行函证。如果不对应收账款进行函证，应在工作底稿中说明理由。如果认为函证很可能无效，应当实施替代审计程序获取充分、适当的审计证据。 （1）选取函证项目。 （2）对函证实施过程进行控制。核对询证函是否由注册会计师直接收发；被询证者以传真、电子邮件等方式回函的，应要求被询证者寄回询证函原件；如果未能收到积极式函证回函，应当考虑与被询证者联系，要求对方做出回应或再次寄发询证函。 （3）编制“应收账款函证结果汇总表”，对函证结果进行评价。核对回函内容与被审计单位账面记录是否一致，如不一致，分析不符事项的原因。检查销售合同、发运单等相关原始单据，分析被审计单位对于回函与账面记录之间差异的解释是否合理，编制“应收账款函证结果调节表”，并检查支持性凭证。如果不符事项构成错报，应重新考虑所实施审计程序的性质、时间和范围。 （4）针对最终未回函的账户实施替代审计程序（如实施期后收款测试、检查运输记录、销售合同等相关原始资料及询问被审计单位有关部门等）。 （5）如果注册会计师认为取得积极式函证回函是获取充分、适当的审计证据的必要程序，则替代程序不能提供注册会计师所需要的审计证据。在这种情况下，应考虑其对审计工作和审计意见的影响	应收账款询证函，应收账款函证结果汇总表，应收账款函证结果调节表
A	3. 对未函证应收账款实施替代审计程序。抽查有关原始凭据，如销售合同、销售订单、销售发票副本、发运凭证及回款单据等，以验证与其相关的应收账款的真实性	应收账款替代测试表
A	4. 抽查有无不属于结算业务的债权。抽查应收账款明细账，并追查至有关原始凭证，查证被审计单位有无不属于结算业务的债权。如有，应建议被审计单位做适当调整	应收账款检查表
D	5. 评价坏账准备计提的适当性。 （1）取得或编制坏账准备计算表，复核加计正确，与坏账准备总账数、明细账合计数核对相符。将应收账款坏账准备本期计提数与资产减值损失相应明细项目的发生额核对是否相符。 （2）检查应收账款坏账准备计提和核销的批准程序，取得书面报告等证明文件。评价计提坏账准备所依据的资料、假设及方法；复核应收账款坏账准备是否按经股东（大）会或董事会批准的既定方法和比例提取，其计算和会计处理是否正确。 （3）根据账龄分析表中，选取金额大于________的账户，逾期超过________天账户，以及认为必要的其他账户（如有收款问题记录的账户，收款问题行业集中的账户）。复核并测试所选取账户期后收款情况。针对所选取的账户，与授信部门经理或其他负责人员讨论其可收回性，并复核往来函件或其他相关信息，以支持被审计单位就此做出的声明。针对坏账准备计提不足情况进行调整。	应收账款坏账准备计算表

续表

审计目标	可供选择的实质性程序	工作底稿
	（4）实际发生坏账损失的，检查转销依据是否符合有关规定，会计处理是否正确。 （5）已经确认并转销的坏账重新收回的，检查其会计处理是否正确。 （6）通过比较前期坏账准备计提数和实际发生数，以及检查期后事项，评价应收账款坏账准备计提的合理性。	
A	6. 复核应收账款和相关总分类账、明细分类账和现金日记账，调查异常项目。对大额或异常及关联方应收账款，即使回函相符，仍应抽查其原始凭证	应收账款检查表
A	7. 检查应收账款减少有无异常	应收账款检查表
D	8. 检查应收账款中是否存在债务人破产或者死亡，以其破产财产或者遗产清偿后仍无法收回，或者债务人长期未履行偿债义务的情况。如果是，应提请被审计单位处理	应收账款长期挂账款项检查表
C	9. 检查银行存款和银行贷款等询证函的回函、会议纪要、借款协议和其他文件，确定应收账款是否已被质押或出售	
	10. 根据评估的舞弊风险等因素增加审计程序	
E	11. 检查应收账款是否已按照企业会计准则的规定在财务报表中做出恰当列报	

表中应收账款审计可选择的程序没有全部列示，如果你感兴趣，可以通过学习《财务报表审计工作底稿编制指南》获得更全面的信息。

归纳的应收账款审计思路、审计要点，见图 1-12。

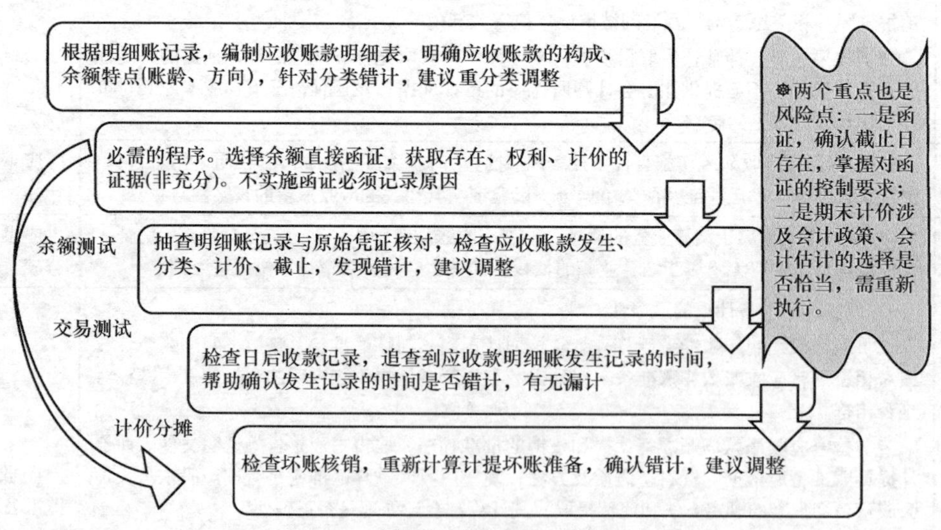

图 1-12　应收账款审计思路、审计要点

选择上述测试方法审计的重点，就是针对期末应收账款（也包括坏账准备）账户的余额有无多计或少计提出调整建议，同时必须追查到影响应收账款余额的交易发生额，最终形成应收账款审定表。

记录测试过程和结果的审计工作底稿及相互关系，见图 1-13。

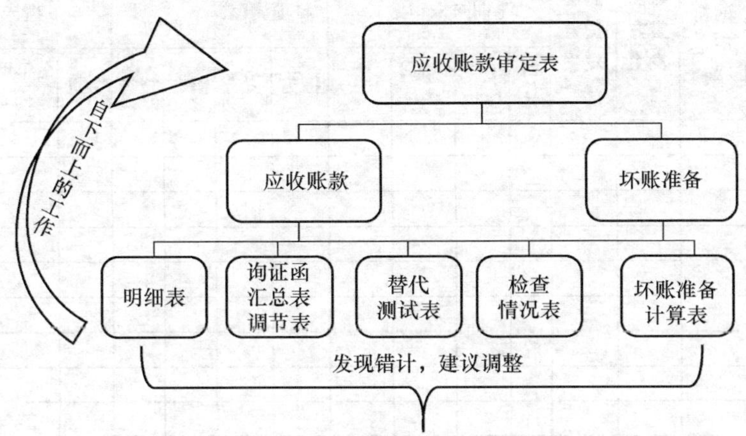

图 1-13　应收账款实质性程序工作底稿

二、典型工作任务

在项目经理的指导、监督下，按照具体审计计划的要求，你应该能够利用计算机办公软件完成下列工作任务：编制应收账款明细表，办理应收账款函证，编制应收账款检查表，编制应收账款长期挂账款项检查表，编制应收账款坏账准备计算表，编制应收账款审定表。请你接受某项任务后，理清工作思路，做到“四明确”，如图 1-14 所示，即明确任务、明确完成时间、明确咨询对象、明确复核人。

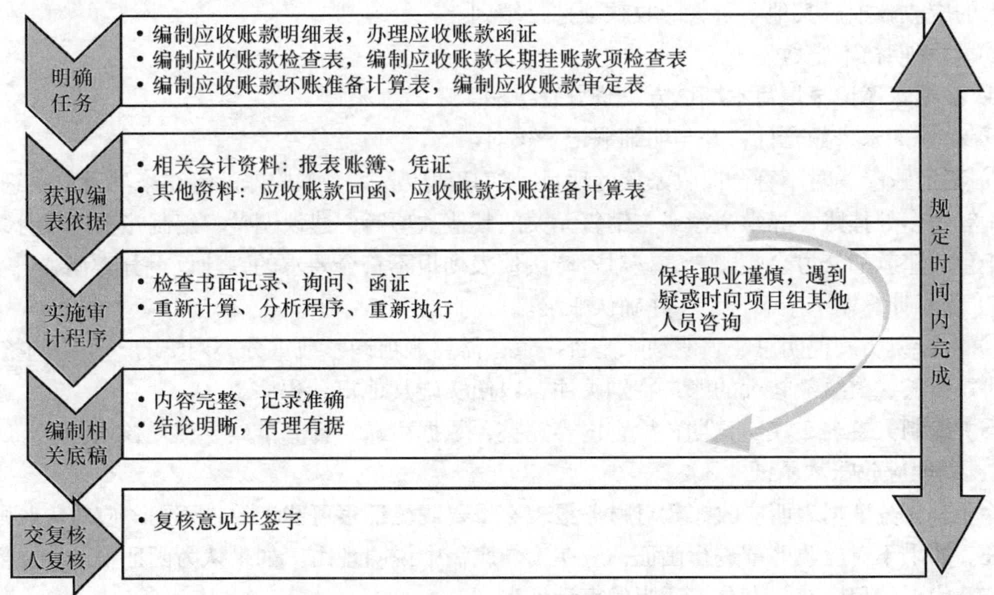

图 1-14　应收账款审计典型工作任务流程图

1．编制应收账款明细表

（1）明确任务，需编制的应收账款明细表如表 1-42 所示。

表 1-46　　　　　　　　　　　　　应收账款明细表

项目名称	分类	期初审定数	账面借方发生额	账面贷方发生额	期末未审数				账项调整		重分类调整		期末审定数				备注
					合计	1年以内	1~2年	……	借方	贷方	借方	贷方	合计	1年以内	1~2年	……	
一、关联方																	
关联方小计																	
二、非关联方																	
非关联方小计																	
合计																	

编制说明：外币应收账款应列明原币金额及折合汇率。

审计说明：

（2）获取被审计单位本期应收账款总账、明细账以及上期审计工作底稿，分析应收账款按账龄填列，或索要被审计单位编制的应收账款账龄分析表审核填列。

（3）复核总账、明细账。

（4）编表。

① 根据本期明细账记录，没有关联方的，直接按对方单位按分类项目单独或合并填列。

② 分类：按单项金额重大的应收款项、单项金额不重大但按信用风险特征组合后该组合的风险较大的应收款项、其他不重大应收款项选择填列。

③ 填写期初审定数。

④ 根据账簿记录填写本期借方、贷方发生额。

⑤ 计算期末余额合计，并与明细账记录核对。

⑥ 确定账龄。对不符合应收账款的项目，如其他应收款、预收账款等往来项目的明细余额，属同一客户多处挂账、异常余额或与销售无关的其他款项等，建议调整，编制账项调整分录；对确属于预收账款的贷方余额账户，核对资产负债表列报不符合要求的，建议重分类调整。

⑦ 重新计算期末余额合计，并确认账龄。

⑧ 审计说明。说明总账、明细账是否一致；需要账项调整或重分类调整的，注明调整分录。注意对账龄长、欠款额较大的账户特别关注，以便实施其他审计程序。

（5）编制人签名，注明日期；检查内容完整，数据可靠，计算准确，交复核人。

2．办理应收账款函证

除非有充分证据表明应收账款对财务报表不重要或函证很可能无效，否则，应对应收账款进行函证。如果不对应收账款进行函证，应在工作底稿中说明理由。如果认为函证很可能无效，应当实施替代审计程序获取充分、适当的审计证据。

函证是一项系统化工作，在具体学习函证相关的工作任务时，通过图 1-15 感受工作思路和相应的做法。

（1）明确任务，按照项目负责人的要求，确定函证样本，选出被函证客户。可以采取按应收账款余额特征分层的办法，考虑账龄，将余额大的、账龄长的作为重点对象。一般来说，很少对零余额的客户发出函证，部分原因是研究表明，顾客不可能对余额低估的要求予以回复。另外，销售的漏计导致的应收账款少计，可以通过对销售的完整性执行分析程序，更容易发现应收账款的少计。

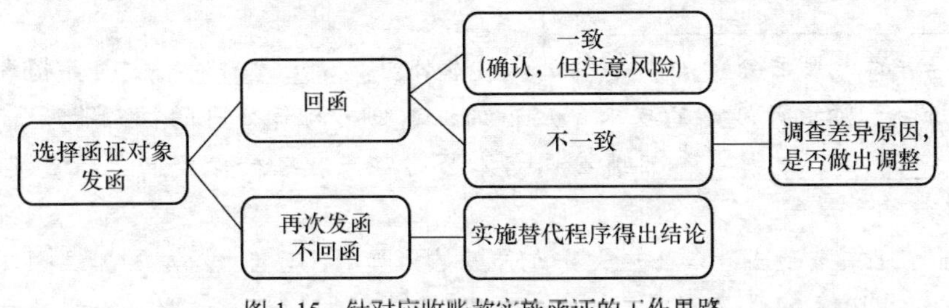

图 1-15　针对应收账款实施函证的工作思路

（2）选择函证时间和询证函类型。来自于函证最可靠的证据是将函证发出时间安排在接近资产负债表日，收回的回函最好是客户报表截止日余额。两种积极式询证函形式如下。

形式一

应收账款询证函　　　　**编号**

________________公司：

本公司聘请的中天运会计师事务所正在对本公司________年年度财务报表进行审计，按照中国注册会计师审计准则的要求，应当询证本公司与贵公司的往来账项等事项。下列信息出自本公司账簿记录，如与贵公司记录相符，请在本函下端“信息证明无误”处签章证明；如有不符，请在“信息不符”处列明不符项目。如存在与本公司有关的未列入本函的其他项目，也请在“信息不符”处列出这些项目的金额及详细资料。回函请直接寄至中天运会计师事务所。

回函地址：北京市西城区车公庄大街九号五栋大楼 B1 座七、八层　邮编：100044

电话：010-88395676　　传真：010-88395200　　联系人：

1. 本公司与贵公司的往来账项列示如下。

单位：元

截止日期	贵公司欠	欠贵公司	备　注

2. 其他事项

本函仅为复核账目之用，并非催款结算。若款项在上述日期之后已经付清，仍请及时函复为盼。

（被审计单位盖章）

年　月　日

结论：

1. 信息证无误。 （________公司盖章） 年　月　日 经办人：	2. 信息不符，请列明不符项目及具体内容。 （________公司盖章） 年　月　日 经办人：

形式二

应收账款询证函 编号

______________公司：

本公司聘请的中天运会计师事务所正在对本公司______年度财务报表进行审计，按照中国注册会计师审计准则的要求，应当询证本公司与贵公司的往来账项等事项。请列示截止____年____月____日贵公司与本公司往来款项余额。回函请直接寄至中天运会计师事务所。

回函地址：北京市西城区车公庄大街九号五栋大楼B1座七、八层 邮编：100044

电话：010-88395676 传真：010-88395200 联系人：

本函仅为复核账目之用，并非催款结算。若款项在上述日期之后已经付清，仍请及时函复为盼。

（______公司章）

年 月 日

1．贵公司与本公司的往来账项列示如下。

截止日期	贵公司欠	欠贵公司	备 注

2．其他事项

（______公司盖章）

年 月 日

经办人：

请仔细阅读体会询证函的内容，比较两种信函的效果有什么本质区别？请谨慎选择第二种信的使用，以免降低回函的可能，事与愿违。另外还有一种消极式的询证函，在应收账款审计时一般不用。感兴趣的话，你可以上网查阅一下相关内容。

① 信中的截止日期，不一定是报表截止日，如实填写；

② 审计亲自收发信。要求被审计单位提供地址、邮编的信息，写好的信发出前，要求被审计单位盖章；回函一定索要原件；

③ 编制“应收账款函证结果汇总表”，见表1-47，记录应收账款的发出及收回等后续情况，作为审计调整或选择替代审计程序的依据；

④ 取得支持性证据，编制“应收账款函证结果调节表”，见表1-48；

⑤ 针对最终未回函的账户实施替代审计程序，编制“应收账款替代测试表”，见表1-49。

表 1-47　　应收账款函证结果汇总表

<table>
<tr><th colspan="4">发函询证纪要</th><th rowspan="3">是否收到回函</th><th rowspan="3">索引号</th><th colspan="5">收到回函</th><th colspan="2">未收到回函</th><th rowspan="3">情况说明及审计结论</th></tr>
<tr><th rowspan="2">序号</th><th rowspan="2">选取样本特征</th><th rowspan="2">单位名称</th><th rowspan="2">期末余额</th><th rowspan="2">回函日期</th><th colspan="2">可以确认金额</th><th colspan="2">难以确认金额</th><th rowspan="2">通过替代审计可确认金额</th><th rowspan="2">未核实金额</th></tr>
<tr><th>回函直接确认</th><th>调节后可以确认</th><th>争议未决金额</th><th>其他</th></tr>
<tr><td>1</td><td></td><td></td><td></td><td></td><td></td><td></td><td></td><td></td><td></td><td></td><td></td><td></td><td></td></tr>
<tr><td>2</td><td></td><td></td><td></td><td></td><td></td><td></td><td></td><td></td><td></td><td></td><td></td><td></td><td></td></tr>
<tr><td>3</td><td></td><td></td><td></td><td></td><td></td><td></td><td></td><td></td><td></td><td></td><td></td><td></td><td></td></tr>
<tr><td>4</td><td></td><td></td><td></td><td></td><td></td><td></td><td></td><td></td><td></td><td></td><td></td><td></td><td></td></tr>
<tr><td>……</td><td></td><td></td><td></td><td></td><td></td><td></td><td></td><td></td><td></td><td></td><td></td><td></td><td></td></tr>
<tr><td colspan="3">总计</td><td>—</td><td></td><td></td><td></td><td>—</td><td>—</td><td>—</td><td>—</td><td>—</td><td>—</td><td></td></tr>
<tr><td colspan="2">抽取样本的金额</td><td>—</td><td colspan="3">抽取应收账款样本数</td><td></td><td colspan="2">收到回函的样本金额</td><td>—</td><td colspan="2">回函可以确认的金额</td><td>—</td><td></td></tr>
<tr><td colspan="2">应收账款期末金额</td><td></td><td colspan="3">期末客户总数</td><td></td><td colspan="2">占样本总金额的比例</td><td></td><td colspan="2">通过替代测试可确认的金额</td><td>—</td><td></td></tr>
<tr><td colspan="2">抽取样本占期末比例</td><td></td><td colspan="3">样本占客户总数比例</td><td></td><td colspan="2"></td><td></td><td colspan="2">可确认金额占样本总额的比例</td><td></td><td></td></tr>
</table>

审计说明：

表 1-48　　应收账款函证结果调节表

被询证单位：

回函日期：

1. 被询证单位回函余额：

2. 减：被询证单位已记录项目

序号	日期	摘要（运输途中、存在争议的项目等）	凭证号	金　额
合计				

3. 加：被审计单位已记录项目

序号	日期	摘要（运输途中、存在争议的项目等）	凭证号	金　额
合计				

4. 调节后金额：______

5. 被审计单位账面金额：______

6. 调节后是否存在差异，差异金额：______

审计说明：

表 1-49　　应收账款替代测试表

测试单位

一、期初余额：										
二、借方发生额：										
入账金额						检查内容（用“√”、“×”表示）				
序号	日期	凭证	业务内容	对方科目	金额	①	②	③	④	……
1										
2										
小计					—					
全年借方发生额合计										
测试金额占全年借方发生额的比例										
三、贷方发生额：										
入账金额						检查内容（用“√”、“×”表示）				
序号	日期	凭证	业务内容	对方科目	金额	①	②	③	④	……
1										
2										
小计					—					
全年贷方发生额合计										
测试金额占全年贷方发生额的比例										
四、期末余额：										—
五、期后收款检查										
序号	日期	凭证	业务内容	对方科目	金额	①	②	③	④	……
1										
2										

检查内容说明：①原始凭证是否齐全；②记账凭证与原始凭证是否相符；③账务处理是否正确；④是否记录于恰当的会计期间；⑤……

审计说明：

你通过应收账款函证程序能够实现的审计目标ACD，再整理一下工作的内容，采取了哪些应对措施？写一写。

3．编制应收账款检查表

明确任务，对不打算实施函证的账户抽查，将抽查的凭证及核对结果记录在表 1-50 中。资料来源及编制方法不赘述。

表 1-50　　应收账款检查表

记账日期	凭证编号	业务内容	借方科目	贷方科目	金额	附件	核对内容（用“√”“×”表示）					备注
							1	2	3	4	5	

核对内容说明：1. 原始凭证是否齐全；2. 记账凭证与原始凭证是否相符；3. 账务处理是否正确；4. 是否记录于恰当的会计期间；5. ……

审计说明：

4．编制应收账款长期挂账款项检查表

明确任务，根据审计掌握的应收账款账龄情况，为降低检查风险，以验证应收账款是否以恰当的金额披露。对确认为坏账的，建议核销，并考虑对坏账计提的影响。对长期挂账款的应收款项实施的检查记录见表1-51中。

表1-51　　　　　　　　　　应收账款长期挂账款项检查表

编号	单位	未审金额	审定金额	账龄						款项性质	长期挂账原因	是否仍有业务往来	对方单位是否破产/注销
				1年以内	1~2年	2~3年	3~4年	4~5年	5年以上				
合计		—	—	—	—	—	—	—	—				

审计说明：

5．编制应收账款坏账准备计算表

明确任务，需编制的应收账款坏账准备计算表，如表1-52所示。

表1-52　　　　　　　　　　应收账款坏账准备计算表

计 算 过 程					
一、坏账准备本期期末应有金额①=②+③				①	
1. 期末单项金额重大且有客观证据表明发生了减值的应收款项对应坏账准备应有余额					
单位名称		应收款项余额	坏账准备计提比例	坏账准备应有余额	原因说明
合　计				②	
2. 期末单项金额非重大以及经单独测试后未减值的单项金额重大的应收款项对应坏账准备应有余额					
项　目	账龄	应收款项余额	坏账准备计提比例	坏账准备应有余额	
应收账款	1年以内（含1年）				
	1—2年（含2年）				
	2—3年（含3年）				
	3年以上				
	合　计			③	
二、坏账准备上期审定数				④	
三、坏账准备本期转出（核销）金额					
单位名称		金额			
合　计				⑤	
四、计算坏账准备本期全部应计提金额⑥=①-④+⑤				⑥	

审计说明：

注意 这项工作看上去很复杂，你只要真正弄清楚目的，即“计算坏账准备本期全部应计提金额”，以便确定客户计算和计提得有无错计，是否需要调整。屡清思路，就不难应对！具体任务执行时，请学会按这样的思路去做，你不仅能收获完成审计工作的喜悦，而且还能进一步加深对应收账款计提坏账会计工作的认识。

（1）根据图 1-16，明确几个与应收账款确认为坏账、估计坏账大小的会计政策、会计估计要求和计提坏账准备的会计核算要求（见图 1-17），作为审计的基础。

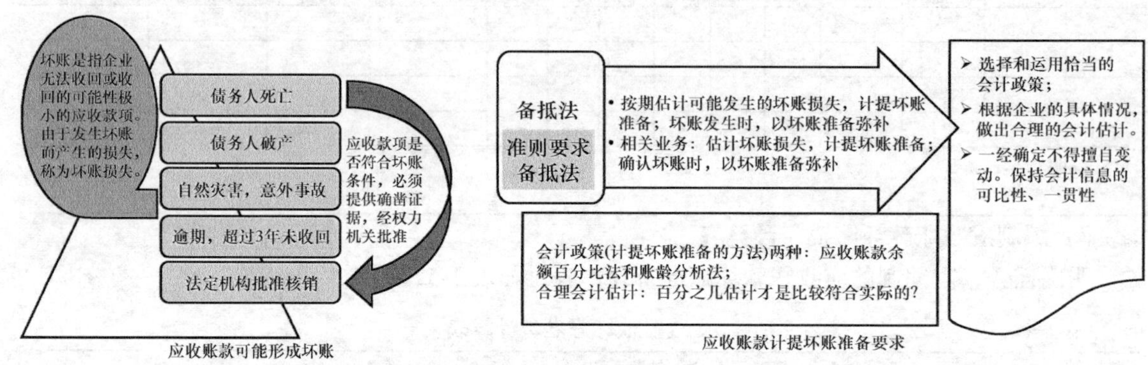

图 1-16　与坏账相关的会计政策、会计估计要求

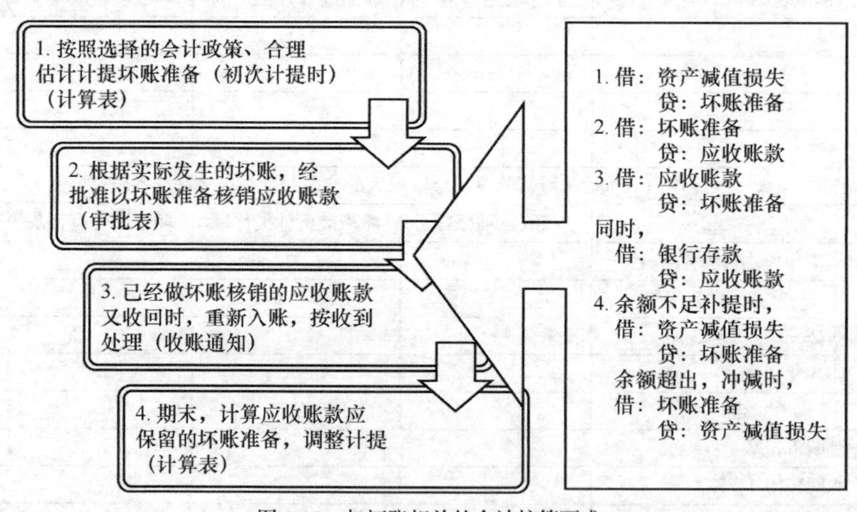

图 1-17　与坏账相关的会计核算要求

（2）了解客户坏账计提的政策和会计估计，评价是否恰当，作为重新计算的依据（如清华同方与方正科技的例子）。

（3）在确认应收账款的基础上，按恰当方法（余额百分比法或账龄法）重新计算“坏账准备本期全部应计提金额”。

（4）编制应收账款坏账准备计算表，确认差异，建议调整。

6．编制应收账款审定表（略）

三、任务操作演示

1．编制应收账款明细表

（1）案例资料：以下是获取的被审计单位应收账款总账、明细账和资产负债表，共 8 张账表，如表 1-53 到表 1-60 所示。项目负责人要求你在审阅、重新计算、核对的基础上，利用表 1-46，完成应收账款明细表的编制任务，对于存在的问题，提出调整意见。

表 1-53　　总账

会计科目：应收账款　　第 3 页

20×1年 月	日	记账凭证号数	摘要	借方（千百十万千百十元角分）	贷方（千百十万千百十元角分）	借或贷	余额（千百十万千百十元角分）
1	1		上年结转			借	53600000
12	10	34	1～10 日汇总	9275000	10700000	借	52175000
	20	35	11～20 日汇总	50844000	14000000	借	89019000
	31	36	21～31 日汇总	33696000		借	122715000
	31		本月合计	93815000	24700000	借	122715000
			结转下年				

表 1-54　　应收账款明细账

明细科目：上海五金公司　　第　页

20×1年 月	日	记账凭证号数	摘要	对方科目	借方（千百十万千百十元角分）	贷方（千百十万千百十元角分）	借或贷	余额（千百十万千百十元角分）
1	1		上年结转				借	10000000
12	18	55	销售		50844000		借	60844000
	31		结转下年					

表 1-55　　应收账款明细账

明细科目：深证科技公司　　第　页

20×1年 月	日	记账凭证号数	摘要	对方科目	借方（千百十万千百十元角分）	贷方（千百十万千百十元角分）	借或贷	余额（千百十万千百十元角分）
1	1		上年结转				借	43600000
12	2	5	收回			10700000	借	32900000
	31		结转下年					

表 1-56　　应收账款明细账

明细科目：北京车床厂　　第　页

20×1年 月	日	记账凭证号数	摘要	对方科目	借方（千百十万千百十元角分）	贷方（千百十万千百十元角分）	借或贷	余额（千百十万千百十元角分）
12	22	70	销售		33696000		借	33696000
	31		结转下年					

表 1-57 **应收账款明细账**

明细科目：沈阳机械厂 第 页

20×1年		记账凭证号数	摘要	对方科目	借方										贷方										借或贷	余额									
月	日				千	百	十	万	千	百	十	元	角	分	千	百	十	万	千	百	十	元	角	分		千	百	十	万	千	百	十	元	角	分
12	8	26	销售					5	0	6	3	0	0	0											借				5	0	6	3	0	0	0
	31		结转下年																																

表 1-58 **应收账款明细账**

明细科目：北京同大公司 第 页

20×1年		记账凭证号数	摘要	对方科目	借方										贷方										借或贷	余额									
月	日				千	百	十	万	千	百	十	元	角	分	千	百	十	万	千	百	十	元	角	分		千	百	十	万	千	百	十	元	角	分
12	9	30	销售					4	2	1	2	0	0	0											借				4	2	1	2	0	0	0
	31		结转下年																																

表 1-59 **应收账款明细账**

明细科目：南京金星公司 第 页

20×1年		记账凭证号数	摘要	对方科目	借方										贷方										借或贷	余额									
月	日				千	百	十	万	千	百	十	元	角	分	千	百	十	万	千	百	十	元	角	分		千	百	十	万	千	百	十	元	角	分
12	12	40	预付货款														1	4	0	0	0	0	0	0	贷			1	4	0	0	0	0	0	0
	31		结转下年																																

表 1-60 **资产负债表（部分）**

单位名称：北京长城机械厂 20×1 年 12 月 31 日 单位：元

资　产	行次	年初数	期末数	负债及所有者权益	行次	年初数	期末数
流动资产：				流动负债：			
货币资金	1	2 121 769.36	2 121 432.38	短期借款	51	600 000.00	300 000.00
短期投资	2	150 000.00	150 000.00	应付票据	52	52 499.00	
应收票据	3		591 000.00	应付账款	53	769 827.00	776 950.00
应收账款	4	5 360 000.00	1 227 150.00	预收账款	54		

（2）任务实施：用计算机编制“应收账款明细表”，见表 1-61。

按审计建议重分类调整后，你认为报表的相关项目金额分别是多少？

2．办理应收账款函证

（1）案例资料：抽查华兴股份有限公司应收账款，见表 1-62，在报表截止日后 2012 年 1 月 5 日办理应收账款函证，你负责实施函证程序。

表 1-61

应收账款明细表

项目名称	分类	期初审定数	账面借方发生额	账面贷方发生额	期末未审数				账项调整		重分类调整		期末审定数				备注
					合计	1 年以内	1–2 年	……	借方	贷方	借方	贷方	合计	1 年以内	1–2 年	……	
上海五金公司		100 000.00	508 44.00		608 440.00	508 440.00	100 000.00						608 440.00	508 440.00	100 000.00		
深证科技公司		436 000.00		107 000.00	329 000.00		329 000.00						329 000.00		329 000.00		
北京车床厂			336 960.00		336 960.00	336 960.00							336 960.00	336 960.00			
沈阳机械厂			50 630.00		50 630.00	50 630.00							50 530.00	50 630.00			
北京同大公司			42 120.00		42 120.00	42 120.00							42 120.00	42 120.00			
南京金星公司				140 000.00	–140 000.00	–140 000.00					140 000.00						
合计		536 000.00	938 150.00	247 000.00	1 227 150.00	798 150.00	429 000.00				140 000.00		1 367 150.00	938 150.00	429 000.00		

编制说明：外币应收账款应列明原币金额及折合汇率。

审计说明：

1. 经核对，总账、明细账相符。
2. 账表核对，发现分类错误，建议进行如下重分类调整。

借：应收账款　　140 000.00

　　贷：预收账款　　14 000.00

表 1-62

应收账款明细账

明细科目：中建华克股份有限公司　　　　　　　　　　　　　　　　第　页

2011年 月	日	记账凭证号数	摘　要	对方科目	借方（千百十万千百十元角分）	贷方（千百十万千百十元角分）	借或贷	余额（千百十万千百十元角分）
12	1		期初余额				借	12000000
	2	收 1	收回货款			12000000	平	
	9	付 6	垫付运费		300000		借	300000
	9	转 3	垫付运费办妥托收			300000	平	
	9	转 3	销售 M、N 及运费办妥托收		64650000		借	64650000
	12	收 6	收回货款			64650000	平	∝
	30	转 7	销售		13300000		借	13300000
			结转下年					
1	1		上年结转				借	13300000
	5	收 7	收回货款			13300000	平	∝

（2）任务实施。

第一步，选择函证方式，发出询证函如下。

应收账款询证函

中建华克股份有限公司：

本公司聘请的中天运会计师事务所正在对本公司 2011 年度财务报表进行审计，按照中国注册会计师审计准则的要求，应当询证本公司与贵公司的往来账项等事项。下列信息出自本公司账簿记录，如与贵公司记录相符，请在本函下端“信息证明无误”处签章证明；如有不符，请在“信息不符”处列明不符项目。如存在与本公司有关的未列入本函的其他项目，也请在“信息不符”处列出这些项目的金额及详细资料。回函请直接寄至中天运会计师事务所。

回函地址：北京市西城区车公庄大街九号五栋大楼 B1 座七、八层　邮编：100044

电话：010-88395676　　传真：010-88395200　　联系人：卫华

① 本公司与贵公司的往来账项列示如下。

单位：元

截止日期	贵公司欠	欠贵公司	备　注
2011 年 12 月 31 日	133 000.00	0	12 月 30 日发货

② 其他事项：无。

本函仅为复核账目之用，并非催款结算。若款项在上述日期之后已经付清，仍请及时函复为盼。

（被审计单位盖章）

华兴股份有限公司

2012 年 1 月 5 日

第二步，请分两种回函结果，确认应收账款截止日余额。

如果是回函一（见图 1-18），可以直接确认余额存在，不需调整。如果是回函二（见图 1-19），你认为截止日应收账款的余额是否需要调整？为什么？

应收账款询证回函

1. 信息证明无误

截止 12 月 31 日，应付贵公司货款无误

（公司盖章）

2012 年 1 月 13 日

经办人：刘凯

图 1-18　回函一

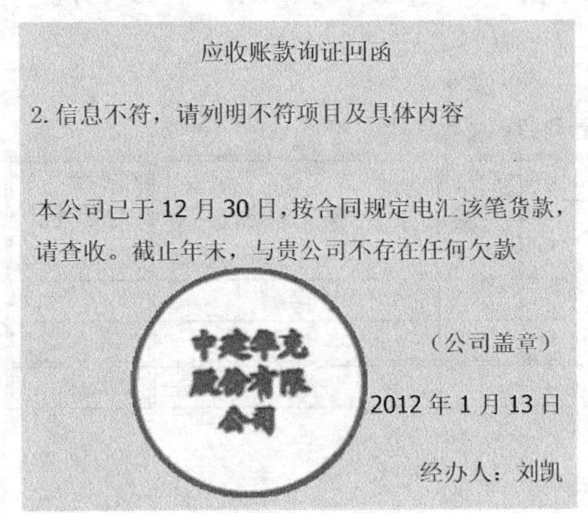

应收账款询证回函

2. 信息不符，请列明不符项目及具体内容

本公司已于 12 月 30 日，按合同规定电汇该笔货款，请查收。截止年末，与贵公司不存在任何欠款

（公司盖章）

2012 年 1 月 13 日

经办人：刘凯

图 1-19　回函二

根据回函二，通过检查截止日后 2012 年 1 月 5 日收 7 号凭证应收账款的记录，找出记账凭证及所附原始凭证，检查电汇收款凭证银行收款的时间，确属 2011 年 12 月 31 日收款，表明推迟入账，应建议实施如下调整。

借：银行存款　　　　　　　　133 000.00

　　贷：应收账款　　　　　　　　133 000.00

调整后的应收账款余额为零。因此会影响本期坏账准备的计提和余额。如果银行对上述汇款的入账时间确属下年度，则不需调整。

如果发出的询证函始终未收到回函，对于截止日应收中建华克股份有限公司 133 000.00 元的余额是否存在错报，应该采取替代审计程序，即检查账簿记录的发生业务并确认余额。

3．编制应收账款长期挂账款项检查表

（1）案例资料：你作为项目组成员对客户 2012 年应收账款审计，针对表 1-63 的记录，做出审计调查。

表 1-63　　应收账款明细账

明细科目：济南市胸科医院　　　　第　页

2008年		记账凭证号数	摘要	对方科目	借方										贷方										借或贷	余额									
月	日				千	百	十	万	千	百	十	元	角	分	千	百	十	万	千	百	十	元	角	分		千	百	十	万	千	百	十	元	角	分
1	1		上年结转																						借				9	5	9	0	0	0	0
12	31		结转下年																																

（2）任务实施：编制“应收账款长期挂账款项检查表”，填入表 1-51 中。

4．编制应收账款长期挂账款项检查表、应收账款坏账准备计算表

（1）案例资料：获取的华兴股份有限公司有关应收账款账证资料共 6 张，见表 1-64 至表 1-69，了解到客户采取的应收账款余额百分比计提坏账准备方法恰当。请你对这些资料进行核对、计算、询问等，最终确认 2011 年应收账款的余额、应该计提的坏账准备和坏账准备账户的余额。记录审计过程，完成编制相关工作底稿的任务。

表 1-64 **总账**

会计科目：应收账款　　　　第 5 页

2011年 月	日	记账凭证号数	摘要	对方科目	借方（千百十万千百十元角分）	贷方（千百十万千百十元角分）	借或贷	余额（千百十万千百十元角分）
1	1		上年结转				借	90000000
12	31		本年累计		135488900	59807000	借	165681900
1	1		结转下年					

表 1-65 **坏账准备明细账**

明细科目：应收账款计提坏账准备　　　　第　页

2011年 月	日	记账凭证号数	摘要	对方科目	借方（千百十万千百十元角分）	贷方（千百十万千百十元角分）	借或贷	余额（千百十万千百十元角分）
1	1		上年结转				贷	4500000
9	25	67[112]	应收已核销的货款			28000000	贷	32500000
12	26	90	坏账核销		5070000		贷	27430000
12	31	143	计提坏账准备		19145905		贷	8284095
	31		结转下年					

表 1-66 **记 账 凭 证**

2011 年 12 月 31 日　　　　记字第 143 号

年末计提坏账准备，附计算表1张

摘要	会计科目	明细科目	√	借方金额（千百十万千百十元角分）	√	贷方金额（千百十万千百十元角分）
计提坏账准备	坏账准备	应收账款计提坏账准备	√	19145905		
	资产减值损失				√	19145905
合计				19145905		19145905

附单据 1 张

会计主管：王海　记账：李丽　出纳：　审核：　制单：李丽

表 1-67 **坏账准备计算表**

20×1 年 12 月 31 日

计提项目	年末余额	计提比率%	坏账准备年末余额	计提前坏账准备余额	应补提（或冲减）额	备注
应收账款	1 656 819.00	5	82 840.95	（贷）274 300.00	−191 459.05	按应收账款余额百分比不变
合计	1 656 819.00		82 840.95	（贷）274 300.00	−191 459.05	

审核：王海　　制表：李丽

表 1-68 应收账款明细账

明细科目：三元食品有限公司 第 页

> 年度内发生的第 1 笔与坏账准备相关的业务，请说明发生业务的原始凭证，并写出这笔业务的分录

	2010年 月	日	记账凭证号数	摘要	对方科目	借方（千百十万千百十元角分）	贷方（千百十万千百十元角分）	借或贷	余额（千百十万千百十元角分）
	1	1		上年结转				借	28600000
2010年	12	25	90	坏账处理			28000000	借	600000
		31		结转下年					
	1	1		上年结转				借	600000
	9	25	67[112]	应收已核销的货款		28000000		借	28600000
2011年	9	25	67[112]	收回全部货款			28600000	平	

表 1-69 应收账款明细账

明细科目：汕头广盛科技有限公司 第 页

> 年度内发生的第 2 笔与坏账准备相关的业务，请说明发生业务的原凭证，并写出这笔业务的分录

2010年 月	日	记账凭证号数	摘要	对方科目	借方（千百十万千百十元角分）	贷方（千百十万千百十元角分）	借或贷	余额（千百十万千百十元角分）
1	1		上年结转				借	567000
3	15	67	清算收回			600000	借	507000
12	31		结转下年				平	
1	1		上年结转					507000
12	26	90	坏账核销			507000		

结论 如果华兴公司的应收账款余额可以确认，应收账款年末计提坏账准备符合要求，坏账准备账户的余额可以确认。

但是，有一个明细账户需要进一步核实，即应收三鹿集团的款项账龄已超过 3 年，明细账见表 1-70。经了解，因三鹿集团有限公司早已破产清理完毕，应收款余额确实无法收回。针对该账户需要编制"应收账款长期挂账款项检查表"，见表 1-71。

表 1-70 应收账款明细账

明细科目：三鹿集团股份有限公司 第 页

	2008年 月	日	记账凭证号数	摘要	对方科目	借方（千百十万千百十元角分）	贷方（千百十万千百十元角分）	借或贷	余额（千百十万千百十元角分）
	5	10	34	三聚氰胺"蛋白粉"		4500000		借	45000000
	12	31		结转下年					
	1	1		上年结转				借	45000000
09年	12	31		结转下年					
	1	1		上年结转				借	45000000
	6	30	99	破产清算收回部分货款			6800000	借	38200000
10年	12	31		结转下年					
	1	1		上年结转				借	38200000
11年	12	31		结转下年					

> 超过 3 年的应收款，经调查确认企业破产，应确认为坏账。请说明申请坏账的凭证及核算

表 1-71　　　　　　　　　　应收账款长期挂账款项检查表

编号	单位	未审金额	审定金额	账龄						款项性质	长期挂账原因	是否仍有业务往来	对方单位是否破产/注销
				1年以内	1-2年	2-3年	3-4年	4-5年	5年以上				
	三鹿集团有限公司	382 000.00	0				382 000.00			货款	破产倒闭	否	是
合计		382 000.00	.	.	.	.	382 000.00	.	.				

审计说明：建议调整，作坏账核销。

借：坏账准备　　　　　　　　　　　　　　　　　　　　　382 000.00

　　贷：应收账款　　　　　　　　　　　　　　　　　　　　　382 000.00

（2）任务实施：假定没有发现其他错计，重新计算“坏账准备”账户的余额和应计提的坏账准备，编制“应收账款坏账准备计算表”，见表 1-72（用计算机完成）。

表 1-72　　　　　　　　　　应收账款坏账准备计算表

计算过程					
一、坏账准备本期期末应有余额				63 740.95	
1. 期末单项金额重大且有客观证据表明发生了减值的应收款项对应坏账准备应有余额					不适用
单位名称		应收款项余额	坏账准备计提比例	坏账准备应有余额	原因说明
按全部应收账款		1 274 819.00	0.05	63 740.95	建议调整后
合计		1 274 819.00		63 740.95	
2. 期末单项金额非重大以及经单独测试后未减值的单项金额重大的应收款项对应坏账准备应有余额					不适用
项　目	账龄	应收款项余额	坏账准备计提比例	坏账准备应有余额	
	合计				
二、坏账准备上期审定数				45 000.00	
三、坏账准备本期转出（核销）金额					
单位名称		金额			
核销汕头广盛科技有限公司		50 700.00			
核销三鹿集团股份有限公司		382 000.00			
收回三元食品有限公司已核销账款		−280 000.00			
合计		152 700.00			
四、计算坏账准备本期全部应计提金额				171 440.95	

审计说明：

根据计算结果与客户记录结果核对，差异额为补提 362 900.00（171 440.95+191 459.05）元，建议实施如下调整。

借：资产减值损失　　　　362 900.00

　　贷：坏账准备　　　　　362 900.00

为了便于对照理解，将调整项目金额记入到相关账户中，共 3 张账表，见表 1-73 至表 1-75，你可以更容易理解被审计单位的错计项目，明白发生额、余额为什么错了，错了多少。

表 1-73

总　账

会计科目：应收账款　　　　　　　　　　　　　　　　　　　　　　　　　　第 5 页

2011 年 月	日	记账凭证号数	摘　要	借方（千百十万千百十元角分）	贷方（千百十万千百十元角分）	借或贷	余额（千百十万千百十元角分）
1	1		上年结转			借	90000000
12	31		本年累计	135488900	59807000	借	165681900
1	1		结转下年				
			调整		3820000	借	127481900

表 1-74

坏账准备计算表（审计测算）

2011 年 12 月 31 日

计提项目	年末余额	计提比率%	坏账准备年末余额	计提前坏账准备余额	应补提（或冲减）额	备注
应收账款	1 656 819.00	5	82 840.95	（贷）274 300.00	−191 459.05（冲减）	两项共计少提 362 900.00
调整	−382 000.00			（借）107 700.00		
合计	1 274 819.00	5	63 740.95		171 440.95（补提）	

表 1-75

坏账准备明细账

明细科目：应收账款计提坏账准备　　　　　　　　　　　　　　　　　　　　第　页

2011 年 月	日	记账凭证号数	摘　要	对方科目	借方（千百十万千百十元角分）	贷方（千百十万千百十元角分）	借或贷	余额（千百十万千百十元角分）
1	1		上年结转				贷	4500000
9	25	67^{112}	应收已核销的货款			28000000	贷	32500000
12	26	90	坏账核销		5070000		贷	27430000
			调整		38200000		借	10770000
			计提坏账准备（与计算表一致）			17144095	贷	6374095

如果客户已将三鹿公司应收款确认为坏账，期末应计提的坏账准备恰好就是审计确认的应计提额 171 440.95 元，期末余额也恰好符合实际。在客户错计的基础上，按照审计建议调整的结果，见表 1-76。你明白了吗？

表 1-76

坏账准备明细账

明细科目：应收账款计提坏账准备　　　　　　　　　　　　　　　　　　　　第　页

2011 年 月	日	记账凭证号数	摘　要	对方科目	借方（千百十万千百十元角分）	贷方（千百十万千百十元角分）	借或贷	余额（千百十万千百十元角分）
1	1		上年结转				贷	4500000
9	25	67^{112}	应收已核销的货款			28000000	贷	32500000
12	26	90	坏账核销		5070000		贷	27430000
12	31	143	计提坏账准备		19145905		贷	8284095
			调整		38200000		借	29915905
			调整			36290000	贷	6374095

通过此案例，请你进一步理解审计工作的谨慎性特点，以及善于探索分析问题、解决问题的方法。拿不准的，可以向项目组其他人员咨询。

（1）管理层舞弊分析。请阅读表 1-77，应收账款发生的舞弊，既有因销售舞弊导致的应收账款虚构或少计，也包括仅针对应收账款及其他目的的舞弊，特别注意对方单位与客户的关系，如利用关联企业虚构销售的做法很常见。

表 1-77　管理层常见舞弊手段和一般表现

错计性质	常见手段
高估应收账款	没有原始凭证虚构销售记账或虚开发票虚增收入，从而虚增应收账款
	不符合收入确认时间要求，提前确认收入，高估应收账款
	假借应收账款转移资产，从事非法交易
	已发生的坏账长期挂账不处理，虚增利润
低估应收账款	销售不开或少开发票隐瞒收入，低估应收账款
	故意推迟发票开具时间或推迟入账时间，少计本期收入，低估应收账款
	为调整利润，擅自多提坏账准备

（2）员工侵占资产。从员工的角度看，在单位内部控制薄弱的条件下，在压力、动机、机会的驱使下，利用职务之便，员工个人或串通可能发生侵占、贪污、挪用企业资产，进而造成应收账款的舞弊行为。员工舞弊常用手段及一般表现见表 1-78。

表 1-78　员工舞弊常用手段及表现

常用手段	舞弊表现
收回的货款不入账	挪用货款
未经批准擅自将应收账款做坏账处理	收回的货款贪污
虚构销货退回或折让	将名义的退货款、折让款贪污
串通转移资产	出售、出租或出借资产的收益归个人

（3）利用分析程序发现可能的错报。表 1-79 提供了与应收账款相关的分析程序的应用，可以帮助你分析发现可能存在的错报领域。

表 1-79　利用分析程序发现可能的错报

序号	分析程序	可能的错报
1	将超过一定数额的个别客户欠款与以前年度比较	应收账款和相应的收益账户中的错报
2	将坏账准备占应收账款的比例与以前年度比较	坏账准备和资产损失高估或低估
3	将各账龄的款项与应收账款的比例与以前年度比较	坏账准备和资产损失高估或低估
4	将已冲销的坏账占应收账款的比例与以前年度比较	坏账准备和资产损失高估或低估
5	计算应收账款周转率与以前年度比较	应收账款和相应的收益账户中的错报

四、任务训练

1．请阅读以下资料并讨论一下从中得到的启示

（1）任务背景资料：霍尔沃森合伙会计师事务所受聘成为 Machinetron 公司的审计。这是一家生产高精度数控车床的公司。他的所有者 AL Trent 认为 Machinetron 公司已做好成为公众公司的准备。于是他聘请霍尔沃森合伙会计师事务所执行即将到来的审计，对用于证券发行的财务报表发表意见。

由于 Machinetron 公司生产的机器既庞大又复杂，因而价格昂贵。每笔销售均由 Trent 单独洽谈，且销售跨时几个月。因此，只要有一两台机器的不恰当记录就可能导致财务报表的重大错报。

负责 Machinetron 公司审计的业务合伙人是 Bob Lehman，他在制造业公司的审计方面拥有丰富经验，并要求他的审计人员直接向客户函证所有年末应收账款。在 Lehman 复核 Machinetron 公司审计工作底稿时，也是 Trent 想使该公司为首次发行股票准备的报表生效的那天。Lehman 发现一笔年末重要销售应收账款的支持证据是传真，而不是常规函证的书写回函。显然，Machinetron 公司与客户之间存有"猫腻"，Trent 要求审计人员不要直接与该客户沟通。

当天下班前，在 Machinetron 公司办公室召开了一次会议。与会者包括 Lehman、Trent、公司证券承销商和公司律师。Lehman 指出，应当有一个更好的函证方式证实该笔应收账款。Trent 听到这一要求大发雷霆。Machinetron 公司的律师进来，稳定了 Trent 的情绪。他提出给霍尔沃森合伙事务所写一封信，说明他认为，传真作为有效的函证回复，具有法律效力。Lehman 在巨大的压力下接受了律师的建议，并签发了无保留意见审计报告。

股票发行 6 个月后，经美国证券交易委员会（SEC）调查发现，那份传真是 Trent，而不是顾客发送的。随后 Machinetron 公司发表一份公开声明指出，由于销售记录不当，包括传真证实的那笔销售，导致前一年度收入高估。霍尔沃森合伙事务所收回了那份无保留意见审计报告，但为时已晚，已经给投资者造成了损害。霍尔沃森合伙事务所被迫赔偿巨额损失，Bob Lehman 也被禁止从事受证券交易委员会管辖的业务，随后他离开了公共会计界。

（2）任务实施：说明针对应收账款的审计程序中对函证的要求。

2. 对应收账款函证

（1）任务背景资料：审计人员检查某被审计单位应收账款，函询结果如表 1-80 所示。

表 1-80　　函询结果

函询单位	被审计单位账面余额（元）	回信结果（元）	差异原因	审定数及原因
甲	500 000	500 000		
乙	230 000	200 000	30 000 元已于 12 月 30 日电汇支付，被审计单位于 1 月 2 日入账，但进账单实际收到日为 12 月 31 日	
丙	200 000	0	截至 12 月 31 日尚未收到供货发票及商品，该笔购销合同日期为下年度 1 月 4 日	
丁	300 000	未回信		

（2）任务实施：任务实施过程如下。

① 请判断应收账款审定数，完成表 1-80。如不能审定，考虑应采取何种方式进一步确定审计结果。

② 按照询证函的模板，你代表事务所给甲单位写一封信，用计算机完成（可以自行设定事务所信息，注意排版）。

3．检查应收账款减少——坏账核销的真实性审计。

（1）任务背景资料：获取的客户企业应收账款账证资料如表 1-81、表 1-82 所示。

表 1-81 应收账款明细账

明细科目：AB 公司　　　　第　页

20×1年		记账凭证号数	摘要	对方科目	借方										贷方										借或贷	余额									
月	日				千	百	十	万	千	百	十	元	角	分	千	百	十	万	千	百	十	元	角	分		千	百	十	万	千	百	十	元	角	分
1	1		上年结转																						借			2	0	0	0	0	0	0	0
12	30	155	坏账核销														2	0	0	0	0	0	0	0	平										

表 1-82 记账凭证

20×1 年 12 月 30 日　　　　记字第 155 号

摘要	会计科目	明细科目	√	借方金额										√	贷方金额									
				千	百	十	万	千	百	十	元	角	分		千	百	十	万	千	百	十	元	角	分
核销 AB 公司前欠	坏账准备		√			2	0	0	0	0	0	0	0											
货款	应收账款	AB 公司												√			2	0	0	0	0	0	0	0
合计						2	0	0	0	0	0	0	0				2	0	0	0	0	0	0	0

附单　张

财务主管：刘江　　记账：刘江　　出纳：黄兰　　审核：　　制单：刘江

审计发现有银行对账单 12 月 5 日收到电汇款 200 000 元，且 12 月 8 日 0587 号现金支票提现金 200 000 元均未入账，审计怀疑贪污公款。询问刘江、黄兰，要求说明上述业务未入账的原因，并索要该电汇收账通知，确为 AB 公司汇入原欠货款，在事实面前，刘江、黄兰二人交代合伙贪污公款的事实。

（2）任务实施：根据上述事实，写出建议调整分录。

4．检查应收账款期末计价准确性——对坏账准备的审计。

（1）任务背景资料：还是上述客户企业，应收账款 12 月 31 日总账余额 138 万元，坏账准备账户年末余额 6.9 万元；该公司董事会决议应收账款计提坏账准备余额百分比（5%）经审计是合理的。获取的有关坏账准备的账证资料如表 1-83 至表 1-85 所示。

表 1-83 坏账准备明细账

明细科目：　　　　第　页

20×1年		记账凭证号数	摘要	对方科目	借方										贷方										借或贷	余额									
月	日				千	百	十	万	千	百	十	元	角	分	千	百	十	万	千	百	十	元	角	分		千	百	十	万	千	百	十	元	角	分
1	1		上年结转																						贷			1	0	0	0	0	0	0	0
12	30	155	核销应收 AB 公司欠款				2	0	0	0	0	0	0	0											借			1	0	0	0	0	0	0	0
	31	160	计提坏账准备														1	6	9	0	0	0	0	0	贷				6	9	0	0	0	0	0
	31		结转下年																																

表 1-84

记账凭证

20×1 年 12 月 31 日　　　　记字第 160 号

摘要	会计科目	明细科目	√	借方金额										√	贷方金额									
				千	百	十	万	千	百	十	元	角	分		千	百	十	万	千	百	十	元	角	分
年末计提坏账	资产减值损失	计提坏账准备	√			1	6	9	0	0	0	0	0											
准备	坏账准备													√			1	6	9	0	0	0	0	0
合计						1	6	9	0	0	0	0	0				1	6	9	0	0	0	0	0

附单 1 张

财务主管：刘江　　记账：刘江　　出纳：　　审核：　　制单：刘江

表 1-85

坏账准备计算表

20×1 年 12 月 31 日

计提项目	年末余额	提取率	"坏账准备"年末余额	提取前"坏账准备"余额	应补提（或冲减）额	备注
应收账款	1 380 000.00	5%	69 000.00	（借）100 000.00	169 000.00	
合　计					169 000.00	

审核：刘江　　制表：刘江

（2）任务实施。

① 重新计算编制坏账准备计算表，见表 1-86。

表 1-86

坏账准备计算表

计提项目	年末余额	提取率	"坏账准备"年末余额	提取前"坏账准备"余额	应补提（或冲减）额	备注
应收账款						
合　计						

② 针对错计项目及金额，提出调整建议。

任务三　应收票据审计

一、知识准备

在商品购销业务的赊销方式下，除了可能产生应收账款外，如果双方签订合同明确规定以商业承兑汇票或银行承兑汇票结算，在货物发出后不超过 60 天（电子票据允许不超过 1 年）凭票据收款，则企业的资产负债表在截止日有可能存在应收票据，有些企业应收票据的余额还可能很大。依然以青岛海尔为例，你从表 1-87 列示的资产负债表中可以对比发现，应收票据在两个截止日上，从绝对数看高达七八十亿元，在整个流动资产中都排列在第二位，仅次于货币资金项目，位列应收账款和存货之前，占总资产的 1/4 弱。

表 1-87　　青岛海尔资产负债表

报表日期	2011 年 6 月 30 日	2010 年 12 月 31 日
流动资产		
货币资金	12 736 200 000.00	10 098 100 000.00
应收票据	8 776 830 000.00	7 060 550 000.00
应收账款	3 364 130 000.00	2 141 520 000.00
预付款项	1 046 880 000.00	555 731 000.00
应收利息	37 101 000.00	43 624 900.00
应收股利	3 306 700.00	12 665 900.00
其他应收款	224 327 000.00	101 888 000.00
存货	4 194 520 000.00	3 557 070 000.00
流动资产合计	30 383 300 000.00	23 571 200 000.00
总资产	37 640 900 000.00	29 267 200 000.00

想一想

应收票据是如何发生的？业务发生时的单据主要有哪些？应收票据期末余额说明了什么？请写下来。

1．应收票据涉及的部门、业务活动及凭证种类

图 1-20 列示了应收票据涉及的部门、业务活动及凭证种类。

销售部
- 受理订单
- 开具销货通知单
- 处理客户商业承兑汇票违约

高级管理层
- 确定坏账计提政策、估计

账务部
- 开具发票
- 保管票据
- 办理到期收款
- 办理贴现
- 办理到期未收款票据转账
- 计提坏账准备
- 记录明细账、备标簿

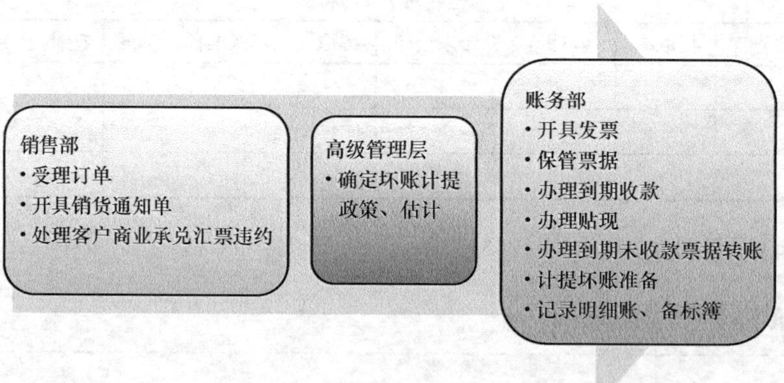

图 1-20　应收票据业务相关部门、业务活动、凭证种类

讨论

与应收账款相比，应收票据业务相关部门的业务活动有什么区别？会计依据的凭证及相关业务的处理又有什么区别？把账户对应关系写出来。

2．应收票据的内部控制

图 1-21 列示了应收票据业务主要的控制活动要求。

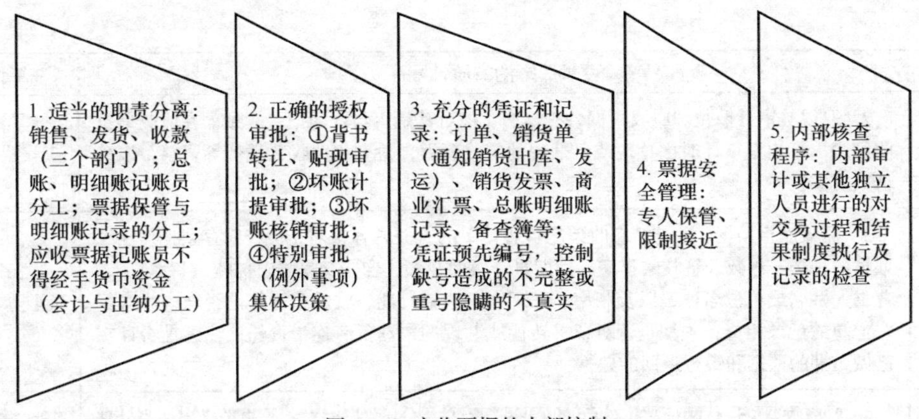

图 1-21　应收票据的内部控制

企业持有的银行承兑汇票如果没有专人保管或不设置备查簿登记详细信息，会有怎样的风险？

3．应收票据审计目标

与管理层认定相联系，针对应收票据余额及其报表列示的审计目标，见表 1-88。

表 1-88　　审计目标与管理当局认定对应关系表

审计目标		财务报表认定				
		存在	完整性	权利和义务	计价和分摊	列报
A	资产负债表中记录的应收票据是存在的	√				
B	所有应当记录的应收票据均已记录		√			
C	记录的应收票据由被审计单位拥有或控制			√		
D	应收票据以恰当的金额包括在财务报表中，与之相关的计价调整已恰当记录				√	
E	应收票据已按照企业会计准则的规定在财务报表中做出恰当列报					√

截止日应收票据存在意味着什么？证明是否存在的证据有哪些？

4．为实现审计目标，按照审计准则的要求，可选择审计程序及编制的工作底稿

通过下列审计目标与可供选择的审计程序对照表（表 1-89），你可以比较全面地了解应收票据审计涉及的所有工作内容。

表 1-89　　审计目标与可供选择审计程序及编制的工作底稿对照表

审计目标	可供选择的实质性程序	工作底稿
D	1. 获取或编制应收票据明细表。 （1）复核加计是否正确，并与总账数和明细账合计数核对是否相符；结合坏账准备科目与报表数核对是否相符； （2）检查非记账本位币应收票据的折算汇率及折算是否正确； （3）检查逾期票据是否已转为应收账款	应收票据明细表

续表

审计目标	可供选择的实质性程序	工作底稿
A	2. 取得被审计单位"应收票据备查簿"，核对其是否与账面记录一致。在应收票据明细表上标出至审计时已兑现或已贴现的应收票据，检查相关收款凭证等资料，以确认其真实性	应收票据明细表
ABD	3. 监盘库存票据，并与"应收票据备查簿"的有关内容核对；检查库存票据，注意票据的种类、号数、签收的日期、到期日、票面金额、合同交易号、付款人、承兑人、背书人姓名或单位名称，以及利率、贴现率、收款日期、收回金额等是否与应收票据登记簿的记录相符；关注是否对背书转让或贴现的票据负有连带责任；注意是否存在已做质押的票据和银行退回的票据	应收票据盘点表
ACD	4. 对应收票据进行函证，并对函证结果进行汇总、分析，同时对不符事项做出适当处理	应收票据询证函
A	5. 对于大额票据，应取得相应销售合同或协议、销售发票和出库单等原始交易资料并进行核对，以证实是否存在真实交易	应收票据检查表
D	6. 复核带息票据的利息计算是否正确，并检查其会计处理是否正确	
D	7. 对贴现的应收票据，复核其贴现息计算是否正确，会计处理是否正确。编制已贴现和已转让但未到期的商业承兑汇票清单，并检查是否存在贴现保证金	贴现未到期情况汇总表
D	8. 评价针对应收票据计提的坏账准备的适当性	
	根据评估的舞弊风险等因素增加审计程序	
E	9. 检查应收票据是否已按照企业会计准则的规定在财务报表中做出恰当列报	背书转让未到期情况汇总表

归纳的应收票据审计思路、审计要点，见图 1-22。

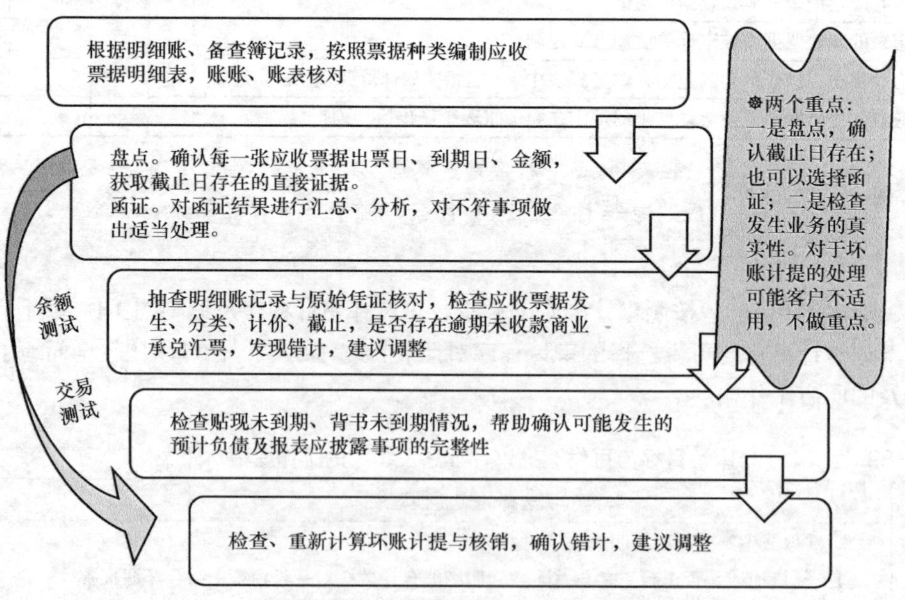

图 1-22　应收票据的审计思路、审计要点

记录测试过程和结果的审计工作底稿及相互关系，见图 1-23。

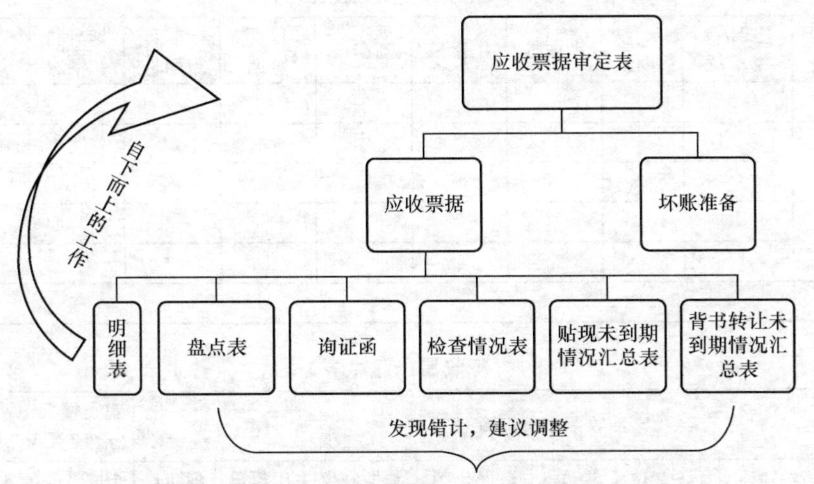

图 1-23　应收票据实质性程序工作底稿

参照图 1-24，在截止日，客户手中持有的商业汇票的金额之和与账面记录相符，说明应收票据是存在的。应收票据的金额就是持有的票据金额。你认为这种说法完全正确吗？

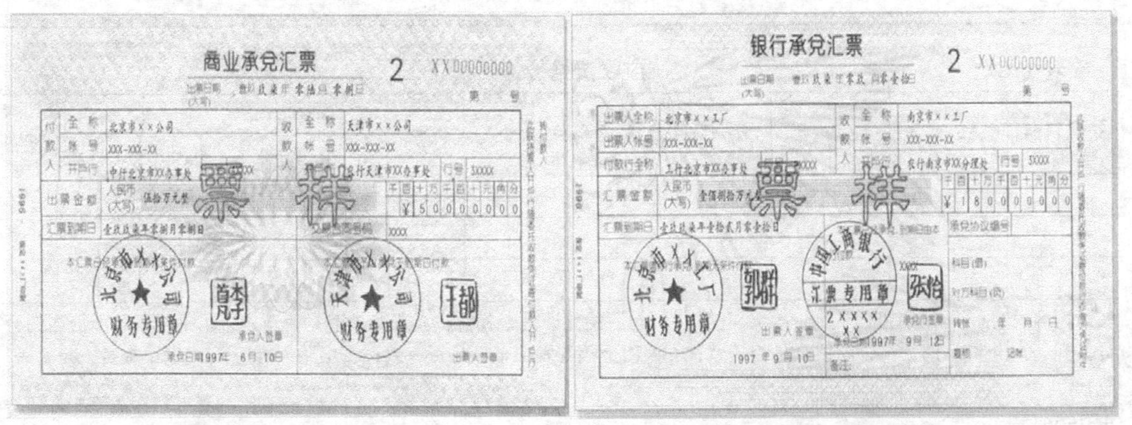

（a）商业承兑汇票　　　　（b）银行承兑汇票

图 1-24　截止日持有的商业汇票

二、典型工作任务

在项目经理的指导、监督下，按照具体审计计划的要求，你应该能够利用计算机办公软件完成下列工作任务：编制应收票据明细表、监盘应收票据、函证（原理与应收账款相同，不赘述）、编制应收票据检查表。

获取审计证据，记录工作过程，完成上述任务编制的工作底稿，见表 1-90、表 1-91、表 1-92。

表 1-90　　应收票据明细表

类别	出票/背书单位	承兑单位	期末数	出票日	到期日	是否逾期	是否质押	期后转销情况	是否监盘	是否函证
银行承兑汇票										
合计										
商业承兑汇票										
合计										
总计										
审计说明：										

表 1-91　　应收票据盘点表

应收票据备查簿								盘点情况记录（用"√"、"×"表示）						盘点结果及说明
票据种类	出票/背书单位	承兑单位	票据号	票面金额	票据利息	出票日	到期日	1	2	3	4	5	6	
合计														

核对内容说明：①核对出票人是否一致、核对背书人与记录或核销的应收账款客户名称是否一致；②核对票据金额是否一致；③核对票据号是否一致；④核对票据种类是否一致；⑤核对票据出票日期是否一致；⑥核对到期是否一致

审计说明：

表 1-92　　应收票据检查表

记账日期	凭证编号	业务内容	借方科目	贷方科目	金额	附件	核对内容（用"√"、"×"表示）								备注
							1	2	3	4	5	6	7	8	

核对内容说明：①原始凭证是否齐全；②记账凭证与原始凭证是否相符；③账务处理是否正确；④是否记录于恰当的会计期间；⑤出票人/前手与合同核对是否一致；⑥票面金额与发票金额是否一致；⑦出票人/前手与出库单提货人是否一致；⑧……

审计说明：

三、任务操作演示

1．编制应收票据明细表，实施监盘

（1）案例资料：获取华兴股份有限公司有关账证资料的记录，见表 1-93、表 1-94，总账与明细账相符。项目负责人要求你查明应收票据的存在性，确认应收票据的期末余额。

表 1-93　　应收票据备查簿

票据种类	出票人	承兑人	出票日	到期日	是否带息	票面金额	备注
银行承兑汇票	黄台电厂	齐鲁银行	7 月 11 日	1 月 11 日	无	550 000.00	号码 0021

表 1-94　　应收票据明细账

明细科目：银行承兑汇票　　　　第　页

年		记账凭证号数	摘要	对方科目	借方										贷方										借或贷	余额									
月	日				千	百	十	万	千	百	十	元	角	分	千	百	十	万	千	百	十	元	角	分		千	百	十	万	千	百	十	元	角	分
7	11	23	收黄台电厂银行承兑票据				5	5	0	0	0	0	0	0											借			5	5	0	0	0	0	0	0
12	31		结转下年																																

（2）任务实施：编制"应收票据明细表"，见表 1-95。

表 1-95　　应收票据明细表

类别	出票/背书单位	承兑单位	期末数	出票日	到期日	是否逾期	是否质押	期后转销情况	是否监盘	是否函证
银行承兑汇票	黄台电厂	齐鲁银行	550 000.00	7 月 11 日	1 月 11 日	否	否	未到期	是	否
总计			550 000.00							
审计说明：										
经核对，账账、账表相符。										

审计盘点未发现该票据，也没有其他商业汇票。经询问财务负责人，并检查银行对账单、贴现票据的收款凭证，确认该汇票已于 9 月 30 日由开户的建设银行办理贴现。贴现利息按月 0.8% 计，财务人员称贴现款忘记入账。编制"应收票据盘点表"，见表 1-96。请你对该票据的贴现息进行计算，确认贴现额，并写出建议调整的分录（实际工作时，可以要求客户提供该笔业务的银行贴现凭证并核对对账单，根据单据金额直接调整）。

表 1-96　　应收票据盘点表

应收票据备查簿								盘点情况记录（用"√"、"×"表示）						盘点结果及说明
票据种类	出票/背书单位	承兑单位	票据号	票面金额	票据利息	出票日	到期日	1	2	3	4	5	6	
银行承兑汇票	黄台电厂	齐鲁银行	0021	550 000.00	无	7 月 11 日	1 月 11 日	×	×	×	×	×	×	无该票据
合计				550 000.00										

核对内容说明：1. 核对出票人是否一致，核对背书人与记录或核销的应收账款客户名称是否一致；2. 核对票据金额是否一致；3. 核对票据号是否一致；4. 核对票据种类是否一致；5. 核对票据出票日期是否一致；6. 核对到期日是否一致。

审计说明：该票已经办理贴现，截止日账面金额不存在。9 月 30 日收到贴现款________支付帖现息________。

建议调整：

2. 编制应收票据检查表

（1）案例资料：获取华兴股份有限公司有关账证资料，见表 1-97、表 1-98，监盘票据截止日依然存在。项目负责人要求你检查应收票据的发生并确认应收票据的期末余额。

表 1-97　　应收票据明细账

明细科目：商业承兑汇票　　第　页

年 月	日	记账凭证号数	摘　要	对方科目	借方（千百十万千百十元角分）	贷方（千百十万千百十元角分）	借或贷	余额（千百十万千百十元角分）
3	9	12	收济南家家悦超市票据		3 2 0 0 0 0 0 0		借	3 2 0 0 0 0 0 0
4	25	56	收济南三联商社票据		4 8 0 0 0 0 0 0		借	8 0 0 0 0 0 0 0
12	31		结转下年					

表 1-98　　应收票据备查簿

序号	票据种类	出票人	承兑人	出票日	到期日	是否带息	票面金额	备注
1	商业承兑汇票	济南家家悦	齐鲁银行	3 月 9 日	9 月 9 日	无	320 000.00	
2	商业承兑汇票	济南三联	齐鲁银行	4 月 25 日	10 月 25 日	无	480 000.00	

针对账簿记录的业务，实施应收票据的账证核对检查。

事实一，经审查 2 笔业务发生的凭证，确认销售开具发票，收到商业承兑汇票，记录正确；

事实二，经询问，票据到期前及时办理了委托收款，但 2 张票据都因对方无款支付而被银行退票。违约处理正在进行中。

（2）任务实施：用计算机完成“应收票据检查表”，针对有关错计，写出调整建议（特别提醒，审计了解到客户对应收账款按余额 5%计提坏账准备，对应收票据不计提）。

请将你曾通过媒体或其他渠道了解到的管理层或员工舞弊的做法写在表 1-99、表 1-100 中。

表 1-99　　管理层舞弊

错计性质	常见手段

表 1-100　　员工侵占资产

常用手段	舞弊表现

任务四　应交税费审计

案例导读

虚开增值税专用发票案

【资料来源：武汉大学法学院】1994 年 7 月至 1995 年 6 月间，被告人徐某为谋取非法利益，经他人介绍，使用浙江绍兴雅德辉时装有限公司和非法购入的盖有绍兴中兴纺织有限公司印章的增值税专用发票，先后给广西壮族自治区南宁市对外经济贸易公司、湖南省丝绸进出口公司等 16 家单位虚开增值税专用发票 36 份，价税合计 5 483 万元，其中可抵扣税款 796 万。案发时，受票单位已向当地税务机关抵扣税额或骗取出口退税 10 份，计税额 200 万元。期间，徐某为抵扣虚开销项增值税专用发票所产生的应纳税额，用非法购买的盖有绍兴中兴纺织有限公司印章的增值税专用发票，为自己虚开进项增值税专用发票 6 份，其中除一份因填制不符要求被退回外，已抵扣税额 5 份，价税合计 3 100 万元，其中税额 450 万余元。徐某非法获取开票手续费等计人民币 100 万元。案发后，检察机关从徐某处追回赃款人民币 41 万元及空调等物。一审法院判决认定，徐某虚开增值税专用发票犯罪给国家造成的损失为 650 万余元，即受票单位已向税务机关抵扣或骗取的 200 万元加上为自己虚开并抵扣的 450 万元。

一、知识准备

企业从事生产经营活动，按照税法规定的纳税义务产生时间和计算方法，及时正确确认应交的税费并足额上交，是应尽的义务。在这里，仅重点关注应交增值税及因此而产生的应交城市维护建设税和教育费附加的认定是否符合会计准则的要求、是否符合相关税法的规定。实际工作中，形形色色的偷税手段以及因利益驱使铤而走险的舞弊招数，可谓“道高一尺，魔高一丈”。站在审计的立场上，发现并纠正应交税费的错计，是审计的责任。根据中注协完成上市公司 2006 年年报审计报备资料分析，1 456 家上市公司审计前应交税金为 1 098 亿元，审计后为 1 118 亿元。审计调整应交税金总额为 88 亿元，占审计前应交税金的 8.01%。其中，审计调增额 54 亿元，占审计前应交税金的 4.92%；审计调减额 34 亿元，占审计前应交税金的 3.09%。

请思考 （结合图 1-25 中显示的青岛海尔应交税费变动信息）①主营业务是从事生产、销售货物的企业，应缴纳什么流转税？②纳税义务产生的时间、确认的依据是什么？发票有几种，各联次的作用是什么？③增值税的税率是怎样规定的？④一般纳税人如何计算应纳税额？⑤小规模纳税人如何计算应纳税额？

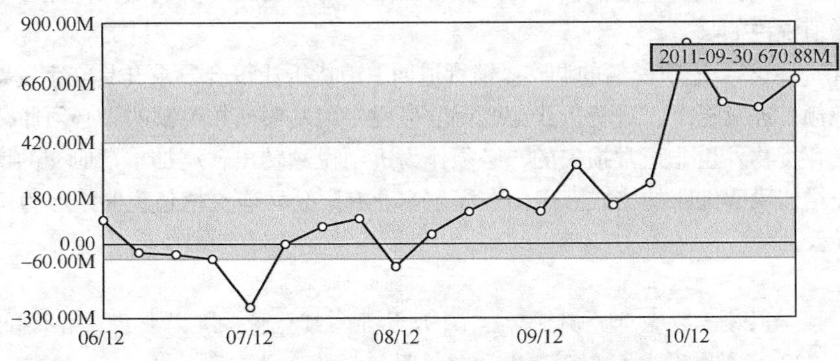

图 1-25　青岛海尔（600690）应交税费变动趋势图

注意 有关纳税义务、征税范围、计税依据、纳税时间等内容一定要认真学习，掌握《中华人民共和国增值税暂行条例》及国务院对此条例的有关修改，“营改增”最新政策规定可以上网查阅。

1．一般纳税人应交增值税的计算及凭证种类

（1）一般纳税人应交增值税的计算。其公式为

$$应纳税额=当期销项税额-当期进项税额$$

依法分别正确确认“当期销项税额”“当期进项税额”是基础和关键。以下列示几个重要概念（①～④与销项税额有关；⑤～⑥与进项税额有关）。

① 纳税义务发生时间。销售货物或者提供应税劳务，为收讫销售款项或者取得索取销售款项凭据的当天；先开具发票的，为开具发票的当天。

讨论

因销售货物的结算方式不同，税法规定的具体纳税义务发生的时间要求是什么？视同销售货物的行为下，纳税义务产生的时间及其凭证是什么？

② 销售额。销售额为纳税人销售货物或者应税劳务向购买方收取的全部价款和价外费用，但是不包括收取的销项税额。

③ 销项税额的计算公式为销项税额 = 销售额 × 税率。

④ 税率。增值税税率为 17%、13%、11%和 6%，出口货物税率为零（另有规定的除外）。

⑤ 当期可抵扣的进项税额包括：

- 从销售方取得的增值税专用发票上注明的增值税额。
- 从海关取得的海关进口增值税专用缴款书上注明的增值税额。
- 购进农产品，除取得增值税专用发票或者海关进口增值税专用缴款书外，按照农产品收购发票或者销售发票上注明的农产品买价和 13%的扣除率计算的进项税额。进项税额的计算公式为

$$进项税额=买价\times扣除率$$

- 购进或者销售货物以及在生产经营过程中支付运输费用的，按照运输费用结算单据上注明的运输费用金额和 7%的扣除率计算的进项税额。进项税额的计算公式为

进项税额 = 运输费用金额 × 扣除率（营业税改征增值税后可以直接根据发票金额扣税）。

⑥ 抵扣期限。进项税额抵扣期限不超过 180 天。增值税一般纳税人未在规定期限内到税务机关办理认证、申报抵扣或者申请稽核比对的，将无法作为合法的增值税抵扣凭证，不能计算进项税额，抵扣增值税税额。

⑦ 当期销项税额、进项税额的调整。销货退回、销货折让符合要求开具红字发票的，可以抵减当期销项税额；进货退出、进货折让已取得增值税专用发票抵扣税款的，必须冲减当期进项税额；购进或储存货物发生非正常损失的，必须作为进项税额转出，增加本期应交的增值税。

（2）应交增值税明细账的格式。以山东润东实业有限公司应交增值税明细账为例进行说明，如表 1-101 所示。

身临其境

以该客户企业为例，表 1-101 反映了本期记录的汇总结果。先不用站在审计的角度，请你作为一名会计人员，根据掌握的会计和税法的知识，确认一下该企业应交增值税当期进项税额、销项税额分别应该是多少？并补记到账上去，重新计算余额。

① 本月委托代销商品，月末已收到对方代销清单并开具增值税专用发票，金额为 300 000 元，税率为 17%，税额为 51 000 元，本月未入账。

② 本月销售给个体工商户货物一批，金额为 93 000 元，开具收据，收取的现金未入账。该货物税率为 17%。

表 1-101

应交税费（增值税）明细账

20×1年		凭证		摘要	借方				贷方				借或贷	余额
月	日	种类	编号		合计	销项税额	已交税金	转出未交增值税	合计	销项税额	出口退税	进项税额转出		
					千百十万千百十元角分	千百十万千百十元角分	千百十万千百十元角分	千百十万千百十元角分	千百十万千百十元角分	千百十万千百十元角分	千百十万千百十元角分	千百十万千百十元角分		千百十万千百十元角分
12				本月合计	4 2 0 0 0 0 0 0	4 2 0 0 0 0 0 0			3 8 0 0 0 0 0 0	3 8 0 0 0 0 0 0			借	4 0 0 0 0 0 0

③ 本期发生销货退回一批，开具销项负数的增值税专用发票，见表 1-102，已减少当期销项税额，但该批退货未取得购货单位税务机关开具的“进货退出证明单”及有关文件。

表 1-102　销项负数

山东增值税专用发票

此联不作报销扣税凭证

（国家税务总局监制）

3700045627　　　　　　　　　　　　　　　　　　　　　　№ 00234685

开票日期：20×1 年 12 月 11 日

购货单位	名　　称：山东黄台电厂 纳税人识别号：370112787444223 地址、电话：济南市旅游路 88 号 0531-86345678 开户行及账号：工行历城区支行洪楼分理处 1602007009034120818				密码区	67893--+9827/16<241< 加密版本:01 0<<>3<2+876<-6105>4+> 3700045627 51*84-9319<8>9-20<750 0/-3000252/9-*+91>>4+ 00234685		
货物或应税劳务名称	规格型号	单位	数量	单价	金额	税率	税额	
电缆		吨	10	47 008.55	470 085.47	17%	79 914.53	
合计					470 085.47		79 914.53	
价税合计（大写）	⊗伍拾伍万元整					（小写）¥550 000.00		
销货单位	名　　称：山东润东实业有限公司 纳税人识别号：370102560953467 地 址、电 话：济南市文化路 168 号 0531-82567188 开户行及账号：济南市工商银行历下区支行 1601004209007806321				备注	山东润东实业有限公司 税号370102560953467 发票专用章		

收款人：孙亮　　复核：李苗　　开票人：刘一明　　销货单位：（章）

国税函[2010]150 号济南华森印刷厂

第一联　记账联　销货方记账凭证

④ 本期发出库存商品用于分发福利，成本为 50 000 元，编制的记账凭证如下。

借：应付职工薪酬　　50 000

　　贷：库存商品　　50 000

该商品同期不含税市场售价为 65 000 元，税率为 17%。

⑤ 本期仓库失火，适用税率 13%的存货毁损价值 800 000 元，编制的记账凭证如下。因一直未提出处理方案，“待处理财产损溢”账户年末余额 800 000 元未转账。

借：待处理财产损溢　　800 000

　　贷：库存商品　　800 000

⑥ 本期购进设备价值 50 000 元，取得增值税普通发票税额 8 500 元，编制的记账凭证如下。

借：固定资产　　50 000

　　应交税费—应交增值税（进项税额）　　8 500

　　贷：银行存款　　58 500

⑦ 将收到的下年度 1 月 2 日的购买原材料增值税专用发票在本年末入账，该发票注明金额为 200 000 元、税率 13%、税额 26 000 元。

⑧ 12 月 11 日支付本月电费收到普通收据，金额为 58 500 元，编制的记账凭证如下。

借：管理费用　　50 000

　　应交税费—应交增值税（进项税额）　　8 500

　　贷：银行存款　　58 500

⑨ 12 月 28 日购进材料取得的增值税专用发票注明金额 200 000 元、税率 17%、税额 34 000 元，抵扣联未通过发票认证。

根据补记账簿记录的结果，写出应交增值税的计算过程和结果。

请注意，涉税错计如果是少计当期应交税款，在纳税期满后次日起计算滞纳金、罚款。

2．小规模纳税人应交增值税的计算及凭证种类

（1）小规模纳税人应交增值税的计算。其公式为

应纳税额=销售额×征收率（3%）

请注意，结合你所熟悉的小规模纳税人计算应交增值税案例资料，明确按照规定的纳税义务发生时间计算应交增值税的依据，不论是开具普通发票或者申请代开增值税专用发票，均按上述公式直接确认应纳税额。

（2）应交增值税明细账的格式。以山东爱家科技开发有限公司应交增值税明细账为例进行说明，见表 1-103。

表 1-103　　应交税费明细账

明细科目：应交增值税　　第　页

20×1 年 月	日	记账凭证号数	摘　要	对方科目	借方（千百十万千百十元角分）	贷方（千百十万千百十元角分）	借或贷	余额（千百十万千百十元角分）
11	1		期初余额				贷	54767
	2	记 3	预缴本月增值税		58252		借	3485
	2	记 4	提供加工劳务取得收入			58252	贷	54767
	5	记 7	缴纳上月增值税		54767		平	
	12	记 13	预缴本月增值税		26796		借	26796
	12	记 14	提供加工劳务取得收入			26796	平	
	30	记 23	提供加工劳务取得收入			32039	贷	32039
	30		本月合计		139815	117087	贷	32039

①账上记录的应交增值税贷方核算的依据是什么？借方记录的内容如何解释？②你认为本期应交增值税是期末余额还是本期贷方发生额？为什么？

3．应交税费的审计目标

与管理层认定相联系，针对应交税费余额及其报表列示的审计目标见表 1-104。

表 1-104　　审计目标与管理当局认定对应关系表

审计目标		财务报表认定：存在	完整性	权利和义务	计价和分摊	列报
A	资产负债表中记录的应交税费是存在的	√				
B	所有应当记录的应交税费均已记录		√			

续表

<table>
<tr><th colspan="2" rowspan="2">审计目标</th><th colspan="5">财务报表认定</th></tr>
<tr><th>存在</th><th>完整性</th><th>权利和义务</th><th>计价和分摊</th><th>列报</th></tr>
<tr><td>C</td><td>记录的应交税费是被审计单位应当履行的现时义务</td><td></td><td></td><td>√</td><td></td><td></td></tr>
<tr><td>D</td><td>应交税费以恰当的金额包括在财务报表中，与之相关的计价调整已恰当记录</td><td></td><td></td><td></td><td>√</td><td></td></tr>
<tr><td>E</td><td>应交税费已按照企业会计准则的规定在财务报表中做出恰当的列报。</td><td></td><td></td><td></td><td></td><td>√</td></tr>
</table>

对照应交增值税（不论一般纳税人还是小规模纳税人）账簿记录及结果，说一说你对上述管理当局的认定及审计目标的理解（重点是前 4 种认定）。

为实现审计目标，按照审计准则要求编制的工作底稿种类，可参照图 1-26（可选择的审计程序略）。

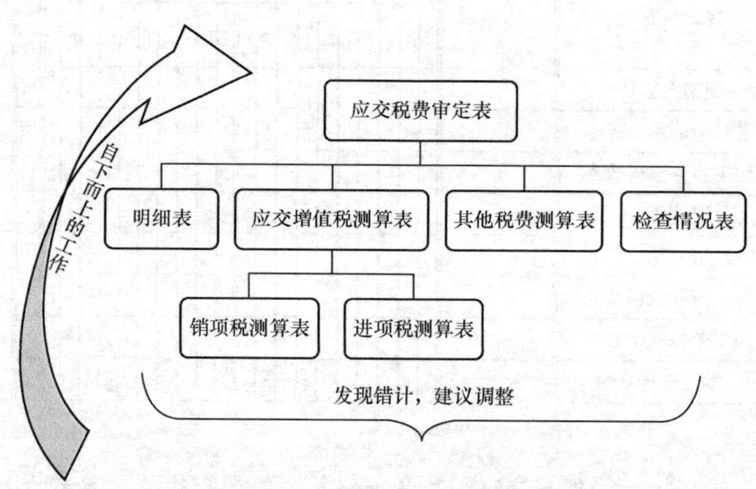

图 1-26　应交税费实质性程序工作底稿

不论是什么税种，应交税费的审计原理都大致相同。从下列操作演示的测算表格式内容中，你可以分析出来，这项工作要求审计人员在了解确认本期与应纳税额计算认定有关的计税基础、计税基数的基础上，按照规定的税率，测算本期应交税费，差异为多计或少计的金额，建议调整。

因一般纳税人应交增值税涉及分别确认当期销项税、进项税，实际工作中设计了更复杂的测算表，这里不再专门列示，原理是一样的。

二、典型工作任务及操作演示

1．测算小规模纳税人应交增值税，编制应交增值税、城建税、教育费附加测算表

（1）案例资料：获取山东爱家科技开发公司 12 月份有关账证资料的记录共 4 张，见表 1-105

至表 1-108。审计发现本期隐瞒加工收入 20 000.00 元，已入账业务经核对无误。请测算本期应交增值税及应交城建税和教育费附加，填在表 1-107 中（用计算机完成）。

表 1-105　　主营业务收入明细账

明细科目：　　　　　　　　　　　　　　　　　　　　　　　第　页

20×1年 月	日	记账凭证号数	摘要	对方科目	借方（千百十万千百十元角分）	贷方（千百十万千百十元角分）	借或贷	余额（千百十万千百十元角分）
12	14	记 18	加工收入			2058252	贷	2058252
	16	24	加工收入			330097	贷	2388349
	23	34	加工收入			305825	贷	2694174
	28	39	加工收入			252427	贷	2946601
	31	40	加工收入			728155	贷	3674756
	31	46	结转本年利润		3674756		平	0
	31		本月合计		3674756	3674756		

表 1-106　　应交税费明细账

明细科目：应交增值税　　　　　　　　　　　　　　　　　　第　页

20×1年 月	日	记账凭证号数	摘要	对方科目	借方（千百十万千百十元角分）	贷方（千百十万千百十元角分）	借或贷	余额（千百十万千百十元角分）
11	30		本月合计		187574	161652	贷	32039
12	5	记 4	缴纳上月增值税		32039		平	
	14	17	预交本月税款		61748		借	61748
	14	18	提供劳务			61748	平	
	16	24	提供劳务			9903	贷	9903
	23	34	提供劳务			9175	贷	19078
	28	39	提供劳务			7573	贷	26651
	31	40	提供劳务			21845	贷	48496
12	31		本月合计		93787	110244	贷	48496
			结转下年					

表 1-107　　应交税费明细账

明细科目：应交城市维护建设税　　　　　　　　　　　　　　第　页

20×1年 月	日	记账凭证号数	摘要	对方科目	借方（千百十万千百十元角分）	贷方（千百十万千百十元角分）	借或贷	余额（千百十万千百十元角分）
11	30	记 27	本期应交城建税			8196	贷	8196
12	4	3	交税		8196		平	0
	31	45	本期应交城建税			7717	贷	7717
			结转下年					

表 1-108　　应交税费明细账

明细科目：教育费附加　　　　第　页

20×1年		记账凭证号数	摘要	对方科目	借方										贷方										借或贷	余额									
月	日				千	百	十	万	千	百	十	元	角	分	千	百	十	万	千	百	十	元	角	分		千	百	十	万	千	百	十	元	角	分
11	30	记 27	本期应交教育费附加																		4	6	8	4	贷							4	6	8	4
12	4	3	交费								4	6	8	4											平								θ		
	31	45	本期应交教育费附加																		4	4	1	0	贷							4	4	1	0
			结转下年																																

（2）任务实施：请测算本期应交增值税、城建税和教育费附加，填在表 1-109 中。

表 1-109　　应交税费测算表

序号	税费项目	计税基础	计税基数	税率	测算数	未审账面数	差异	备注
			1	2	3=2×1	4	5=4-3	
1	增值税							
2	城建税							
3	教育费附加							
	合计							

审计说明：

归纳一下，写出来上述工作过程的步骤。

2．测算一般纳税人应交增值税，编制城建税、教育费附加测算表

（1）案例资料：依据前列山东润东实业有限公司 12 月份资料对应交增值税的确认，假定没有其他错计，少计应交增值税为 296 477.35 元（专门的测算表略）。请进一步确认应交城建税、教育费附加。

（2）任务完成：编制应交税费测算表，见表 1-110，注意与小规模纳税人测算表的区别。

表 1-110　　应交税费测算表

序号	税费项目	计税基础	计税基数	税率	测算数	未审账面数	差异	备注
			1	2	3=2×1	4	5=4−3	
1	城建税	增值税	296 477.35	7%	20 753.41	0	−20 753.41	
2	教育费附加	增值税	296 447.35	4%	11 859.09	0	−11 859.09	
合计					32 612.50		−32 612.50	

审计说明：因应交增值税少计，建议调整。

借：营业税金及附加　　32 612.50
　贷：应交税费——应交城建税　　20 753.41
　　　应交税费——应交教育费附加　　11 859.09

归纳一下，写出来上述工作过程的步骤。

请将你曾通过媒体或其他渠道了解到的管理层或员工舞弊的做法写在表1-111中。

表 1-111　　管理层或员工舞弊表现及手段

错计性质	常见表现及手段

三、任务训练

1．检查销售交易——对营业收入、应交增值税、营业税金及附加的审计。

（1）任务背景资料：获取客户公司的有关账证资料如下。

① 本月委托代销商品，月末已收到对方代销清单并开具增值税专用发票，金额 300 000 元，税率 17%，税额 51 000 元，于下月 2 日入账。

② 查明本月销售给个体工商户货物一批，金额 93 000 元，开具收据，收取的现金未入账。经查明，该货物适用税率 17%。

③ 销售货物收款 234 000 元，不开发票，私存；该货物成本价 125 000 元，已结转成本。

④ 分期收款销售商品一批，合同总金额 800 000 元（价税），合同约定本期应收 400 000 元未入账，该批商品总成本 600 000 元，本期未转账。

⑤ 销售原材料收款 11 700 元，计入“其他应付款”，该批材料成本 7 500 元，已结转营业外支出。

⑥ 将预收商品款 200 000 元，计入“主营业务收入”。

⑦ 现金销货款 234 000 元，客户尚未提货，一直未入账。

⑧ 按合同预收账款销售的商品发运，开具发票价税合计 35 100 元，成本 22 000 元，相关会计分录如下。

借：预收账款　　　　22 000

　　贷：库存商品　　　　22 000

（2）任务实施。

① 针对上述问题，编制调整分录，完成表 1-112。

表 1-112　　销售业务检查情况汇总表

序号	内容	针对错报，建议调整分录			
1					

续表

序号	内容	针对错报，建议调整分录			

② 汇总上述营业收入错计，完成表 1-113。

表 1–113 营业收入审定表

项目	期末未审数	账项调整		期末审定数
		借方	贷方	
主营业务收入	10 000 000.00			
其他业务收入	200 000.00			
合计	10 200 000.00			
审计说明：				

③ 汇总少计的应交增值税，计算应补交的城建税和教育费附加，写出建议调整分录。

计算少计的应交增值税=

计算应补交的城建税=

计算应补交的教育费附加=

建议调整分录：

2．编制应交税费检查表。

（1）任务背景资料：针对本任务“身临身境”中指出的一般纳税人山东润东实业有限公司销货退回业务的处理，企业编制的记账凭证如表 1-114 所示，附红字发票（见表 1-102）、退货入库通知单（略）。

表 1–114 记账凭证

20×1 年 12 月 25 日　　记字第 123 号

摘　　要	会计科目	明细科目	√	借方金额（千百十万千百十元角分）	√	贷方金额（千百十万千百十元角分）	附单2张
销货退回	主营业务收入		√	47008547			
	应交税费	增值税（销项税）	√	7991453			
	应收账款	山东黄台电厂			√	55000000	
合　　计				55000000		55000000	

财务主管　刘江　记账　黄兰　出纳　审核　制单　黄兰

（2）任务实施：编制完成应交税费检查情况表，见表 1-115

表 1–115 应交税费检查情况表

记账日期	凭证编号	业务内容	借方科目	贷方科目	金额	附件	核对内容（用“√”、“×”表示）					备注
							1	2	3	4	5	

核对内容说明：1. 原始凭证是否齐全；2. 记账凭证与原始凭证是否相符；3. 账务处理是否正确；4. 是否记录于恰当的会计期间；5. ……

审计说明：

项目小结

销售与收款循环分项目审计的主要工作任务，是在项目审计目标要求的基础上，按照审计准则规定的可选择审计程序去获取审计证据并编制审计工作底稿。本循环主要项目的审计证据种类和审计工作底稿如图 1-27 至图 1-30 所示，希望你在这些项目全面学习的基础上，能够有针对性地区别和系统掌握项目审计的要领，能够承担该项目采用计算机审计时需要完成的工作。

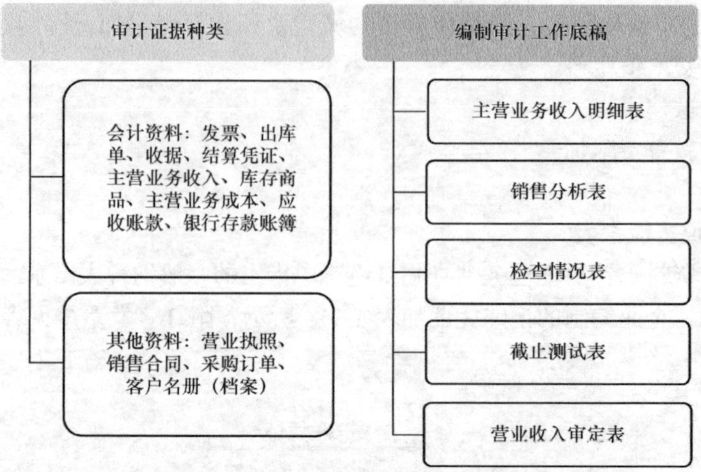

审计证据种类
会计资料：发票、出库单、收据、结算凭证、主营业务收入、库存商品、主营业务成本、应收账款、银行存款账簿
其他资料：营业执照、销售合同、采购订单、客户名册（档案）
编制审计工作底稿
主营业务收入明细表
销售分析表
检查情况表
截止测试表
营业收入审定表

图 1-27　主营业务收入审计证据种类及要求会编制的工作底稿

审计证据种类
会计资料：发票、出库单、收据、结算凭证、坏账审批表、坏账准备计算表、主营业务收入、库存商品、主营业务成本、应收账款、银行存款账簿
其他资料：营业执照、销售合同、采购订单、客户名册（档案）、应收账款对账单、银行对账单
编制审计工作底稿
应收账款明细表
函证
应收账款检查表
长期挂账款项检查表
坏账准备计算表
应收账款审定表

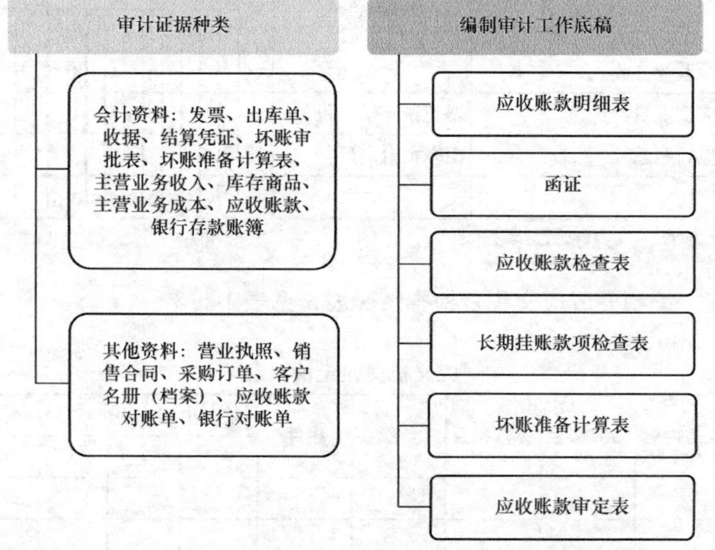

图 1-28　应收账款审计证据种类及要求会编制的工作底稿

审计证据种类
会计资料：发票、出库单、结算凭证、商业汇票、主营业务收入、库存商品、主营业成本、应收票据明细账、备查簿、银行存款账簿
其他资料：销售合同、销售订单、客户名册（挡案）银行对账单
编制审计工作底稿
应收票据明细表
盘点/函证
应收票据检查表
贴现未到期情况汇总表
背书转让未到期情况汇总表

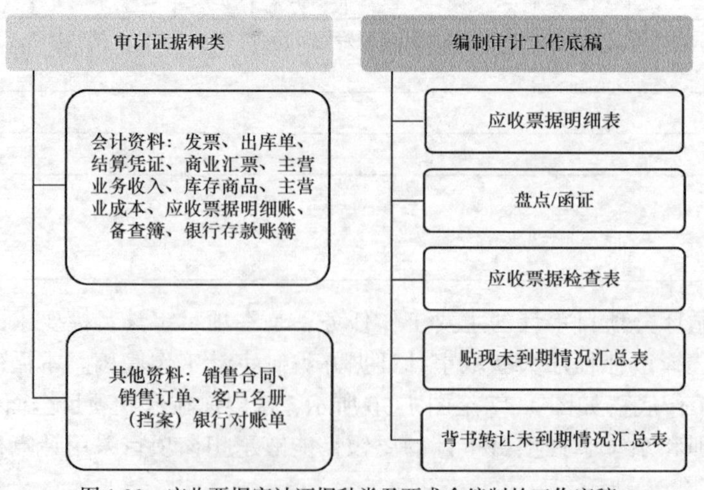

图 1-29　应收票据审计证据种类及要求会编制的工作底稿

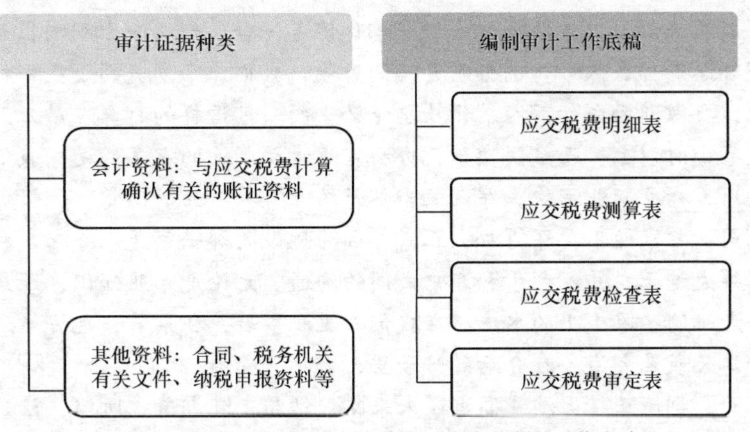

图 1-30 应交税费审计证据种类及要求会编制的工作底稿

海外实习生日记

职场初体验

上海财经大学　赵子妮　华马威国际会计公司　新加坡

正式工作的第一天，早上八点出门，八点半到达客户那里。想想昨天刚刚报到，公司就已经给我分配好了工作，看看工作计划表上，直接被安排了两个月。不得不佩服这样有组织的大公司是非常有效率的，套用一句同事的话：公司是不会白付你任何一小时的薪水的。我知道她是开玩笑，但这样的工作安排，确实是让我感受到了与国内不同的氛围。

工作的第一天，心里超级紧张。和我同组的是两名 1 级助理（graduate assistant 1）和一名 2 级助理（graduate assistant 2）（其实他们就是工作的年限差别）。我们的任务是审计一间私人的集团公司，下属 13 间分公司，有大有小，最小的除了收收租金外没有任何的业务。我的起点相对比较简单，具体来说就是做各种资本金、公积金和法定记录的汇总（Summary of Capital, Reserves and Statutory Records），即将公司的各种登记簿（例如股东、股东权益、抵押贷款、会议记录等）全部总结登记于工作底稿。以股东权益为例，就是要记录股东的姓名、地址、身份证号，权益的购入与出售等信息。工作简单却繁琐，在我看来需要的只是认真、耐心、打字速度和英文总结能力。但这并不意味着这是一项很容易完成的任务，因为我一共需要做 13 家公司。那些又大又重的登记簿被我搬来搬去，每一间公司都有四五本，13×5，结果可想而知。在我们工作的会议室中，堆起了一座座小山。而我也只能放弃想在各位同事面前做淑女的打算，干脆脱掉高跟鞋，在这堆小山中爬来爬去。翻资料，敲键盘，然后接着翻……工作表已经敲出了一大摞了，可是身边的小山似乎还是一样的高……不怕不怕，加油加油，绝不放弃！

Audrey 是我的上司，看起来就是很好的人。另外三个人也不错。但说实话，我听不大懂他们在说什么，这是非常令人郁闷的。客观原因是新加坡英语是 Singlish，很多的发音和印度英语一样，口音很重，例如把 two 说成 do，把 three 说成 tree，不仔细听，连一些简单的词也有可能听错。主观原因是自己的词汇量真的很小，很多的日常用得到的名词都不大知道，尤其是像透明胶带、打洞机这样的办公室常用词。唉，书到用时方恨少……

对一个职场新人来说，身边的一切一切，都仿佛是一台精彩的演出刚刚拉开序幕。剧情似乎可以预料，细节却总是那么微妙。例如刚开始的时候，我们三个爱美的女生都把很多的心思放在了自己的妆容上，要做职场白领丽人，化妆总是必需的。可这样的打算在第三天就放弃了，原因是化妆需要早起半小时以上，而且说实话，办公室里素面朝天的人多的是，我们也就乐得让皮肤自在呼吸了。还有，树立职业形象，穿西装当然是给人一种专业的感觉，但情况还是要因地制宜的。像张晶的上司就要求她不要穿得那么正式，因为她做的那一家是以寻求亲和力和个性为主要文化的公司，穿得太过正式并不利于和客户之间的沟通。无论是专业知识，还是为人处事，又或职场小贴士，一点一滴，像小小的水珠，在我们心里积累着，积累着，也许等到实习结束，它们将汇成小溪、小江又或是大海，在今后的日子里，受用，受益。

帷幕刚刚拉开，剧情正在上演，高潮还未来临，结局充满期待。所以，让我们努力，努力成长，努力绽放；让我们学习，学会起跑，学会翱翔；让我们收获，收获经验，收获更多……

项目二 采购与付款循环审计

学习目标

1. 了解典型业务种类，熟识相关业务的凭证；
2. 了解内部控制要求，掌握重要的不相容职务；
3. 明确审计目标，明确相关证据的种类及获取方法；
4. 会编制典型任务审计工作底稿，明确相关工作底稿的编写依据，编写要求，会综合运用所学知识，评价审计证据，进行审计调整；
5. 熟练运用计算机操作编制本循环各项目工作底稿；
6. 了解管理层、员工舞弊的表现及原因，以增强职业判断能力。

因客户企业所属行业不同，从事经营活动发生的采购付款业务的种类、性质、目的也会不一样。生产制造企业发生的日常采购对象主要是原材料、周转材料，为生产做准备；而商品流通企业则主要是为销售购进商品；采购活动还包括接受劳务和投资购买固定资产。从付款的角度看，在市场经济和商业信用条件下，会出现预付款采购、一手钱一手货的采购或赊购。对采购与付款循环主要业务、相关账户建立健全内部控制，保证相关经济活动进行正确认定是管理当局的责任。无偿接受的捐赠、按照协议接受的投资不需要付款，不属于本循环审计范围。表 2-1 汇总了本循环交易、账户、凭证，有助于你形成项目审计系统化认识。

表 2-1　　采购与付款循环中的交易、账户、业务活动和相关的凭证记录

序号	交易种类	相关账户	业务活动	凭证与记录	备注
	采购：预付账款业务不多时可以不单独设置“预付账款”，直接利用“应付账款”账户核算，以下不单独列示该账户				
1.	材料（商品）采购	材料采购 原材料 库存商品 应付账款 应付票据	申请采购 批准采购 签订合同 生成采购订货单 验收 取得发票 签订承兑协议 办理存储保证金 记录明细账、总账	请购单 采购订货单 购货合同 验收单 发票 商业汇票 材料采购明细账 原材料明细账 库存商品明细账 应付账款明细账 应付票据明细账 应付票据备查簿 银行存款日记账 总账 应付账款对账单	连续编号，一式数联 连续编号，一式数联 连续编号，一式数联
	接受劳务	管理费用 销售费用 应付账款 银行存款	批准预算 取得发票 记录明细账、总账	费用申请、报销单 发票 费用明细账 应付账款明细账 总账 应付账款对账单	
	固定资产采购	在建工程 固定资产 应付账款	批准预算 招评标 验收 取得发票 记录明细账、总账	预算 标书 验收单（产权证） 发票 在建工程明细账 固定资产明细账、卡片 应付账款明细账 总账 应付账款对账单	
2.	付款	应付账款 应付票据 银行存款	审核批准 办理付款 收取承兑汇票保证金利息 记录明细账、总账	付款通知单 支付凭证 存款利息通知单 银行存款日记账 应付款项明细账 财务费用明细账 总账	连续编号，一式数联
3.	购货退出或劳务索赔	原材料 库存商品 应付账款 银行存款	申请退货或索赔 开具退货通知单 取得红字（销项负数）发票 收回退款 记录明细账、总账（资产或费用冲减）	退货（索赔）申请 退货通知单（代出库单） 红字发票 收款凭证 相关明细账、总账	连续编号，一式数联 连续编号，一式数联

注意 ①不论是预付款采购、现购或是以商业汇票、应付账款赊购，货币资金的支付业务及账户的审计将在货币资金审计项目中一并学习，本循环的审计项目不再包括。②采购材料或商品、接受劳务以及购买固定资产时，由于客户企业的性质、规模不同，一般纳税人或是小规模纳税人对采购发票的要求和会计处理不一样，审计时一定注意按照客户背景和基本情况选择适当的标准。在这里，没有将应交增值税（进项税额）单独列示。

任务一　外购材料、商品审计

案例导读

美国法尔莫公司舞弊案

从孩提时代开始，米奇·莫纳斯就喜欢几乎所有的运动，尤其是篮球。但是因天资及身高所限，他没有机会到职业球队打球。然而，莫纳斯确实拥有一个所有顶级球员共有的特征，那就是他有一种无法抑制的求胜欲望。莫纳斯把他无穷的精力从球场上转移到他的董事长办公室里。他首先设法获得了位于（美）俄亥俄州阳土敦市的一家药店，在随后的10年中他又收购了另外299家药店，从而组建了全国连锁的法尔莫公司。不幸的是，这一切辉煌都是建立在资产造假——未检查出来的存货高估和虚假利润的基础上的，这些舞弊行为最终导致了莫纳斯及其公司的破产。同时也使为其提供审计服务的“五大”事务所损失了数百万美元。

一、知识准备

一般来说，客户外购材料或商品的品种、类别会比较固定，主要供应商及其市场采购价格波动不应该太大，有关这些信息及其在本年度的变化，审计人员可以根据企业年初制定的年度工作计划和经营目标，以及以往审计工作底稿来获取信息。与生产与仓储循环相联系，年度财务报表审计时对外购材料和商品的审计重点，应该是：本年度所有采购的发生是否经过批准，是否合法有效；所有采购是否都已入账，没有少计；采购材料、商品的成本计价是否符合制度要求；应确认的负债入账是否及时，分类是否正确。以上所有可能存在的错计，不论是故意的舞弊，还是无意识的多计或少计，都可能造成企业资产负债表截止日错报，且利润表年度利润的虚增或虚减。健全有效的内部控制能够合理保证相关资产的安全和记录的准确；审计人员也可以借助于对客户内部控制的了解和测试的结果，提高审计效率。

想一想 与外购材料、商品业务相关的主要业务有哪些？业务发生的单据主要是什么？把主要业务的账户对应关系写出来。

讨论 你认为虚构采购业务可能导致的后果是什么？故意少计又会产生什么影响？

1．采购业务涉及的部门、业务活动及凭证种类

采购业务中，材料和商品采购的用途不同，涉及的业务部门和活动也有所区别，图 2-1、图 2-2 分别列示了材料、商品采购业务涉及的部门、业务活动及凭证种类。图 2-3 按照采购结算方式的区别分别列示了业务种类和凭证种类。请仔细阅读理解，以便熟练、系统地捋顺实际工作中可能遇到的基本采购业务情况。

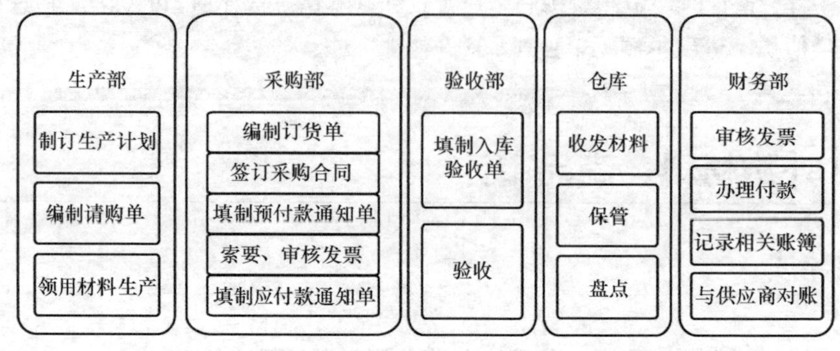

图 2-1　材料采购业务相关部门、业务活动、凭证种类

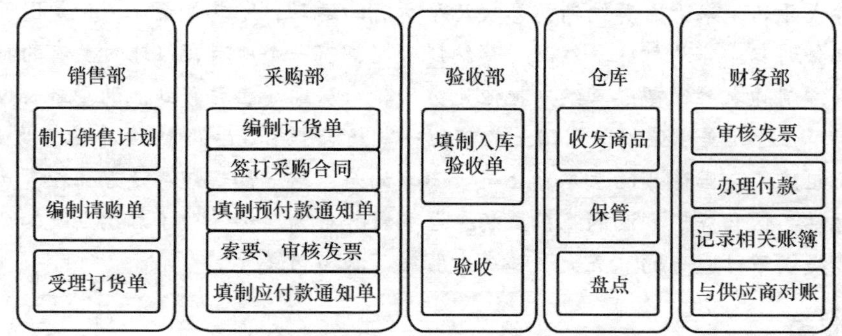

图 2-2　商品采购业务相关部门、业务活动、凭证种类

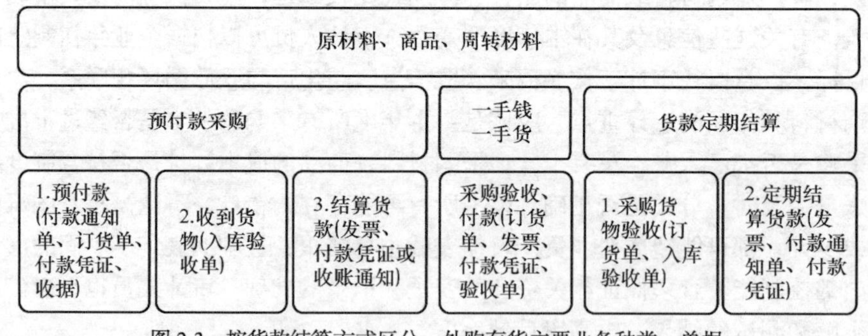

图 2-3　按货款结算方式区分，外购存货主要业务种类、单据

2．采购内部控制及常用控制测试

按照财政部会同证监会、审计署，银监会、保监会判定的《企业内部控制基本规范》及相关《企业内部控制应用指引》要求，采购业务的内部控制基本内容如图 2-4 所示。

仔细阅读表 2-2，重点理解建立和执行相关内部控制的目标、关键控制程序。同样地，控制测试及相关工作底稿不作为学习和操作要求。

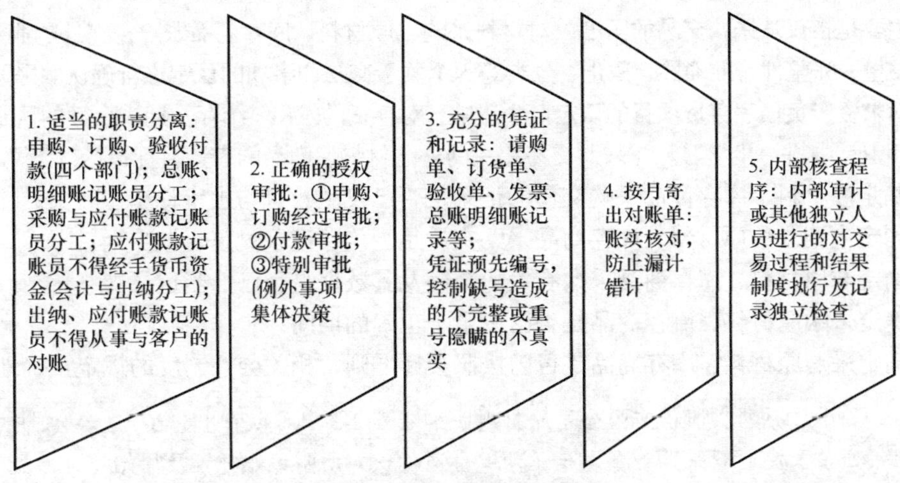

图 2-4　采购交易的内部控制

表 2-2　　采购交易的内部控制及常用控制测试表

内部控制目标	关键内部控制	常用的控制测试
所记录的采购确已收到物品或已接受劳务并符合采购方的最大利益（发生）	请购单、订货单、验收单和发票一应俱全，并附在应付款凭单后	查验付款凭单后是否附有单据
	采购按正确的级别批准	检查批准采购标记
	注销凭证以防止重复使用	检查注销凭证标记
	内部核查	检查内部核查标记
已发生的采购交易均已登记入账（完整性）	订购单、验收单均经事先编号并已经登记入账	检查订购单、验收单连续编号的完整性
	应付凭单均经事先编号，并已登记入账	检查应付凭单连续编号的完整性
所记录的采购交易估价正确（准确性、计价和分摊）	计算和金额的内部核查	检查有关凭证上内部核查的标记
	采购价格和折扣的批准	检查采购价格和折扣的批准标记
采购交易的分类恰当（分类）	采用恰当的会计科目表	检查工作手册和会计科目表
	内部复核和检查	检查有关凭证上内部复核和核查的标记
采购交易的记录及时（截止）	要求收到商品或接受劳务时及时记录采购交易	检查工作手册并观察有无未记录的发票
	内部核查	检查有关凭证上内部核查的标记
采购交易被正确地记入明细账，并经正确汇总（准确性、计价分摊）	应付账款明细账内容的内部核查	检查内部核查标记

上表所列内部控制目标与管理当局的认定有何内在联系？针对某项认定的多项关键控制不存在或薄弱，可能造成的后果有哪些？

①验证采购和应付账款记录的业务是否真的发生，而不是虚构，应该将什么记录与什么记录核对？从账到单的核对！②验证已经发生的采购是否入账，是否已完整记录在采购和应付账款中，没有被隐瞒，应该将什么记录与什么记录核对？从单到账的核对！

上述问题很重要，企业要建立相应的制度合理保证不发生虚构或隐瞒，而审计的责任是应该将可能存在的重大错报查出来。

3．与采购交易相关的审计目标

与采购交易相关的外购材料、商品的审计目标，是整个财务报表审计中存货审计目标的一部分，在这里，主要是指仅从采购交易的角度，对材料采购、原材料、库存商品账户，在外购业务发生时，针对客户发生、完整性、准确性、截止、分类等5个关于交易和事项的认定进行确认。采购交易的错计可能对期末资产负债表存货项目的认定产生影响，对存货的发出、结存及期末余额的认定将在生产与仓储循环审计中进一步学习。与采购交易相关的外购材料、商品的审计目标包括以下几方面。

（1）确定原材料、库存商品采购交易的记录是否已发生，且与被审计单位有关；

（2）确定应记录的原材料、库存商品采购交易是否均已记录，是否被少计；

（3）确定与原材料、库存商品采购有关的金额及其数据是否已恰当记录；

（4）确定采购原材料、库存商品是否已记录于正确的期间；

（5）确定采购原材料、库存商品是否已按照会计准则、相关会计制度的规定正确地分类。

讨论 ①从华兴股份有限公司原材料明细账表2-3中可以看出，20×1年12月份（营改增前）A材料采购业务发生了两笔，请你核对所附记账凭证及原始凭证，见表2-4至表2-11共8张凭证，关注采购业务的发生是否经过批准？业务是否真实？入账时间正确吗？采购成本的计价是否符合要求？②如果发现错计，请说明错计的性质，写出建议调整分录来。

表2-3 原材料明细账

品名：A材料 规格： 单位：kg 存放地点：1号仓库

20×1年		凭证		摘要	收入			发出			结存		
月	日	字	号		数量	单价	金额	数量	单价	金额	数量	单价	金额
12	1			期初结存							5 000	73.00	365 000.00
	3		9	验收	2 000	77.56	155 116.00				7 000		
	16		34	验收	2 000	73.00	146 000.00				9 000		
	31		79	领用				7 000	73.00	511 000.00	2 000	77.56	155116.00

表2-4 记账凭证

20×1年12月3日 会字9号

摘　　要	会计科目	明细科目	借　　方	贷　　方
购买A材料入库，款项未付	原材料 应交税费 应付账款	A材料 增值税（进项税） 克隆股份有限公司	155 116.00 26 264.00	 181 380.00
合计			181 380.00	181 380.00
附单据　3张				

会计主管：刘江　　会计：黄星　　制证：黄星　　出纳：

表2-5 货物运输发票（税务监制章）

发票联

客户名称：华兴股份有限公司　　20×1年12月2日　　№：76529038

货物名称	A材料	到达地点		合同号：
劳务种类	数量	单价	金额	备注
运输费	2 000kg		1 200.00	同意
装卸费				王海 12.3
合计（大写）	壹仟贰佰元整		¥1 200.00	

货运单位：上海货运公司（章）　　开票：刘楠　　收款：王芳

表 2-6 入库单

存放地点：1 号仓库　　20×1 年 12 月 3 日　　№：5290382

品　名	单　位	数　量	单　价	金　额
A 材料	kg	2 000		
				验讫

开单：陈俊　　验收：李文　　保管：丁一

表 2-7 上海市增值税专用发票

全国统一发票监制章 国家税务总局监制

发　票　联

3100050921　　№ 00182940

开票日期：20×1 年 12 月 1 日

国税函[2010]150 号济南华森印刷厂

购货单位	名　　称：华兴股份有限公司 纳税人识别号：370112787444223 地址、电话：济南市旅游路 88 号 0531--86345678 开户行及账号：工行历城区支行洪楼分理处　1602007009034120818			密码区	67893--+9827/16<241< 0<<>3<2+876<-6105>4+> 51*84-9319<8>9-20<750 0/-3000252/9-*+91>>4+	加密领本：01 3100050921 00182940	
货物或应税劳务名称	规格型号	单位	数量	单价	金额	税率	税额
A 材料		kg	2000	77.00	154 000.00	17%	26 180.00
合 计					¥154 000.00		¥261 80.00
价税合计（大写）	⊗壹拾捌万零壹佰捌拾元整						（小写）¥180 180.00
销货单位	名　　称：克隆股份有限公司 纳税人识别号：310104760163008 地 址、电 话：上海市花园路 18 号 021-65478907 开户行及账号：上海市工商银行虹口区支行　1100100320470902352			备注	克隆股份有限公司 税号310104760163008 发票专用章		

第三联 发票联 购货方记账凭证

收款人：陈红　　复核：李慧　　开票人：郑天平　　销货单位：（章）

表 2-8 记账凭证

20×1 年 12 月 16 日　　会字 34 号

摘　要	会 计 科 目	明 细 科 目	借　方	贷　方
支付购买 A 材料入库	原材料 应交税费 银行存款	A 材料 增值税（进项税）	146 000.00 24 820.00	 170 820.00
合计			170 820.00	170 820.00
附单据　3 张				

会计主管：刘江　　会计：黄兰　　制证：黄兰　　出纳：黄兰

表 2-9　　转账支票存根

转账支票
20×1 年 12 月 16 日
收款人：　永康科技
金额：¥170 820.00
用途
全计主管　　出纳

表 2-10　　商业零售统一发票（税务监制章）

发票联

客户名称：华兴股份有限公司　　20×1 年 12 月 16 日　　№：00529020

货物名称	单位	数量	单价	金额	备注
A 材料	kg	2 000	85.41	170 820.00	王海 12.16
合计				¥170 820.00	
人民币（大写）	壹拾柒万零捌佰贰拾元整				

销货单位（章）：永康科技开发公司（单）　　开票：王永　　收款：于心

表 2-11　　入库单

存放地点：1 号仓库　　20×1 年 12 月 16 日　　№：5290383

品名	单位	数量	单价	金额
A 材料	kg	2 000	73.00	146 000.00

开单：陈俊　　验收：李文　　保管：丁一

- 核对结果：①________________；②________________________
- 建议调整：

二、典型工作任务

审计目标中的原材料、商品采购成本的审计仿照上述案例原理，需要编制材料采购/在途物资明细表不再赘述，承上述案例，继续检查采购入账时间的正确性，有无提前或推迟，要求编制存货入库截止测试表。

材料、商品采购审计典型工作任务流程图，如图 2-5 所示。

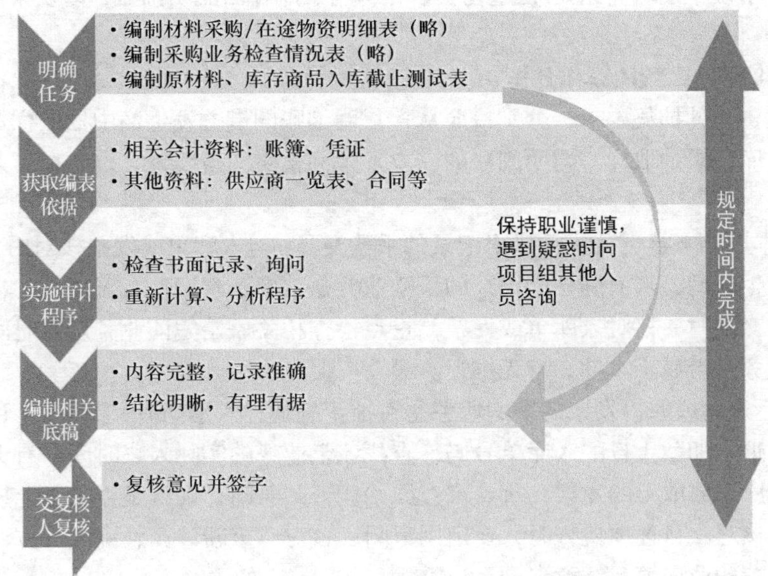

图 2-5　材料、商品采购审计典型工作任务流程图

1．明确任务

需编制的原材料、库存商品入库截止测试表如表 2-12 所示。

表 2–12　　存货入库截止测试

<table>
<tr><td colspan="9">一、从存货明细账的借方发生额中抽取样本与入库记录核对，以确定存货入库被记录在正确的会计期间</td></tr>
<tr><td rowspan="2">序号</td><td rowspan="2">摘要</td><td colspan="3">明细账凭证</td><td colspan="3">入库单（或购货发票）</td><td rowspan="2">是否跨期</td></tr>
<tr><td>编号</td><td>日期</td><td>金额</td><td>编号</td><td>日期</td><td>金额</td></tr>
<tr><td></td><td></td><td></td><td></td><td></td><td></td><td></td><td></td><td></td></tr>
<tr><td colspan="9">截止日前
截止日期：20×1 年 12 月 31 日
截止日后</td></tr>
<tr><td></td><td></td><td></td><td></td><td></td><td></td><td></td><td></td><td></td></tr>
<tr><td colspan="9">二、从存货入库记录抽取样本与明细账的借方发生额核对，以确定存货入库被记录在正确的会计期间</td></tr>
<tr><td rowspan="2">序号</td><td rowspan="2">摘要</td><td colspan="3">入库单（或购货发票）</td><td colspan="3">明细账凭证</td><td rowspan="2">是否跨期</td></tr>
<tr><td>编号</td><td>日期</td><td>金额</td><td>编号</td><td>日期</td><td>金额</td></tr>
<tr><td></td><td></td><td></td><td></td><td></td><td></td><td></td><td></td><td></td></tr>
<tr><td colspan="9">截止日前
截止日期：20×1 年 12 月 31 日
截止日后</td></tr>
<tr><td></td><td></td><td></td><td></td><td></td><td></td><td></td><td></td><td></td></tr>
<tr><td colspan="9">编制说明：本表适用于材料采购/在途物资、原材料、在产品、库存商品等
审计说明：</td></tr>
</table>

2．获取被审计单位相关资料

获取被审计单位本期材料采购/在途物资、原材料、库存商品明细账，以及采购订货单、入库单、采购发票等。

3．检查、询问、重新计算和分析

按照项目负责人的抽凭要求，分别按照从存货明细账的借方发生额中抽取样本与入库记录核对，和从存货入库记录抽取样本与明细账的借方发生额核对两条线索，确定存货入库被记录在正确的会计期间。

① 在抽查本期期末接近截止日账簿记录的采购交易，与入库单或发票核对时，重点检查相关原始凭证业务发生时间，从而确认已记录的采购业务是否属于本期，有无提前；在抽查下期期初账簿记录的采购交易时，核对入库单或发票，重点检查相关原始凭证业务发生时间，从而确认下期入账的采购业务是否属于本期，有无推迟。

② 在抽查已入库或取得发票的采购业务是否被正确地计入本期时，要注意，可以根据仓库保管账上记录的接近本期截止日的入库单号码，查找该笔业务的实际入账时间，有无提前；根据下期期初开具的入库单或取得的发票，重点审查原始凭证的时间，确认是否属于上期，有无推迟。按照表中要求的核对项目逐项检查时，要运用审阅、核对、重新计算、询问等方法，遇到矛盾证据时，一定要保持职业谨慎，注意咨询。

4．编表

（1）从明细账到入库单（发票）。

① 分别按抽查的某笔截止日前的材料采购/在途物资、原材料、库存商品明细账记录填写，包括摘要、凭证号、日期、金额。

② 填写对应的入库单或发票内容。

③ 判断是否跨期。

④ 按抽查的某笔截止日后的材料采购/在途物资、原材料、库存商品明细账记录，填写相关内容与前述相同。

⑤ 根据测试结果，分别情况做出说明：收入截止测试未发现异常；对认定的跨期错计，可以在咨询的基础上，注明凭证号及建议调整分录；其他需说明的事项，如对重要事项核实、沟通过程及结果等。

（2）从入库单（发票）到明细账。

① 分别填写抽取的截止日前的入库单编号、日期、金额。

② 填写找到的该笔采购明细账记录及记账联次的入库单，填写编号、日期、金额。

③ 判断是否跨期。

④ 抽取截止日后的入库单填写相关内容与前述相同。

⑤ 根据测试结果，分别情况做出说明：采购截止测试未发现异常；对认定的跨期错计，可以在咨询的基础上，注明凭证号及建议调整分录；其他需说明的事项，如对重要事项核实、沟通过程及结果等。

（3）编制人签名，注明日期；检查内容完整，数据可靠，结论准确，交复核人。

想一想　同样种类的资料核对，账—凭证和凭证—账的检查，实现的审计目标有何区别？这些相互核对的资料，虽然种类相同，但指的是同一份吗？

三、任务操作演示

编制存货入库截止测试表

（1）任务背景资料：接上述案例，获取华兴股份有限公司 20×1 年 12 月份及下年初原材料明细账，详见表 2-13，已经核实 12 月份采购 A 材料已入账两笔业务属实，入账时间正确，但 16 日采购成本计价不符合要求，已提出调整建议。

表 2-13

最高储存量____

最低储存量____

原材料明细账

本账页数	
本户页数	

编号________ 规格________ 单位 kg 名称 A

20×1年		凭证		摘要	借方											贷方											借或贷	结存										
月	日	种类	号数		数量	单价	百	十	万	千	百	十	元	角	分	数量	单价	百	十	万	千	百	十	元	角	分		数量	单价	百	十	万	千	百	十	元	角	分
12	1			期初结存																								5 000	73.00		3	6	5	0	0	0	0	0
	3		9	验收	2 000	77.56		1	5	5	1	1	6	0	0													7 000										
	16		34	验收	2 000	73.00		1	4	6	0	0	0	0	0													9 000										
	31		79	领用												7 000	73.00		5	1	1	0	0	0	0	0		2 000	77.56		1	5	1	1	6	0	0	
1	3		4	验收	2 000	75.00		1	5	0	0	0	0	0	0													4 000										
	5		8	验收	1 000	73.40			7	3	4	0	0	0	0													5 000										

继续进行入库截止测试，账证核对下年初记账的两张入库单分别是 5290384 号和 5290385 号，见表 2-14 和表 2-15。审计了解到 5290384 号入库单因截止年末未取得发票付款，未入账。编号恰好与 16 日记账的单据连续，继续查下一张入库单，日期为下年度已记账。

表 2-14

入库单

存放地点：1 号仓库　　　　20×1 年 12 月 26 日　　　　№：5290384

品　名	单　位	数　量	单　价	金　额
A 材料	kg	2 000	75.00	150 000.00
				验讫
备注：未取得发票，尚未付款				

开单：陈俊　　　　验收：李文　　　　保管：丁一

表 2-15

入库单

存放地点：1 号仓库　　　　20×2 年 1 月 4 日　　　　№：5290385

品　名	单　位	数　量	单　价	金　额
A 材料	kg	1 000	73.40	73 400.00
				验讫

开单：陈俊　　　　验收：李文　　　　保管：丁一

（2）任务实施：编制“存货入库截止测试表”，见表 2-16。

表 2-16　　　　　　　　　　存货入库截止测试

一、从存货明细账的借方发生额中抽取样本与入库记录核对，以确定存货入库被记录在正确的会计期间								
序号	摘要	明细账凭证			入库单（或购货发票）			是否跨期
		编号	日期	金额	编号	日期	金额	
1	采购验收	34	12 月 16 日	146 000.00	№5290383	12 月 16 日	146 000.00	否
截止日前 截止日期：20×1 年 12 月 31 日 截止日后								
1	采购验收	4	1 月 3 日	150 000.00	№5290384	12 月 26 日	150 000.00	是
二、从存货入库记录抽取样本与明细账的借方发生额核对，以确定存货入库被记录在正确的会计期间								
序号	摘要	入库单（或购货发票）			明细账凭证			是否跨期
		编号	日期	金额	编号	日期	金额	
1	未入账	№5290384	12 月 26 日	150 000.00	4	1 月 3 日	150 000.00	是
截止日前 截止日期：20×1 年 12 月 31 日 截止日后								
1	已入账	№5290385	1 月 4 日	73 400.00	8	1 月 5 日	73 400.00	否
审计说明：								
针对№5290384 推迟入账，建议调整 借：原材料　　　　150 000.00 　贷：应付账款　　　　150 000.00								

根据供应商的情况不同，审计的结果可能有几种情况出现？分别如何调整？

思考

（1）管理层舞弊分析。从管理层的角度看，存在“动机、压力”的驱使，可能利用故意虚构、提前确认等手段，实现多计采购交易及相应成本，或故意隐瞒、推迟少计采购交易及相应成本，虚减负债，实现操纵经营业绩、粉饰财务状况，调整应纳税款的目的。管理层舞弊常见手段和一般表现见表 2-17。

表 2-17　　　　　　　　管理层舞弊常见手段和一般表现

错计性质	常见手段及目的
虚构多计	虚构采购交易，虚增采购成本，进而虚构销售，粉饰利润，掩盖亏损
	虚开发票，虚增采购成本，进而多计销售成本，虚报减少盈利
	虚构采购交易，虚列负债，进而利用偿还负债，转移资金
	不按采购发生时间提前取得合法凭证，调节应纳税额
隐瞒少计	不按采购发生时间推迟取得合法凭证，调节应纳税额
	混淆期间费用和采购成本支出界限，调节利润
	故意推迟发票开具时间，虚减负债
人为调整入账时间	推迟入账，少计当期采购
	提前入账，多计当期采购

在本项目开始的案例导读中，莫纳斯公司舞弊案运用了哪些舞弊手段，达到的目的如何？

（2）员工侵占资产分析。从员工的角度看，在单位内部控制薄弱的条件下，在“动机、机会”的驱使下，业务、会计等岗位人员可能发生利用职务之便，个人或串通虚构采购、虚开采购发票侵占企业资产，进而造成多计材料、商品采购成本的舞弊行为。员工舞弊常用手段及一般表现见表 2-18。

表 2-18　　员工侵占资产常用手段及一般表现

常用手段	舞弊表现
虚构采购	报销、转移虚构采购交易，款项私分或纳入私囊
虚开采购	多开、虚列采购项目金额，达到多报、私分或纳入私囊目的
隐瞒采购	隐瞒退货款，私分、贪污
重复报销	重复报销，贪污

①你通过媒体或其他渠道了解到的管理层或员工舞弊的做法还有哪些？整理一下，写出来。②通过了解，知道管理层或员工舞弊的表现，既有故意多计，也有隐瞒少计。你应当学会针对客户的基本情况，针对舞弊的风险点，设计和实施进一步审计程序。假如客户采购控制混乱，报表显示企业亏损严重，员工舞弊可能性大，你在实施审计时，应重点和谨慎地查什么？

（3）利用分析程序发现可能的错报。表 2-19 提供了与采购业务相关的分析程序的应用，可以帮助你分析发现可能存在的错报领域。

表 2-19　　利用分析程序发现可能的错报

序号	分析程序	可能的错报
1.	将本期采购相关的费用与以前年度比较	采购成本、费用和应付账款高估或低估
2.	计算应付账款与购货的比率	漏计或多计
3.	计算应付账款与流动负债的比率	漏计或多计

四、任务训练

任务　外购材料成本审计

（1）任务背景资料：获取客户公司采购材料的有关账证资料，如表 2-20 至表 2-22 所示。

表 2-20

其他货币资金明细账

明细科目：银行汇票　　　　第　页

20×1年		记账凭证号数	摘要	对方科目	借方										贷方										借或贷	余额									
月	日				千	百	十	万	千	百	十	元	角	分	千	百	十	万	千	百	十	元	角	分		千	百	十	万	千	百	十	元	角	分
11	25	123	办理上海宏盛集团汇票购买原料款				3	3	0	0	0	0	0	0											借			3	3	0	0	0	0	0	0
12	18	73	结算上海宏盛集团原料款														3	3	0	0	0	0	0	0	平										

表 2-21　　　　　　　　　　　　记 账 凭 证

20×1 年 12 月 18 日　　　　　　　　　　　　记字第 73 号

摘　要	会计科目	明细科目	√	借方金额（千百十万千百十元角分）	√	贷方金额（千百十万千百十元角分）
银行汇票支付	材料采购	上海宏盛集团	√	2 8 2 4 0 0 0 0		
购买原料	应交税费	增值税（进项税）	√	4 7 6 0 0 0 0		
	其他货币资金	银行汇票			√	3 3 0 0 0 0 0 0
合　计				3 3 0 0 0 0 0 0		3 3 0 0 0 0 0 0

附单据 1 张

财务主管：刘江　　记账：黄兰　　出纳：黄兰　　审核：　　制单：黄兰

表 2-22　　　　　　　　上海市增值税专用发票

全国统一发票监制章　发　票　联　国家税务总局监制

3100050921　　　　　　　　　　　　　　　　№ 00182940

开票日期：20×1 年 12 月 18 日

购货单位	名　称：华兴股份有限公司 纳税人识别号：370112787444223 地址、电话：济南市旅游路 88 号 0531-86345678 开户行及账号：工行历城区支行洪楼分理处 1602007009034120818	密码区	67893--+9827/16<241<　加密版本：01 0<<>3<2+876<-6105>4+> 51*84-9319<8>9-20<750　3100050921 0/-3000252/9-*+91>>4+　00182940

货物或应税劳务名称	规格型号	单位	数量	单价	金额	税率	税额
树脂		kg	1 000	280.00	280 000.00	17%	47 600.00
合　计					¥280 000.00		¥47 600.00
价税合计（大写）	⊗叁拾贰万柒仟陆佰元整				（小写）¥327 600.00		

销货单位	名　称：上海宏盛集团商贸有限公司 纳税人识别号：310104760163008 地 址、电 话：上海市花园路 18 号 021-65478907 开户行及账号：上海市工商银行虹口区支行　1100100320470902352	备注	银行汇票结算 上海宏盛集团商贸有限公司 税号 310104760163008 发票专用章

收款人：陈红　　复核：李慧　　开票人：郑天平　　销货单位：（章）

国税函[2010]150 号济南华森印制厂

第三联 发票联 购货方记账凭证

通过对银行存款日记账与对账单的核对，发现银行已收 12 月 19 日银行汇票多余款，金额 2 400 元，企业未收；同时发现银行已付 12 月 20 日 3304 号现金支票提现 2 400 元，企业一直未入账。查企业该汇票已全额付款，其他货币资金——银行汇票没有余额。

（2）任务定施。

① 请你描述一下上述资料反映的业务事实是怎样的？

② 针对材料成本错计，提出调整建议。

任务二 与接受劳务相关的费用审计

案例导读

[资料来源：审计署 2011 年 5 月 20 日审计公告（节送）] 对中国中化集团公司 2009 年度财务收支审计发现的主要问题：

（1）2009 年，中化集团本部及部分所属企业因合并会计报表范围不完整、抵销不充分，导致少计资产 12.33 亿元，少计负债 14.14 亿元，多计净利润 1 992.04 万元。

审计指出上述问题后，中化集团本部及所属相关企业已调整了相关会计账目，并向国资委申请调整合并报表范围。

（2）2003 年至 2009 年，所属中国对外经济贸易信托有限公司等 4 家企业存在少计资产处置、信托收入，多计补贴收入、管理费用等问题，致使中化集团多计收入 1 148.43 万元，多计成本 4 396.8 万元，其中多计 2009 年利润 2 725.12 万元。

审计指出上述问题后，相关所属企业已调整了会计账目。

（3）2007 年至 2009 年，所属中化国际（控股）股份有限公司（以下简称中化国际）下属山西中化寰达实业有限责任公司（以下简称寰达公司）以虚列成本费用等方式套取资金 147.95 万元，用于发放奖金等。

一、知识准备

俗话说，“天上不可能掉馅饼”，“一分耕耘，一分收获”。人生的命运和经营企业有几分相似。实现人生目标和实现企业价值一样，都必须付出代价。然而，同样是花钱，买什么，为什么买，哪些支出应计入采购成本，哪些应确认为费用，还有哪些可能是与形成资产有关，等等，这些问题既是企业管理者所关心和应该掌握的，也是审计人员必须非常清楚的。

你对图 2-6 中所列示的各项支出及其计入的项目非常熟悉吗？这仅是原则规定，具体业务发生时，需要根据取得的单据种类、时间、内容，去确认业务的性质，并选择账户确认金额，这可能会涉及职业判断，没有标准答案。因此，作为审计，就要求对业务的本质有更深入的认识和理解了。

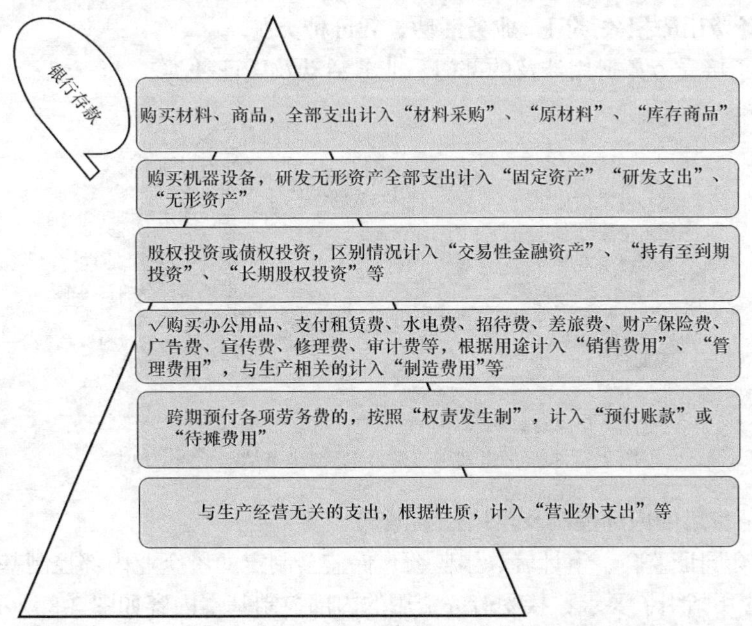

图 2-6　费用审计的前提：严格区别费用与非费用的划分标准与界限

注意 在企业确认的全部费用项目中，有直接支付或预付，或以赊账方式接受劳务而发生的，如支付招待费、预付厂房租金或暂欠审计费等，具有这些特征的费用项目是本循环需要学习掌握的；也有一部分费用是因为周转使用或在长期使用资产过程中，通过分摊计算资产的消耗额，确认为本期费用的，如包装物摊销、低值易耗品摊销、固定资产折旧、无形资产摊销等；还有有关职工薪酬计入费用的项目等。由于这些费用发生、金额确认的方法不同，管理和核算的依据也不一样，审计获取证据的资料种类、方法也有明显区别。这些费用项目的审计将在生产与仓储循环、固定资产项目、工薪与人事循环等项目中结合其他循环学习和掌握。因此，以下提到的费用项目主要是针对因接受劳务而发生的。

企业在一定时期为维持正常生产经营管理活动所发生的费用项目种类、各项目金额多少是有依据的。所有项目的开支，包括可能发生的或例外事项一定要有预算，经过严格的程序审批。会计机构在费用发生时，需严格审核单据，正确区分费用或非费用项目及金额，及时记录在相应的账簿中。根据以往审计的经验，对接受劳务而发生的费用审计的重点，应该是已记录的费用是否经过审批，业务发生是否合法合理，识别发票本身的真伪及反映业务的真伪，以及账户的使用是否正确。

从事生产、销售业务的客户，因接受劳务可能发生的费用项目主要有哪些？你可以通过什么方式，获取哪些资料了解到这些信息？

①大家试着设计几项业务，比如支付广告费、汽车修理费等，说明业务发生的单据主要有哪些，把该业务的账户对应关系写出来。

②审计了解到，客户每月终了，对已经发生尚未收到的费用发票的支出，不进行账务处理。你认为这会导致什么后果？如果处理，应该如何入账？

1．接受劳务费用的相关部门、业务活动、凭证种类

图 2-7 列示了接受劳务费用涉及的部门、业务活动及凭证种类。

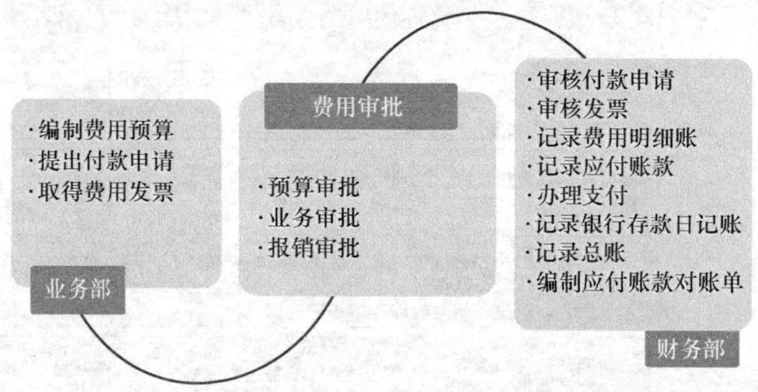

图 2-7　接受劳务费用的相关部门、业务活动、凭证种类

2．接受劳务费用的内部控制及常用控制测试

按照财政部会同证监会、审计署、银监会、保监会制定的《企业内部控制基本规范》及相关《企业内部控制应用指引》要求，接受劳务费用的内部控制基本内容如图 2-8 所示。

根据表 2-23 列示的华兴股份有限公司的预算执行情况，完成下列任务。①计算各项费用本年累计执行情况，填在表中；②根据费用预算表项目，在了解费用种类的基础上，标记一下（用　或★）哪些费用项目属于接受劳务发生的费用？填在表“费用性质”栏中。

希望你通过对该企业费用预算执行情况表的阅读和计算，能够对企业费用项目形成较全面、系统的认识。

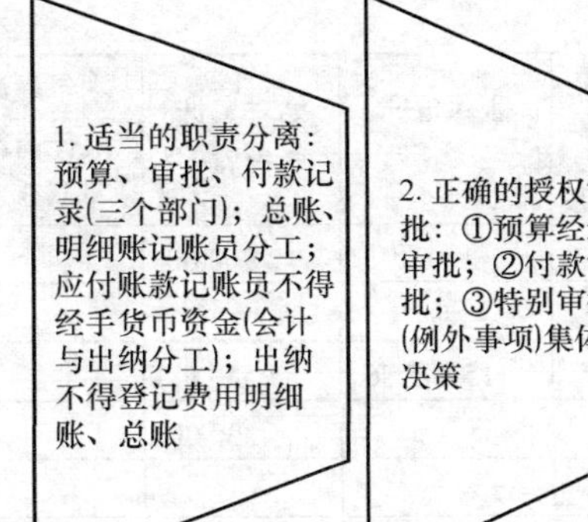

图 2-8　接受劳务费用的内部控制

表 2-23　　预算执行情况表

预算门店：　商职店　　　　20×1 年 12 月

编号	项目	本月发生数	本月预算数	本月执行情况（%）	本年累计发生数	本年累计预算数	本年累计执行情况（%）	费用性质
一、	销售费用	143 814.67	128 945.38	111.53	566 870.57	540 481.52		
1	运输装卸费	—			—	400.00		
2	商品损耗	—			44.92	1 000.00		
3	职工薪酬	59 830.43	59 237.70	101.00	256 918.60	240 950.80		
1）	员工工资	56 830.73	56 267.11	101.00	229 474.73	225 068.44		
a	人员工资	48 543.73	50 390.61	96.33	193 284.23	201 562.44		
b	加班费	8 287.00	5 876.50	141.02	36 190.50	23 506.00		
2）	社会保险费	1 919.60	1 908.08	100.60	7 321.19	7 632.33		
3）	住房公积金	197.64	218.50	90.45	790.56	874.00		
4）	职工福利费	30.00	—		15 890.00	4 000.00		
5）	职工教育经费	852.46	844.01	101.00	3 442.12	3 376.03		
4	水电费	20 000.00	20 500.00	97.56	80 000.00	82 600.00		
1）	水费	5 000.00	5 000.00	100.00	20 000.00	20 100.00		
2）	电费	15 000.00	15 500.00	96.77	60 000.00	62 500.00		
5	广告费	—			—	4 200.00		
6	折旧费	24 819.66	27 553.00	90.08	98 979.31	110 212.00		
7	企业保险费	—			—	—		
8	维修费	9 870.00	500.00	1 974.00	20 359.00	2 500.00		
9	业务招待费	—			829.00	2 000.00		
10	工会经费	1 136.61	1 125.34	101.00	4 589.49	4 501.37		
11	工装费	—			5 695.00	—		
12	办公费	—	200.00		908.05	800.00		
13	邮电通信费	1 064.96	566.67	187.93	4 226.19	2 266.67		
14	保洁安保费	16 480.00	10 000.00	164.80	52 480.00	40 000.00		
15	取暖费	—			—	—		
16	印刷费	4 676.00			11 289.00	1 000.00		
17	业务宣传费	15.00			1 786.00	1 000.00		
18	低值易耗品摊销	—			480.00	5 100.00		
19	物料消耗	5 593.00			9 466.40	4 500.00		

续表

编号	项目	本月发生数	本月预算数	本月执行情况（%）	本年累计发生数	本年累计预算数	本年累计执行情况（%）	费用性质
20	网络使用费	889.50	700.00	127.07	2 821.75	2 900.00		
21	汽车费用	—			—	—		
22	其他销售费用	−560.49	8 562.67	−6.55	15 847.86	34 550.68		
1）	租赁费				—	300.00		
2）	执照费				—	—		
3）	客人安置费				—	—		
4）	帮困基金	568.31	562.67	101.00	2 294.75	2 250.68		
5）	其他(主要为餐费)	−1 128.80	8 000.00	−14.11	13 703.11	32 000.00		
二、	管理费用	25 000.00	25 000.00	100.00	100 000.00	100 000.00		
1	费用性税金				—	—		
1）	印花税				—	—		
2	租赁费	25 000.00	25 000.00	100.00	100 000.00	100 000.00		
三、	财务费用	482.11	1 100.00	43.83	3 069.73	4 300.00		
1	利息收入				−248.56	−100.00		
2	手续费	482.11	1 100.00	43.83	2 958.29	4 400.00		
3	其他				360.00	—		
						—		

审核人：王海　　　　　　　　　　　　制表：丁一

3．与接受劳务费用相关的审计目标（包括销售费用、管理费用）

以销售费用为例，审计目标及与管理当局认定的关系如表 2-24 所示。

表 2-24　　　　审计目标及与管理当局认定的关系表

审计目标		财务报表认定					
		发生	完整性	准确性	截止	分类	列报
A	利润表中记录的销售费用已发生，且与被审计单位有关	√					
B	所有应当记录的销售费用均已记录		√				
C	与销售费用有关的金额及其他数据已恰当记录			√			
D	销售费用已记录于正确的会计期间				√		
E	销售费用已记录于恰当的账户					√	
F	销售费用已按照企业会计准则的规定在财务报表中做出恰当的列报						√

4．为实现审计目标，按照审计准则要求的可选择审计程序及编制的工作底稿

（1）复核销售费用（管理费用）明细账加计数是否正确，并与报表数、总账数和明细账合计数核对是否相符，编制销售费用（管理费用）明细表。

（2）计算分析各个月份销售费用总额及主要项目金额占主营业务收入的比率；计算分析各个月份销售费用（管理费用）中主要项目发生额及占总额的比率，并与上一年度进行比较，与预算数比较，判断其变动的合理性，编制销售费用（管理费用）分析表。

（3）检查销售支出是否符合规定，审批手续是否健全，是否取得有效的原始凭证；编制销售

费用（管理费用）检查表。

（4）抽取资产负债表日前、后凭证，实施截止测试，若存在异常迹象，应考虑是否有必要追加审计程序，对于重大跨期项目应做必要调整，编制销售费用（管理费用）截止测试表。

选择上述测试方法审计的重点，就是对本期已记录的费用发生额有无多计或少计提出调整建议，形成销售费用（管理费用）审定表。

与接受劳务相关的费用审计实质性程序工作底稿如图 2-9 所示。

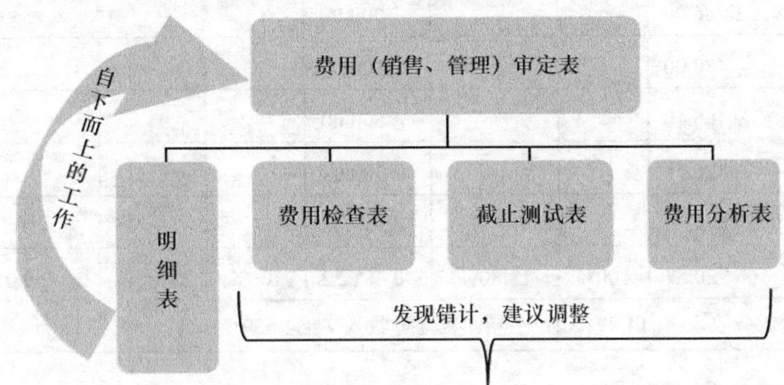

图 2-9　接受劳务费用实质性程序典型工作任务及结果

二、典型工作任务及操作演示

1．编制销售费用分析表

案例资料：依据前述案例华兴股份有限公司 20×1 年费用预算表及上年已审工作底稿记录，用计算机完成表 2-25 内项目的计算。

表 2-25　销售费用分析表

项　　目	本　年　数	本年明细占总额比例	本年明细占营业收入比例	上年数	上年数明细占总额比例	上年明细占上年营业收入比例	本年较上年增加金额	本年较上年增加比例	差异原因分析
（1）	（2）	（3）	（4）=（2）/本年主营收入总额	（5）	（6）	（7）=（5）/上年主营收入总额	（8）=（2）-（5）	（9）=（8）/（5）	10
运输装卸费	—			400.00					
商品损耗	44.92			1 000.00					
职工薪酬	256 918.60			240 950.80					
水电费	80 000.00			82 600.00					
广告费	—			4 200.00					
折旧费	98 979.31			110 212.00					
维修费	20 359.00			2 500.00					
业务招待费	829.00			2 000.00					
工会经费	4 589.49			4 501.37					
工装费	5 695.00			—					
办公费	908.05			800.00					
邮电通信费	4 226.19			2 266.67					

续表

项　目	本 年 数	本年明细占总额比例	本年明细占营业收入比例	上年数	上年数明细占总额比例	上年明细占上年营业收入比例	本年较上年增加金额	本年较上年增加比例	差异原因分析
保洁安保费	52 480.00			40 000.00					
印刷费	11 289.00			1 000.00					
业务宣传费	1 786.00			1 000.00					
低值易耗品摊销	480.00			5 100.00					
物料消耗	9 466.40			4 500.00					
网络使用费	2 821.75			2 900.00					
其他销售费用	15 847.86			34 550.68					
合计	566 720.57	100%	18.80%	540 481.52	100%	19.00%	26 239.05	4.85%	
审计说明：本年度主营业务收入 3 014 471.12；上年主营业务收入 2 844 639.59									
原因分析：（略）									

2．编制管理费用检查情况表

（1）案例资料：获取华兴股份有限公司 20×1 年管理费用账证资料共 8 张，见表 2-26 至表 2-33，对于怀疑有问题的项目，一定通过询问及其他方式确认事实，以便提出调整建议。

表 2-26　　　　管理费用明细账

20×1年		凭证		摘　要	借　方	贷　方	余　额
月	日	字	号				
12	1		2	报销电话费	630.00		
	4		20	报销招待费	8 700.00		
	6		26	报销业务员差旅费	3 200.00		
	31		126	计提固定资产折旧	136 500.00		
	…		…	…	—		
	31		128	结转本年利润		807 000.00	
				本月合计	807 000.00	807 000.00	（平）

表 2-27　　　　记账凭证

20×1 年 12 月 1 日　　　　记字第 2 号

摘要	会计科目	明细科目	借方	贷方
报销电话费	管理费用 库存现金	办公费	630.00	 630.00
合计			630.00	630.00
附单据　2 张				

会计主管：　　会计：黄兰　　制证：黄兰　　出纳：黄兰

表 2-28　中国网通（集团）有限公司山东省分司专用发票

发票联

发票代码：237010145206

受理编号：422038509　合同号：531000019222733　发票号码：02020359

用户名称	徐四海			电话号码	86572565
基本月租费	35.00				
本地通话费	116.65				
国内长话费	52.47				
新业务费	3.00				
上次余额	−3.52				
本次余额	−0.64				
本次应收	202.96				
实收余额	（大写）贰佰壹拾元整				（小写）¥210.00

第二联 发票联

本次费用起止：　2011/11/01-20×1/11/30　收款日期：20×1.12.19　工号：11031263

两张复印的电话费用报销发票，字迹模糊且业务发生没有审批。业务是否真实，能否报销，如何确认事实？

经询问调查是出纳伪造单据报销。

表 2-29　中国网通（集团）有限公司山东省分司专用发票

发票联

发票代码：237010145206

受理编号：423038509　合同号：531000019222733　发票号码：02020359

用户名称	山东华兴公司			电话号码	62778678
基本月租费	35.00				
本地通话费	316.65				
国内长话费	62.47				
新业务费	3.00				
上次余额	−3.52				
本次余额	−0.64				
本次应收	412.96				
实收余额	（大写）肆佰贰拾元整				（小写）¥420.00

第二联 发票联

本次费用起止：　20×/11/01-20×1/11/30　收款日期：20×1.12.19　工号：11031263

表 2-30　记账凭证

20×1 年 12 月 4 日　字 20 号

摘　要	会计科目	明细科目	借方	贷方
报销招待费	管理费用	业务招待费	8 700.00	
	库存现金			8 700.00
合　计			8 700.00	8 700.00
附单据　1 张				

合计主管：　合计：黄呈　制证：黄呈　出纳：黄呈

事实

1. 经调查，招待费业务确实存在，会计马虎错计了；

2. 经调查，招待费业务确实存在，会计兼出纳利用职务之便多计贪污；

3. 经调查，招待费业务未发生，会计兼出纳利用职务之便私自报销。

表 2-31　山东省服务业统一发票

发票联

客户名称：华兴股份有限有责任公司　20×1 年 11 月 13 日　№ 0037125

劳务项目	金额	备注
餐费	7 800.00	现金付讫
合计（大写）柒仟捌佰元整	¥7 800.00	

收款单位（单）：　收款：赵新　开票：吴琼

表 2-32　　记账凭证

20×1 年 12 月 6 日　　字 26 号

摘要	会计科目	明细科目	借方	贷方
报销差旅费	管理费用 库存现金		3 200.00	 3 200.00
合　计			3 200.00	3 200.00
附单据　1 张				

会计主管：　　会计：黄兰　　制证：黄兰　　出纳：黄兰

表 2-33　　差旅费借款单

出差地点	北京			预计天数		4		
借款事由	开会							
金额大写	叁仟贰佰元整	万	仟	佰	拾	元	角	分
		¥	3	2	0	0	0	0
部门负责人（签字）	财务负责人（签字）	借款人： 高虎 年 12 月 2 日						

（2）任务实施。

① 针对电话费报销业务的调查和结论：

② 针对餐费报销业务的调查和结论：

③ 针对差旅费借款业务的调查和调整：

④ 在确认的事实基础上编制“管理费用检查情况表”（表的格式可以参考表 1-16，用计算机完成，注意排版）。

经验积累

（1）管理层舞弊分析。从管理层的角度看，利用费用的虚报多计或隐瞒少计，侵占国家或公司资产，人为调整财务状况，粉饰或掩盖经营利润和亏损的案例很多。请你完善表 2-34，不一定一次列全，可以不断补充。

表 2-34　　管理层舞弊常见手段及目的

错计性质	常见手段及目的
虚构多计	
隐瞒少计	

（2）员工侵占资产分析。同样道理，从员工的角度看，在单位内部控制薄弱的条件下，在“动机、机会”的驱使下，业务、会计等岗位人员可能利用职务之便，个人或串通舞弊侵占资产，导致企业损失、财务信息失真。请你完善表 2-35。

表 2-35　员工侵占资产常用手段和表现

常用手段	舞 弊 表 现

（3）利用分析程序发现可能的错报。阅读表 2-36 列示的与费用相关的分析程序的应用，可以指导你了解可能存在的错报风险领域。

表 2-36　利用分析程序发现可能的错报

序号	分 析 程 序	可能的错报
1	本期费用结构分析并与上年度比较	虚报多计或故意少计
2	计算本期费用占营业收入（主营业务收入）比率并与上年度比较	虚报多计或故意少计
3	计算本期费用发生额与预算比率	虚报多计或故意少计
4	计算个别费用项目与其相关项目比率（坏账/应收账款）	虚报多计或故意少计

三、任务训练

1．阅读案例资料，透过现象看本质

（1）任务背景资料。

① 审计署 2011 年第 26 号公告显示，中粮集团有限公司部分所属单位 2007 年至 2009 年财务收支审计结果在中粮香港所属 4 家企业的“销售费用”报销原始单据中，有 946.44 万元的发票不规范；中粮香港所属 1 家企业在未取得合法票据的情况下，违规报账 100 万元。

② 审计署 2011 年第 27 号公告显示，中国中钢集团公司下属中钢国际控股有限公司和东悦投资有限公司 2007 年至 2009 年度财务收支中，2007 年 6 月，中钢国际控股以支付中介费名义，从东悦公司套取资金 94 万元用于发放奖金。2006 年 9 月至 2010 年 6 月，中钢国际控股所属中钢国际广场（天津）有限公司（以下简称天津公司）虚列支出转移资金 17.68 万元，形成账外资金。2007 年 11 月，中钢国际控股所属天津公司利用假发票报账 8 万元。

（2）任务实施：描述一下审计发现的上述问题可能的表现，填在表 2-37 中。

表 2-37　问题及其表现

序号	问　　题	可能的表现
1	有 946.44 万元的发票不规范	
2	违规报账 100 万元	
3	以支付中介费名义套取资金 94 万元	
4	虚列支出转移资金 17.68 万元	
5	假发票报账 8 万元	

2．检查管理费用，确定管理费用审定数

（1）任务背景资料：获取客户公司 20×1 年度管理费用明细账，抽查 12 月份账簿记录，见表 2-38，核对账证。了解到该企业出纳兼会计，货币收付及制证记账由一人担任。

表 2-38 管理费用明细账

20×1年		凭证		摘要	借方	贷方	余额
月	日	字	号				
12	1		2	报销电话费	3 897.00		
	4		20	报销招待费	8 700.00		
	6		26	报销业务员差旅费	3 200.00		
	8		32	报销环境水污染罚款	30 000.00		
	10		44	报销下年书报费	120 000.00		
	12		52	报销促销广告费	5 000.00		
	18		80	支付购买打印机一台	5 800.00		
	…		…	……	…		
	31		115	原材料盘亏	10 200.00		
	31		126	计提固定资产折旧	136 500.00		
	31		128	结转本年利润		807 000.00	
				本月合计	807 000.00	807 000.00	（平）

① 12 月 1 日第 2 号凭证的记录，审计发现该笔报销电话费单据中有一张没有经过领导签字，经询问是出纳私自报销，金额 125.00 元；

② 12 月 4 日第 20 号凭证的记录，经证证核对，审计发现报销发票的金额为 7 800.00 元，记账凭证及账簿记录却为 8 700.00 元，审计并未发现出纳长款，便进一步询问多计金额（现金账贷方多计，余额减少）的去向，在审计的不断追问下，出纳承认贪污公款的事实；

③ 12 月 6 日第 26 号凭证的记录，经账证核对，确属业务员出差，按照会计制度规定，应计入“销售费用”；

④ 12 月 8 日第 32 号凭证的记录，报销环境水污染罚款不属于费用开支，应计入“营业外支出”；

⑤ 12 月 10 日第 44 号凭证的记录，报销下年书报费应计入“预付账款”；

⑥ 12 月 12 日第 52 号凭证的记录，报销促销广告费，期限三天，确属本期费用，应计入“销售费用”；

⑦ 12 月 18 日第 80 号凭证的记录，支付购买打印机一台，应作为“固定资产”入账；

⑧ 12 月 31 日第 115 号凭证的记录，经账证、证证核对，确认原材料盘亏为管理不善造成，经批准作为企业管理费用入账，是合规的，但审计发现企业未将该原材料盘亏损失金额的“进项税额转出”，使管理费用少计，少交增值税；

⑨ 12 月 31 日第 126 号凭证的记录，审计发现固定资产改变折旧方法多提折旧 3 000.00 元，将出租固定资产的折旧 200.00 元计入“管理费用”。

⑩ 通过观察、询问审计人员了解到年末企业发了全年奖金，管理人员的奖金总额为 360 000.00 元，而账上无此记录，出纳交待了企业日常靠销售产品不开发票的现金收入形成的“小金库”发放全年奖金的事实。审计人员对“小金库”的资金来源、资金去向及结余金额需专项审计。

（2）任务实施。

① 编制管理费用检查表（仅限于调整分录），如表 2-39 所示。

表 2-39

序　　号	业 务 内 容	调 整 分 录				错 计 性 质
1	报销电话费					
2	报销招待费					
3	报销差旅费					
4	支付罚款					
5	报销下年度书报费					
6	报销广告费					
7	购买打印机					
8	原材料盘亏损失					
9	计提固定资产折旧					
10	隐瞒发奖金					

② 编制管理费用审定表，见表 2-40（不具体到明细项目）。

表 2-40　　管理费用审定表

项 目 名 称	本期未审数	账项调整		期末审定数
		借方	贷方	
管理费用				

3．长期待摊费用审计

（1）任务背景资料：山东爱家科技有限公司于 20×1 年 8 月新注册成立，从事粮油机械的修理、加工。该企业 8 月～12 月账簿记录中，购置加工设备两台，发票价 360 000 元，装卸安置费 3 000 元，购置办公桌椅两套，发票价 3 200 元，支付注册登记费 500 元，验资费 1 000 元，文件复印费 50 元，交通费 300 元，电话费 360 元，购置安装电话传真机一部，费用 3 800 元，购买账本及各种办公用品 1 500 元，支付工资 8 人共 32 000 元，宣传资料费 500 元，业务招待费 1 800 元。截至年末，因设备不全，无法接受加工修理业务。会计人员对上述发生的支出，编制如下会计分录。

借：固定资产——生产设备　　363 000
　　低值易耗品——办公桌椅　　3 200
　　长期待摊费用——开办费　　39 510
　　管理费用　　广告费　　500
　　管理费用——业务招待费　　1 800
　　贷：银行存款　　363 800
　　　　库存现金　　44 210

（2）任务实施：针对企业筹建期间的各项支出，按照核算要求，提出调整建议。

任务三 固定资产审计

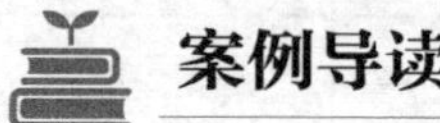

案例导读

世界通信公司审计案

世界通信曾经以 1 150 亿美元股票市值一度成为美国第 25 大公司。造假丑闻曝光不到一个月，世界通信这个貌似强大的公司巨人便轰然倒下。世界通信不仅创下利润造假 38.52 亿美元的世界纪录，还成为美国有史以来最大的破产案。2002 年 7 月 21 日，世界通信向法院申请破产保护时，申报的资产总额高达 1 070 亿美元。

经审查发现，公司将已计入营业费用的支出转至固定资产等资本支出账户，以此降低经营费用，高估经营利润。司法部已查实的这类造假金额高达 38.52 亿美元；内部审计师从计算机记录上查出了一笔既没有原始凭证的支持，也缺乏授权签字的 5 亿美元的电脑费用支出计入固定资产；编制了很多没有任何原始凭证支持的会计分录，总账会计部主任的解释是这完全是奉旨行事。更多触目惊心的世界通信公司造假以及审计的作为可以上网查阅，百度一下就能知道！

一、知识准备

企业所属行业不同，经营活动的性质不一样，固定资产的种类、固定资产在总资产中所占的比例会有很大区别。如制造业企业从事产品生产，固定资产中会有大量的与生产相关的机器设备。其生产设备的类型及技术水平一定与该行业现状有关，而设备的新旧程度，则与企业设立的时间长短相关。又如会计师事务所等提供劳务的服务企业，其主要固定资产可能仅仅是与提供劳务相关的设备，如办公用计算机、复印打印设备、办公用橱具等，或者还有交通用车辆。图 2-10 反映了企业固定资产的种类、来源和计价要求。

生产经营用房屋建筑物，不包括出租（计入投资性房地产）
· 取得：自行建造　　购入　　接受投资
· 计价：建造成本或取得产权的全部支出（原始成本）或评估协议价格（重置成本）

机器设备
· 取得：购入不需安装　　购入需要安装　　接受投资、接受捐赠
· 计价：采购成本　　采购成本及安装费　　协议价及安装费（重置成本）

运输工具
· 取得：购入　　接受投资、接受捐赠
· 计价：原始价值（可运行前全部支出）　　协议价（重置成本）

图 2-10　固定资产种类、来源、计价要求

不论什么企业，工商注册时都要求有经营场所，至于经营场所的房屋建筑物属于自有还是租赁，则可以根据各单位注册资本的多少、公司章程以及经营目标和战略的要求采取不同的策略。由于年度固定资产投资属于企业的资本性支出，应该有经过企业高级管理层批准的预算，一般在不同年度增加的项目不会很多，而处置的发生也必须经过批准。审计人员可以根据企业固定资产目录、企业固定资产核算的会计政策和会计估计，及以往固定资产审计的工作底稿，了解固定资产核算的范围和计提折旧的方法；至于固定资产的增加、减少，固定资产的折旧是否被错计（多计或少计），则要按照审计目标的要求，通过审查相关会计资料及其他资料获取审计证据，保持职业谨慎态度，运用职业判断，完成审计任务。

①固定资产错计意味着什么？会导致什么结果（对资产负债表、利润表的影响）？②你认为固定资产审计的重点、难点是什么？

1．固定资产业务涉及的部门、业务活动及凭证种类

图 2-11 列示了固定资产业务涉及的部门、业务活动及凭证种类。

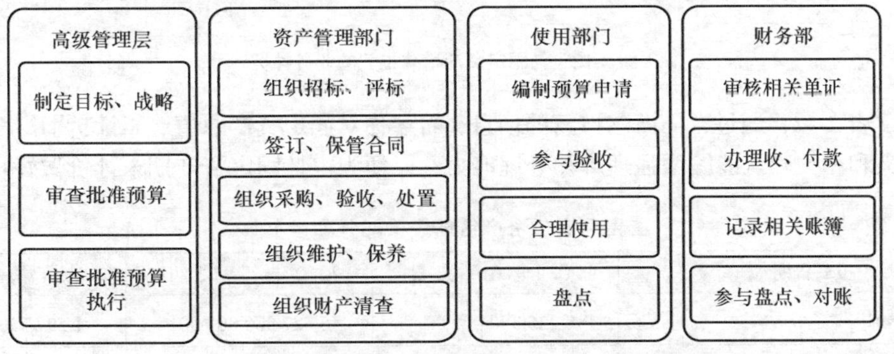

图 2-11　固定资产业务相关部门、业务活动、凭证种类

①与固定资产记录相关的账簿设置的要求是什么？你了解固定资产卡片吗？通过固定资产卡片可以为审计人员提供哪些信息，有助于正确确定固定资产的存在、计价等？②请你按照图 2-12 提示的与固定资产增减相关的业务种类，写出主要账户对应关系，并说明业务发生的主要凭证。③固定资产的盘点有哪些要求？盘点结果与账簿记录不符时如何调整？④固定资产的期末计价是否计提减值，如何确定减值额？

讨
论

客户企业运输设备明细账见表 2-41，已计提折旧 73 000.00 元，截至报表日，该车的公允价值减去处置费用的可收回金额为 23 000.00 元。客户未对固定资产进行减值测试，你认为该车截止日账面价值应该是多少？如果不计提减值，对报表有何影响？

表 2-41　　　　　　　　　　固定资产明细账

明细科目：雪铁龙　　　　　　　　　　　　　　　　　　　　　　　　第　页

<table>
<tr><th colspan="2">20×1年</th><th rowspan="2">记账凭证号数</th><th rowspan="2">摘要</th><th rowspan="2">对方科目</th><th colspan="10">借方</th><th colspan="10">贷方</th><th rowspan="2">借或贷</th><th colspan="10">余额</th></tr>
<tr><th>月</th><th>日</th><th>千</th><th>百</th><th>十</th><th>万</th><th>千</th><th>百</th><th>十</th><th>元</th><th>角</th><th>分</th><th>千</th><th>百</th><th>十</th><th>万</th><th>千</th><th>百</th><th>十</th><th>元</th><th>角</th><th>分</th><th>千</th><th>百</th><th>十</th><th>万</th><th>千</th><th>百</th><th>十</th><th>元</th><th>角</th><th>分</th></tr>
<tr><td>1</td><td>1</td><td></td><td>上年结转（1 辆）</td><td></td><td></td><td></td><td></td><td></td><td></td><td></td><td></td><td></td><td></td><td></td><td></td><td></td><td></td><td></td><td></td><td></td><td></td><td></td><td></td><td></td><td></td><td></td><td></td><td>1</td><td>5</td><td>3</td><td>6</td><td>0</td><td>0</td><td>0</td><td>0</td></tr>
<tr><td></td><td></td><td></td><td></td><td></td><td></td><td></td><td></td><td></td><td></td><td></td><td></td><td></td><td></td><td></td><td></td><td></td><td></td><td></td><td></td><td></td><td></td><td></td><td></td><td></td><td></td><td></td><td></td><td></td><td></td><td></td><td></td><td></td><td></td><td></td><td></td></tr>
</table>

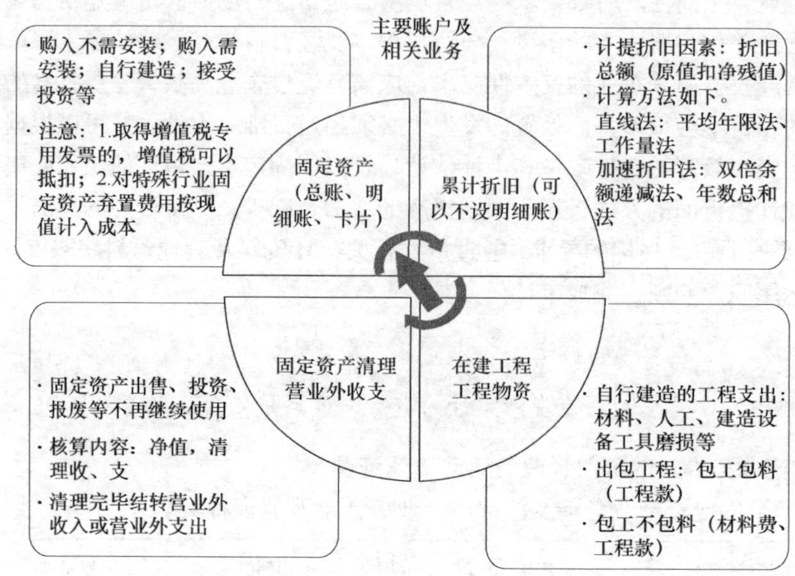

图 2-12　与固定资产增减相关的业务种类

请阅读表 2-42，通过青岛海尔披露的信息，希望你对固定资产原值、累计折旧、净值、减值准备的含义和相关确认能够增强理解和处理能力，以便为审计固定资产期末计价做好知识准备。

表 2–42　青岛海尔资产负债表（部分项目）

报表日期	2011 年 6 月 30 日	2010 年 12 月 31 日	增减额
固定资产原值	8 225 350 000.00	6 627 900 000.00	1 597 450 000.00
累计折旧	4 174 610 000.00	3 442 960 000.00	731 650 000.00
固定资产净值	4 050 740 000.00	3 184 940 000.00	865 800 000.00
固定资产减值准备	12 650 000.00	12 650 000.00	0.00
固定资产净额	4 038 090 000.00	3 172 290 000.00	865 800 000.00
已计提的减值占原值的比例	0.15%	0.19%	

2．固定资产内部控制及常用控制测试

虽然企业年度固定资产增减变动不像日常采购、销售业务频繁发生，但由于其本身具有的投资额大，使用期限长，后续使用、管理、处置、计价的复杂程度大等固有风险相对来说比较高，系统掌握和了解财政部会同证监会、审计署、银监会、保监会制定的《企业内部控制基本规范》及相关《企业内部控制应用指引》要求，明确固定资产的内部控制基本内容，对于审计人员识别客户风险领域，提高审计效率，确保审计质量具有重要作用。图 2-13 列示了固定资产业务的关键内部控制内容。

3．固定资产的审计目标

阅读理解表 2-43，明确固定资产的审计目标。

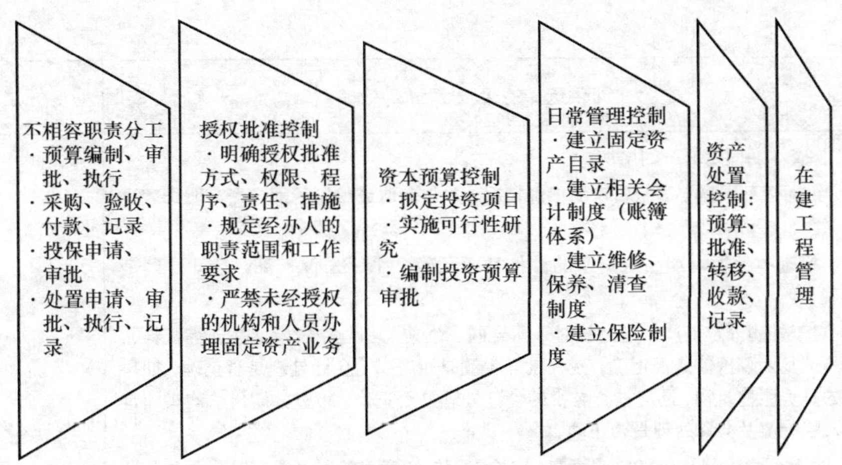

图 2-13 固定资产关键内部控制

表 2-43 审计目标与管理当局认定对应关系表

审计目标		财务报表认定				
		存在	完整性	权利和义务	计价和分摊	列报
A	资产负债表中记录的固定资产是存在的	√				
B	所有应当记录的固定资产均已记录		√			
C	记录的固定资产由被审计单位拥有或控制			√		
D	固定资产以恰当的金额包括在财务报表中，与之相关的计价或分摊已恰当记录				√	
E	固定资产已按照企业会计准则的规定在财务报表中做出恰当列报					√

4．为实现审计目标，按照审计准则要求的可选择审计程序及编制的工作底稿

表 2-44 列示了审计目标与可供选择的实质性程序的对照关系，从 20 个方面指导注册会计师进行固定资产审计，但不是所有客户的固定资产都必须进行所有这些检查。作为助理人员，你需要先从最基本的工作开始干，在不断积累经验的过程中逐渐掌握全部要求和技巧。

表 2-44 审计目标与可选择审计程序及编制的工作底稿对照表

审计目标	可供选择的实质性程序	工作底稿
D	1. 获取或编制固定资产明细表，复核加计是否正确，并与总账数和明细账合计数核对是否相符，结合累计折旧和固定资产减值准备与报表数核对是否相符	固定资产、累计折旧及减值准备明细表
ABD	2. 实质性分析程序	固定资产盘点检查情况表
A	3. 实地检查重要固定资产（如为首次接受委托，应适当扩大检查范围），确定其是否存在，关注是否存在已报废但仍未核销的固定资产	
C	4. 检查固定资产的所有权或控制权。 对各类固定资产，获取、收集不同的证据以确定其是否归被审计单位所有：对外购的机器设备等固定资产，审核采购发票、采购合同等；对于房地产类固定资产，查阅有关的合同、产权证明、财产税单、抵押借款的还款凭据、保险单等书面文件；对融资租入的固定资产，检查有关融资租赁合同；对汽车等运输设备，检查有关运营证件等；对受留置权限制的固定资产，结合有关负债项目进行检查	产权证明复印件永久保存

续表

<table>
<tr><th>审计目标</th><th>可供选择的实质性程序</th><th>工作底稿</th></tr>
<tr><td>ABDC</td><td>5. 检查本期固定资产的增加。
（1）询问管理层当年固定资产的增加情况，并与获取或编制的固定资产明细表进行核对。
（2）检查本年度增加固定资产的计价是否正确，手续是否齐备，会计处理是否正确。
① 对于外购固定资产，通过核对采购合同、发票、保险单、发运凭证等资料，抽查测试其入账价值是否正确，授权批准手续是否齐备，会计处理是否正确；如果购买的是房屋建筑物，还应检查契税的会计处理是否正确；检查分期付款购买固定资产入账价值及会计处理是否正确。
② 对于在建工程转入的固定资产，应检查固定资产确认时点是否符合企业会计准则的规定，入账价值与在建工程的相关记录是否核对相符，是否与竣工决算、验收和移交报告等一致；对已经达到预定可使用状态，但尚未办理竣工决算手续的固定资产，检查其是否已按估计价值入账，并按规定计提折旧。
③ 对于投资者投入的固定资产，检查投资者投入的固定资产是否按投资各方确认的价值入账，并检查确认价值是否公允，交接手续是否齐全；涉及国有资产的，是否有评估报告并经国有资产管理部门评审备案或核准确认。
④ 对于更新改造增加的固定资产，检查通过更新改造而增加的固定资产增加的原值是否符合资本化条件，是否真实，会计处理是否正确；重新确定的剩余折旧年限是否恰当。
⑤ 对于融资租赁增加的固定资产，获取融资租入固定资产的相关证明文件，检查融资租赁合同的主要内容，并结合长期应付款、未确认融资费用科目检查相关的会计处理是否正确。
⑥ 对于企业合并、债务重组和非货币性资产交换增加的固定资产，检查产权过户手续是否齐备，检查固定资产入账价值及确认的损益和负债是否符合规定。
⑦ 如果被审计单位为外商投资企业，检查其采购国产设备退还增值税的会计处理是否正确。
⑧ 对于通过其他途径增加的固定资产，应检查增加固定资产的原始凭证，核对其计价及会计处理是否正确，法律手续是否齐全。
（3）检查固定资产是否存在弃置费用，如果存在弃置费用，检查弃置费用的估计方法和弃置费用现值的计算是否合理，会计处理是否正确</td><td>固定资产增加检查表</td></tr>
<tr><td>ABD</td><td>6. 检查本期固定资产的减少。
（1）结合固定资产清理科目，抽查固定资产账面转销额是否正确。
（2）检查出售、盘亏、转让、报废或毁损的固定资产是否经授权批准，会计处理是否正确。
（3）检查因修理、更新改造而停止使用的固定资产的会计处理是否正确。
（4）检查投资转出固定资产的会计处理是否正确。
（5）检查债务重组或非货币性资产交换转出固定资产的会计处理是否正确。
（6）检查其他减少固定资产的会计处理是否正确</td><td>固定资产减少检查表</td></tr>
<tr><td>AB</td><td>7. 检查固定资产的后续支出。
检查固定资产有关的后续支出是否满足资产确认条件，如不满足，检查该支出是否在该后续支出发生时计入当期损益</td><td></td></tr>
</table>

续表

审计目标	可供选择的实质性程序	工作底稿
ABDC	8. 检查固定资产的租赁。 （1）固定资产的租赁是否签订了合同、租约，手续是否完备，合同内容是否符合国家规定，是否经过相关管理部门的审批。 （2）租入的固定资产是否确属企业必需，或出租的固定资产是否确属企业多余闲置不用的。 （3）租金收取是否签有合同，有无多收、少收现象。 （4）租入固定资产有无久占不用、浪费损坏的现象；租出的固定资产有无长期不收租金、无人过问，是否有变相馈赠、转让等情况。 （5）租入固定资产是否已登记备查簿。 （6）如果被审计单位的固定资产中融资租赁占有相当大的比例，复核新增加的租赁协议，检查租赁是否符合融资租赁的条件，会计处理是否正确（资产的入账价值、折旧、相关负债）。检查以下内容： ① 复核租赁的折现率是否合理。 ② 检查租赁相关税费、保险费、维修费等费用的会计处理是否符合企业会计准则的规定。 ③ 检查融资租入固定资产的折旧方法是否合理。 ④ 检查租赁付款情况。 ⑤ 检查租入固定资产的成新程度。 （7）向出租人函证租赁合同及执行情况。 （8）租入固定资产改良支出的核算是否符合规定	租赁询证函
D	9. 获取暂时闲置固定资产的相关证明文件，并观察其实际状况，检查是否已按规定计提折旧，相关的会计处理是否正确	
D	10. 获取已提足折旧仍继续使用固定资产的相关证明文件，并做相应记录	
A	11. 获取持有待售固定资产的相关证明文件并做相应记录，检查对其预计净残值调整是否正确，会计处理是否正确	
B	12. 检查固定资产保险情况，复核保险范围是否足够	
ABD	13. 检查有无与关联方的固定资产购售活动，是否经适当授权，交易价格是否公允。对于合并范围内的购售活动，记录应予合并抵销的金额	
D	14. 对应计入固定资产价值的借款费用，应根据企业会计准则的规定，结合长短期借款、应付债券或长期应付款的审计，检查借款费用资本化的计算方法和资本化金额，以及会计处理是否正确	
DE	15. 检查购置固定资产时是否存在与资本性支出有关的财务承诺	
CE	16. 检查固定资产的抵押、担保情况。结合对银行借款等的检查，了解固定资产是否存在重大的抵押、担保情况。如存在，应取证，并做相应的记录，同时提请被审计单位做恰当披露	披露
D	17. 检查累计折旧。 （1）获取或编制累计折旧分类汇总表，复核加计是否正确，并与总账数和明细账合计数核对。 （2）检查被审计单位制定的折旧政策和方法是否符合相关企业会计准则的规定，确定其所采用的折旧方法能否在固定资产预计使用寿命内合理分摊其成本，前后期限是否一致，预计使用寿命和预计净残值是否合理。	折旧计算检查表

续表

审计目标	可供选择的实质性程序	工作底稿
D	（3）复核本期折旧费用的计提和分配。 ① 了解被审计单位的折旧政策是否符合规定，计提折旧范围是否正确，确定的使用寿命、预计净残值和折旧方法是否合理；如采用加速折旧法，是否取得批准文件。 ② 检查被审计单位折旧政策前后期是否一致。 ③ 复核本期折旧费用的计提是否正确，尤其关注已计提减值准备的固定资产的折旧。 ④ 检查折旧费用的分配方法是否合理，是否与上期一致；分配计入各项目的金额占本期全部折旧计提额的比例与上期比较是否有重大差异。 ⑤ 注意固定资产增减变动时有关折旧的会计处理是否符合规定，查明通过更新改造、接受捐赠或融资租入而增加的固定资产的折旧费用计算是否正确。 （4）将“累计折旧”账户贷方的本期计提折旧额与相应的成本费用中的折旧费用明细账户的借方相比较，检查本期所计提折旧金额是否已全部摊入本期产品成本或费用。若存在差异，应追查原因，并考虑是否应建议做适当调整。 （5）检查累计折旧的减少是否合理，会计处理是否正确	折旧计算检查表
D	18. 检查固定资产的减值准备。 （1）获取或编制固定资产减值准备明细表，复核加计是否正确，并与总账数和明细账合计数核对。 （2）检查被审计单位计提固定资产减值准备的依据是否充分，会计处理是否正确。 （3）检查资产组的认定是否恰当，计提固定资产减值准备的依据是否充分，会计处理是否正确。 （4）计算本期末固定资产减值准备占期末固定资产原值的比率，并与期初该比率比较，分析固定资产的质量状况。 （5）检查被审计单位处置固定资产时原计提的减值准备是否同时结转，会计处理是否正确。 （6）检查是否存在转回固定资产减值准备的情况，确定减值准备在以后会计期间没有转回	
	19. 根据评估的舞弊风险等因素增加的审计程序	
E	20. 检查固定资产是否已按照企业会计准则的规定在财务报表中做出恰当列报。 （1）固定资产的确认条件、分类、计量基础和折旧方法。 （2）各类固定资产的使用寿命、预计净残值和折旧率。 （3）各类固定资产的期初和期末原价、累计折旧额及固定资产减值准备累计金额。 （4）当期确认的折旧费用。 （5）对固定资产所有权的限制及其金额和用于担保的固定资产账面价值。 （6）准备处置的固定资产名称、账面价值、公允价值、预计处置费用和预计处置时间等	

固定资产审计思路及审计要点归纳如图 2-14 所示。

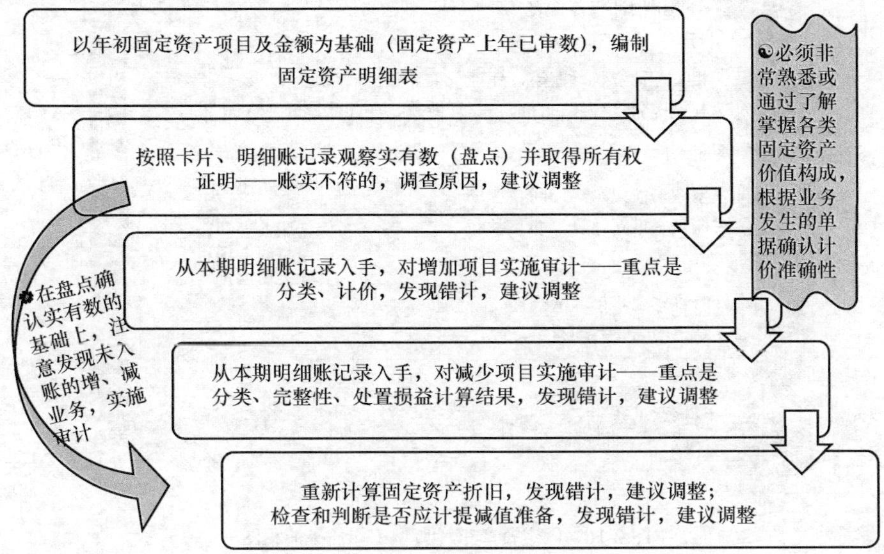

图 2-14　固定资产审计思路、审计要点

记录测试过程和结果的审计工作底稿及相互关系，见图 2-15。

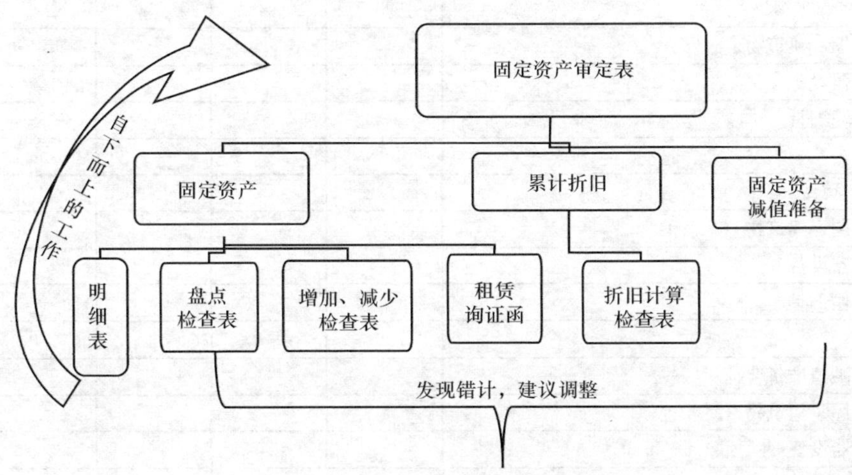

图 2-15　固定资产实质性程序工作底稿

二、典型工作任务

在项目经理的指导、监督下，按照具体审计计划的要求，你应该能够利用计算机办公软件完成下列工作任务：编制固定资产、累计折旧及减值准备明细表，编制固定资产盘点检查情况表，编制固定资产增加检查表，编制固定资产减少检查表，编制折旧计算检查表。

请你在接受某项任务后，理清工作思路，做到“四明确”，如图 2-16 所示，即明确任务，明确完成时间，明确咨询对象，明确复核人。

1．编制固定资产、累计折旧及减值准备明细表

（1）明确任务，需编制的固定资产、累计折旧及减值准备明细表见表 2-45。

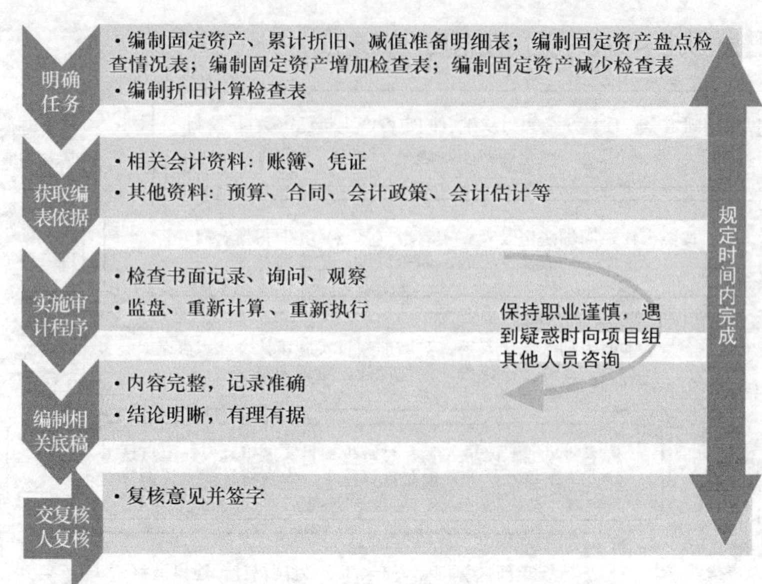

图 2-16　固定资产审计典型工作任务流程图

表 2–45　　　　　　固定资产、累计折旧及减值准备明细表

项 目 名 称	期初余额	本期增加	本期减少	期末余额	备注
一、原价合计					
其中：房屋、建筑物					
机器设备					
运输工具					
……					
二、累计折旧合计					
其中：房屋、建筑物					
机器设备					
运输工具					
……					
三、固定资产减值准备合计					
其中：房屋、建筑物					
机器设备					
运输工具					
……					
四、固定资产账面价值合计					
其中：房屋、建筑物					
机器设备					
运输工具					
……					

审计说明：

（2）获取被审计单位本期固定资产、累计折旧、固定资产减值准备（如果有）总账、明细账、

固定资产卡片；抵押、担保等重要文件记录、合同等。

（3）复核总账、明细账、卡片。

（4）编表。

① 原价合计：根据各类固定资产明细账填列其中数并合计，应与总账一致。

② 累计折旧合计：根据各类累计折旧明细账填列并合计；如果未设置累计折旧明细账，而是用固定资产卡片记录各种固定资产累计折旧资料的，可以计算各类折旧并合计；如果固定资产采取综合折旧，没有分类折旧额，直接按被审计单位总账填列。

③ 固定资产减值准备合计：参照累计折旧的填列方法；如果不提减值准备，不填列。

④ 固定资产账面价值合计：计算各类固定资产账面价值，即原值减去相应的折旧、减值准备填列并合计；如果固定资产没有分类计提折旧，并不计提减值准备，直接将固定资产原价合计，减去累计折旧合计填列。

⑤ 固定资产抵押、处置等信息，根据固定资产卡片，填写资产名称、原值、净值；查找相关文件，记录处置原因和文件号。

⑥ 审计说明：包括经复核的总账、明细账、卡片是否一致；分析与实际是否存在异常，对重大差异引起关注。

（5）编制人签名，注明日期；检查内容完整，数据可靠，计算准确，交复核人。

2．编制固定资产盘点检查情况表

（1）明确任务和需要编制的固定资产盘点检查情况表，详见表2-46。

表2-46　　固定资产盘点检查情况表

序号	名称	规格型号	计量单位	单价	账面结存		被审计单位盘点			实际检查			备注
					数量	金额	数量	金额	盈亏（+、-）	数量	金额	盈亏（+、-）	

检查时间：　　检查地点：　　检查人：　　盘点检查比：

审计说明：

（2）获取被审计单位本期固定资产盘点表；获取固定资产明细账、卡片。

（3）检查被审计单位盘点表，重新计算盈亏（+，-），询问盘点工作的组织情况。依据项目负责人确定的抽查项目，现场观察资产的数量、质量并做好抽查盘点记录。如果在审计时，被审计单位从未进行过固定资产盘点，审计人员应参与对全部固定资产进行清查，观察生产经营、办公等场所，注意询问相关人员，获取固定资产存在性、完整性和所有权的证据，做好盘点记录。注意保持职业谨慎，及时向项目负责人或其他有经验同事寻求咨询帮助。

（4）编表。

① 依据固定资产明细账或卡片，填写全部固定资产名称、规格、计量单位、单价，账面数量和金额。

② 依据被审计单位盘点表，填写各项固定资产的数量、金额、盈亏（+，-）。

③ 按照抽查项目记录的盘点表，填写相应项目的实际检查数量、金额，计算实际的盈亏（+，-）。

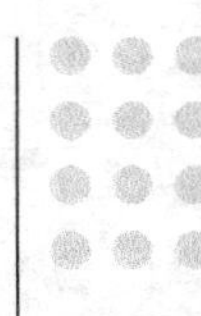

④ 注明检查时间、检查地点、检查人、盘点检查比例。

⑤ 审计说明：盘点日固定资产账存数与实存数一致；经抽查盘点确认固定资产账实不符，查明多计或少计的原因，建议调整。

（5）编制人签名，注明日期；检查内容完整，数据可靠，计算准确，交复核人。

被审计单位对固定资产盘点，以及审计进行抽查盘点，可能不是财务报表的截止日。如果截止日后实施盘点，应该追查盘点日后固定资产的增加或减少记录，那么，账实核对时，应该如何确定截止日的账存数、实存数、盈亏数呢？

3．编制固定资产增加检查表

（1）明确任务，需编制的固定资产增加检查表见表2-47。

表2-47　　固定资产增加检查表

固定资产名称	取得日期	取得方式	固定资产类别	增加情况		入账时间	凭证号	核对内容(用“√”、“×”表示)							
				数量	原价			1	2	3	4	5	6	7	8

核对内容说明：1. 与发票是否一致；2. 与付款单据是否一致；3. 与购买/建造合同是否一致；4. 与验收报告或评估报告等是否一致；5. 审批手续是否齐全；6. 与在建工程转出数是否一致；7. 会计处理是否正确（入账日期和入账金额）；8. 其他

审计说明：

（2）获取被审计单位本期固定资产明细账，验收接收报告单、付款发票、预算、合同、产权转移证明等。

（3）按照项目负责人的检查要求，从明细账记录的某类具体某项固定资产的增加，核对检查至业务发生的相关原始凭证，按照核对内容说明，逐项核对，以确认该固定资产增加的真实性、合法性，计价的准确性，入账时间的正确性及账户使用的恰当性。在确认该固定资产的计价是否正确时，必须了解某项固定资产的原值组成应该包含的内容，以防止漏计。一定要保持职业谨慎，注意咨询。

（4）编表。

① 从明细账上确定本期增加的固定资产项目，填写名称、取得日期、取得方式、类别、增加数量和原价。

② 记录凭证号，找出该凭证所附原始凭证及有关预算、合同文件等。

③ 逐项核对并在相应位置打√或×，与本项增加无关的项目空格即可。

④ 审计说明：经核对未发现差异；或指出核对中发现的具体错计并建议调整，调整分录的编制应谨慎，应征求项目负责人的意见。

（5）编制人签名，注明日期；检查内容完整，数据可靠，结论准确，交复核人。

4．编制固定资产减少检查表

（1）明确任务，需编制的固定资产减少检查表见表2-48。

表 2-48　　固定资产减少检查表

固定资产名称	处置日期	凭证号	固定资产原价	累计折旧	减值准备	账面价值	处置收入	利得（损失）	索引号	核对内容（用"√"、"×"表示）				
										1	2	3	4	5

核对内容说明：1. 与收款单据是否一致；2. 与合同是否一致；3. 审批手续是否完整；4. 会计处理是否正确；5. 与固定资产清理核对是否相符。

审计说明：

（2）获取被审计单位本期固定资产、累计折旧、固定资产清理明细账，及资产转移报告单、收款通知、预算、合同、产权转移证明等。

（3）按照项目负责人的检查要求，从明细账记录的某类具体某项固定资产的减少，核对检查至业务发生的相关原始凭证，按照核对内容说明，逐项核对，以确认该固定资产减少的真实性、合法性，会计处理的准确性，及账户使用的恰当性。在确认该固定资产的减少时，务必对因该项固定资产减少，已计提的折旧、已计提的减值准备，取得的相关处置收入、净收益的确定是否正确进行全面综合检查，以提高审计效率。一定要保持职业谨慎，注意咨询。

（4）编表。①从固定资产明细账上确定本期减少的固定资产项目，填写名称、取得日期、处置方式、处置日期、原价；从累计折旧明细账或卡片上确定累计折旧；从减值准备明细账上确定减值准备。②计算账面价值：原值减去累计折旧减去减值准备。③从固定资产清理明细账上或卡片上查找处置收入。④从固定资产清理明细账上确认净损益。⑤从固定资产明细账上确定并记录凭证号，找出该凭证所附原始凭证及有关预算、合同文件等；逐项核对并在相应位置打√或×；与本项减少无关的项目空格即可。⑥审计说明：经核对未发现差异；或指出核对中发现的具体错计并建议调整，调整分录的编制应谨慎，应征求项目负责人的意见。

（5）编制人签名，注明日期；检查内容完整，数据可靠，结论准确，交复核人。

5．编制折旧计算检查表

（1）明确任务，需编制的固定资产折旧计算检查表见表 2-49。

表 2-49　　固定资产折旧计算检查表

固定资产名称	取得时间	使用年限	固定资产原值	残值率	累计折旧	累计折旧期初余额	减值准备期初余额	本期应提折旧	本期已提折旧	差异

审计说明：

（2）获取被审计单位本期固定资产、累计折旧明细账或卡片，固定资产折旧计算表及相关会计政策、估计（包括固定资产采取的是单项折旧、分类折旧，还是综合折旧；采取的是年限法折旧、加速法折旧，还是工作量法折旧；以及折旧年限、净残值率等）。

（3）检查固定资产折旧计算、核算的正确性。将本年度各月折旧计算表进行复算，检查计算、计提的正确性；检查折旧的核算账户对应关系的正确性；按照审计确认的固定资产计提折旧范围，恰当的会计政策、会计估计重新计算固定资产折旧，确定是否存在差异。固定资产折旧额的大小，直接影响当前财务状况、经营成果，属于具有特别风险的审计领域。在相关资料之间进行检查、重新计算时，一定要进行全面综合分析，一定要保持职业谨慎，对疑难事项，注意咨询。

（4）编表。

① 根据截止到期末全部固定资产卡片记录，填写各项固定资产名称、取得时间、使用年限、原值、残值率。

② 如果固定资产折旧采取的是单项折旧或分类折旧折旧方案，依据累计折旧明细账或卡片上的累计折旧期初余额填写；如果采取综合折旧，依据累计折旧总账期初余额填写即可。

③ 按照审计确认的固定资产计提折旧范围，恰当的会计政策、会计估计重新计算固定资产折旧，作为本期应提折旧。

④ 以累计折旧账簿记录的贷方发生额作为本期已提折旧。

⑤ 计算差异额：应提折旧大于已提折旧额记为“+”数，作为调整增加的依据；应提折旧小于已提折旧额记为“－”数，作为调整减少的依据。

⑥ 审计说明：经核对未发现差异，累计折旧可以确认；或依据差异数及产生的不同原因，建议调整，调整分录的编制应谨慎，应征求项目负责人的意见。

（5）编制人签名，注明日期；检查内容完整，数据可靠，结论准确，交复核人。

三、任务操作演示

1．编制固定资产、累计折旧及减值准备明细表

（1）案例资料：获取华兴股份有限公司有关账证资料共6张，见表2-50至表2-55。经了解，客户固定资产折旧采用年限法综合计提，月折旧率约为0.857%；从未进行减值测试和计提减值准备。

提示

工作中如果认为证据不足，资料不全，可以要求客户提供资料，或询问客户请求解释；具体编表中有不确定或拿不准该如何处理的，可以在项目组内部咨询；计算机编表时依然注意字号、对齐、打印设置等。

表2-50　总账

会计科目：固定资产　　第 7 页

20×1年		记账凭证号数	摘要	借方										贷方										借或贷	余额									
月	日			千	百	十	万	千	百	十	元	角	分	千	百	十	万	千	百	十	元	角	分		千	百	十	万	千	百	十	元	角	分
1	1		上年结转																					借			5	3	4	2	1	6	0	0
12	31		结转下年																															

表 2-51

总账

会计科目：累计折旧　　　　　　第 8 页

20×1年 月	日	记账凭证号数	摘要	借方	贷方	借或贷	余额
1	1		上年结转			贷	27916736
1	30	汇 1	1～30 日汇总		457652	贷	28374388
2	28	汇 2	1～28 日汇总		457652	贷	28832040
…	…	…	3～10 日汇总		3661216	贷	32493256
11	30	汇 11	1～30 日汇总		457652	贷	32950908
12	31	汇 12	1～31 日汇总		457652	贷	33408560
			结转下年				

表 2-52

固定资产明细账

明细科目：雪铁龙　　　　　　第　页

20×1年 月	日	记账凭证号数	摘要	对方科目	借方	贷方	借或贷	余额
1	1		上年结转（1 台）				借	15360000

表 2-53

固定资产明细账

明细科目：130 货车　　　　　　第　页

20×1年 月	日	记账凭证号数	摘要	对方科目	借方	贷方	借或贷	余额
1	1		上年结转（1 台）				借	3800000

表 2-54

固定资产明细账

明细科目：行车　　　　　　第　页

20×1年 月	日	记账凭证号数	摘要	对方科目	借方	贷方	借或贷	余额
1	1		上年结转（1 台）				借	8967000

表 2-55

固定资产明细账

明细科目：拉丝机　　　　　　第　页

20×1年 月	日	记账凭证号数	摘要	对方科目	借方	贷方	借或贷	余额
1	1		上年结转（3 台）				借	25294600

（2）任务实施：编制“固定资产、累计折旧及减值准备明细表”，完成表 2-45（用计算机完成制表）。

2．编制固定资产增加检查表

（1）案例资料：获取华兴股份有限公司有关账证资料，见表2-56、表2-57、表2-58，有些业务的单据略。项目负责人要求审查本年度新增简易仓库的计价，对存在问题提出调整意见。

表2-56　在建工程——简易仓库

日　期	凭证号	摘　要	借　方	贷　方	余　额
3月5日	24	领用甲产品	50 000.00		
3月8日	30	预付工程款	20 000.00		
3月20日	57	购进涂料等	1 040.00		
3月30日	85	结算工程款	12 000.00		
3月31日	90	结转固定资产		83 040.00	平

表2-57　固定资产明细账

明细科目：简易仓库　　第　页

20×1年		记账凭证号数	摘要	对方科目	借方										贷方										借或贷	余额									
月	日				千	百	十	万	千	百	十	元	角	分	千	百	十	万	千	百	十	元	角	分		千	百	十	万	千	百	十	元	角	分
3	31	90	建造完工转入					8	3	0	4	0	0	0											借				8	3	0	4	0	0	0

（2）任务实施。

① 审查每笔记录，核对记账凭证及所附原始凭证。

a. 3月5日领用用产品，附领料单，见表2-58。

借：在建工程——简易仓库　　50 000.00

　　贷：库存商品——甲　　50 000.00

表2-58　领料单

领料部门：基建（简易仓库用）　　20×1年3月5日　　№：003253

品名	规格	数量	单价	金额	备注
甲产品		400	125.00	50 000.00	按预算执行

单位负责人：马永　　部门负责人：李强　　经手人：杨帆　　保管：王敏

b. 3月8日预付工程款，附建筑业统一发票、支票存根（略）。

借：在建工程——简易仓库　　20 000.00

　　贷：银行存款　　20 000.00

c. 3月20日购涂料工程领用，附增值税专用发票、支票存根（略）。

借：在建工程——简易仓库　　1 040.00

　　应交税费——应交增值税（进项税额）　　176.80

　　贷：银行存款　　1 216.80

d. 3月30日结算工程款，附建筑业统一发票及清单、支票存根（略）。

借：在建工程——简易仓库　　12 000.00

　　贷：银行存款　　12 000.00

e. 3月31日结转固定资产，附工程成本明细表（略）。

借：固定资产——简易仓库　　83 040.00

　　贷：在建工程——简易仓库　　83 040.00

② 审计发现并确认以下问题。

a. 本企业基建部门由一人负责组织监督该仓库建造。本月应付各项职工薪酬共 3 876.00 元计入“管理费用”。

b. 领用的甲产品市场售价为 140.00 元，适用增值税税率 17%，工程完工后处理剩余材料变价收入 300 元私分。

结论：审计确认该简易仓库的价值=83 040.00+（400 × 140.00）× 17%+176.80+3 876.00-300.00 = 96 312.80（元）

③ 审计说明。

a. 工程领用产品视同销售，应计算交纳增值税 =（400 × 140.00）× 17%=9 520.00（元），并计入工程成本。

b. 与建造房屋有关的支出，不能抵扣进项税额，即采购涂料支付的增值税 176.80 元应计入工程成本。

c. 工程人员的薪酬 3 876.00 元应计入工程成本。

d. 工程完工应清理现场，剩余材料入库或变卖，必须入账并冲减工程成本。对 300.00 元材料款建议责任人交回。

针对审计确认的错记，建议调整。

借：固定资产　13 272.80

　　其他应收款　300.00

　　贷：应交税费——应交增值税（销项税额）　9 520.00

　　　　应交税费——应交增值税（进项税额）　176.80

　　　　管理费用　3 876.00

注意，自本月起，该仓库开始计提折旧，按照 20 年使用期、净残值率 5%，本年度各月计提折旧已入账，见表 2-59、表 2-60、表 2-61。

表 2-59　记账凭证

20×1 年 3 月 31 日　记字第 186 号

摘　要	会计科目	明细科目	√	借方金额										√	贷方金额										附单据1张
				千	百	十	万	千	百	十	元	角	分		千	百	十	万	千	百	十	元	角	分	
简易仓库折旧	销售费用	折旧费							3	2	8	7	0	√											
	累计折旧													√						3	2	8	7	0	
合计									3	2	8	7	0							3	2	8	7	0	

财务主管：刘江　记账：黄兰　出纳：黄兰　审核：　制单：黄兰

表 2-60　固定资产折旧计算表

20×1 年 3 月 31 日

固定资产项目	原　值	使用年限	残值率%	年折旧率%	月折旧额
简易仓库	83 040.00	20	5	4.75	328.70
合计	83 040.00				328.70

审核：刘江　制表：黄兰

表 2-61 累计折旧明细账

明细科目： 第 页

20×1年		记账凭证号数	摘要	对方科目	借方										贷方										借或贷	余额									
月	日				千	百	十	万	千	百	十	元	角	分	千	百	十	万	千	百	十	元	角	分		千	百	十	万	千	百	十	元	角	分
3	31	186	计提折旧																	3	2	8	7	0	贷						3	2	8	7	0
4	30	198	计提折旧																	3	2	8	7	0	贷										
4	31	177	计提折旧																	3	2	8	7	0	贷										
…		…	6～11月计提折旧																1	9	7	2	2	0	贷										
12	31	196	计提折旧																	3	2	8	7	0	贷					3	2	8	7	0	0

请你根据重新核实的固定资产原值，评价客户计提折旧的政策、估计是否合理，重新计算该仓库的折旧额，并提出调整建议。

注意：本年度应自4月份起计提折旧！

① 重新计算该仓库的月折旧额=（83 040.00+13 272.80）×4.75%/12=381.24（元）

② 本年度应提折旧总额=381.24×9=3 431.16（元）

③ 少计提折旧额=3 431.16-3 287.00=144.16（元）

④ 仅从是否存在错计的角度，不考虑重要性，建议调整。

借：销售费用 144.16

　贷：累计折旧 144.16

3．编制固定资产减少检查表

（1）案例资料：获取华兴股份有限公司有关账证资料共5张见表2-62至表2-66。项目负责人要求审查固定资产减少，对查出的问题提出调整建议。

表 2-62 固定资产卡片

资产编号	03001	资产名称	汽车
规格型号	北京 130	所属类别	运输设备
使用部门	后勤部	使用状况	在用
总工作量	30后公里	开始使用日期	20 年10月1日
折旧方法	工作量法	原值	66 000.00
净残值率	3%	净残值	1 980.00
已行驶里程	11万公里	已提折旧	23 474.00

表 2-63 固定资产明细账

明细科目：运输设备 第 页

20×1年		记账凭证号数	摘要	对方科目	借方										贷方										借或贷	余额									
月	日				千	百	十	万	千	百	十	元	角	分	千	百	十	万	千	百	十	元	角	分		千	百	十	万	千	百	十	元	角	分
1	1		上年结转																						借		1	6	9	5	4	1	9	0	0
12	19	254	出售北京 130 货车															6	6	0	0	0	0	0	借		1	6	2	9	4	1	9	0	0

表 2-64 营业外支出明细账

明细科目： 第 页

20×1年 月	日	记账凭证号数	摘要	对方科目	借方（千百十万千百十元角分）	贷方（千百十万千百十元角分）	借或贷	余额（千百十万千百十元角分）
12	21	254	报废 130 货车		4252600		借	4252600
	31	268	结转本年利润			4252600	平	

表 2-65 记账凭证

20×1 年 12 月 19 日 记字第 254 号

摘 要	会 计 科 目	明 细 科 目	√	借方金额（千百十万千百十元角分）	√	贷方金额（千百十万千百十元角分）
报废 130 货车	营业外支出			4252600	√	
	累计折旧			2347400	√	
	固定资产	运输设备			√	6600000
合 计				6600000		6600000

附单据 1 张

财务主管：刘江 记账：黄兰 出纳：黄兰 审核： 制单：黄兰

表 2-66 固定资产报废审批单

20×1 年 12 月 21 日

资产名称	货车	原值	66 000.00	购建时间	20××年 10 月 1 日
规格型号	北京 130	已提折旧	23 474.00	规定使用年限	10
单 价	66 000	净 值	42 526.00	已使用年限	2
数 量	1	预提残值		处理形式	出售
申请原因： 更新更代，闲置，不需用。					
技术鉴定 负责人（签字）：齐大力 12 月 21 日		财务部门意见： 负责人（签字）：刘江 12 月 21 日		单位负责人签章： 王志刚 年 12 月 20 日	

（2）任务实施：在审计的追问下，负责人说出了以下情况。该车已于当月 25 号以 23 000 元出售，收到的现金未入账，做小金库资金，单独存放。请将此事向项目负责人汇报，针对确认的错计，建议账项调整（未考虑销售使用过的车辆缴纳增值税）。

借：其他应收款 23 000.00

  贷：营业外支出 23 000.00

假如该车以 50 000.00 元卖出，又该如何调整？

4．编制固定资产折旧计算检查表

（1）案例资料：获取华兴股份有限公司本年度新增固定资产有关账证资料共 3 张见表 2-67 至表 2-69，以及该固定资产折旧有关账证资料共 3 张见表 2-70 至表 2-72。项目负责人要求你检查固定资产年折旧额，对发现的错计建议调整。

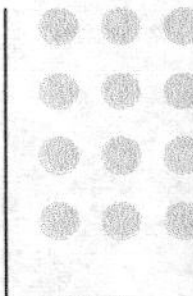

表 2-67　　固定资产明细账

明细科目：运输设备　　第　页

20×1年		记账凭证号数	摘要	对方科目	借方										贷方										借或贷	余额									
月	日				千	百	十	万	千	百	十	元	角	分	千	百	十	万	千	百	十	元	角	分		千	百	十	万	千	百	十	元	角	分
4	25	120	购入桑塔纳轿车				2	3	0	0	0	0	0	0														2	3	0	0	0	0	0	0
			结转下年																																

表 2-68　　记账凭证

20×1 年 4 月 25 日　　记字第 120 号

摘要	会计科目	明细科目	√	借方金额										√	贷方金额									
				千	百	十	万	千	百	十	元	角	分		千	百	十	万	千	百	十	元	角	分
购新车桑塔纳	固定资产	运输设备				2	3	0	0	0	0	0	0	√										
	银行存款													√			2	3	0	0	0	0	0	0
合　计						2	3	0	0	0	0	0	0				2	3	0	0	0	0	0	0

附单据 3 张

财务主管：刘江　　记账：黄兰　　出纳：黄兰　　审核：　　制单：黄兰

表 2-69　　记账凭证

20×1 年 4 月 26 日　　记字第 125 号

摘要	会计科目	明细科目	√	借方金额										√	贷方金额									
				千	百	十	万	千	百	十	元	角	分		千	百	十	万	千	百	十	元	角	分
支付购买车辆税、费	管理费用	其他						6	5	0	0	0	0	√										
工本费	银行存款													√					6	5	0	0	0	0
合　计								6	5	0	0	0	0						6	5	0	0	0	0

附单据 2 张

财务主管：刘江　　记账：黄兰　　出纳：黄兰　　审核：　　制单：黄兰

上述与车辆购置相关的支出已经核实无误，原始凭证略。

- 你认为这辆车的价值是多少？写出调整建议。
- 审计发现该车的折旧计算与核算，见表 2-70。

表 2-70　　记账凭证

20×1 年 4 月 30 日　　记字第 186 号

摘要	会计科目	明细科目	√	借方金额										√	贷方金额									
				千	百	十	万	千	百	十	元	角	分		千	百	十	万	千	百	十	元	角	分
计提折旧	管理费用	折旧费						4	7	9	2	0	0	√										
	累计折旧													√					4	7	9	2	0	0
合　计								4	7	9	2	0	0						4	7	9	2	0	0

附单据 1 张

财务主管：刘江　　记账：黄兰　　出纳：　　审核：　　制单：黄兰

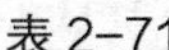

表 2-71 固定资产折旧计算表

20×1 年 4 月 30 日

固定资产项目	原 值	使 用 年 限	年 折 旧 率	月 折 旧 额	备 注
桑塔纳	230 000.00	4	25%	4 792.00	

制单：黄兰　　　　审核：

表 2-72 累计折旧明细账

明细科目：运输设备　　　　第　页

20×1年		记账凭证号数	摘要	对方科目	借方										贷方										借或贷	余额									
月	日				千	百	十	万	千	百	十	元	角	分	千	百	十	万	千	百	十	元	角	分		千	百	十	万	千	百	十	元	角	分
4	30	186	计提折旧																4	7	9	2	0	0	贷					4	7	9	2	0	0
5	31	198	计提折旧																4	7	9	2	0	0											
6	30	177	计提折旧																4	7	9	2	0	0											
…		…	7～11 月计提折旧															2	3	9	6	0	0	0											
12	31	196	计提折旧																4	7	9	2	0	0	贷				4	3	1	2	8	0	0
			结转下年																																

（2）任务实施：编制“固定资产折旧计算检查表”，见表 2-73。

表 2-73 固定资产折旧计算检查表

固定资产名称	取得时间	使用年限	固定资产原值	残值率	累计折旧期初余额	本期应提折旧	本期已提折旧	差异
桑塔纳	4 月 25 日	4	230 000.00	0.00		30 587.33	43 128.00	−12 540.67

审计说明：经审查确认，该车原值应为 236 500.00，按行程里程估计可使用 5 年，残值率 3%，本年度应提取 8 个月的折旧，经重新计算确认本期应提折旧额=236 500.00×[（1-3%）/5]÷12×8=30 587.33

建议调整　借：累计折旧　12 540.67

　　　　　贷：管理费用　12 540.67

经验积累

（1）管理层舞弊分析。从管理层的角度看，主要存在的舞弊动机与业绩和纳税调整有关。管理层舞弊常见手段如表 2-74 所示。

表 2-74 管理层舞弊常见手段

错 计 性 质	常 见 手 段
虚构多计	虚构业务
	虚开发票
	故意将费用转作资本性支出
隐瞒少计	故意将资本性支出直接计入费用

（2）员工侵占资产分析。从员工的角度看，在单位内部控制薄弱的条件下，可能出现私分资产、隐瞒收入等行为。员工舞弊的常用手段及一般表现是什么？请你将通过媒体或其他渠道了解到信息整理填在表 2-75 中。

表 2-75　员工侵占资产的舞弊表现

常用手段	舞弊表现

（3）利用分析程序发现可能的错报。阅读理解表 2-76，可以指导你利用分析程序发现可能的错报。

表 2-76　利用分析程序发现可能的错报

序号	分析程序	可能的错报
1	计算本期折旧费用与固定资产总额比率与以前年度比较	折旧费用与累计折旧错报
2	计算累计折旧总额与固定资产总额比率与以前年度比较	累计折旧错报
3	计算修理费、物料消耗等费用项目与以前年度比较	可能将资本化支出费用化

四、任务训练

1．固定资产增加、折旧审计。

（1）任务背景资料：获取客户公司 20×1 年度固定资产账证资料，年度固定资产新增 86 万元，该企业固定资产综合折旧率 6%。具体事项如下。

① 3 月 3 日购入生产设备一套，买价 18 万，发生的安装费用 1 万元计入制造费用；

② 6 月 8 日购入办公桌 100 张，金额共计 18 000 元；

③ 11 月 2 日因经营需要租入仓库一栋，租期一年，价值 66.2 万元，计入固定资产账户（对应账户计入“长期应付款”），支付的半年租金 12 万元计入“管理费用”账户。

（2）任务实施。

① 逐笔分析确认对期末固定资产价值的影响（调增或调减）=

② 计算对固定资产折旧的影响=

③ 写出审计建议调整分录：

2．固定资产折旧审计。

（1）任务背景资料：客户固定资产折旧单项计提，各项固定资产净残值率 5%，预计使用年限符合规定，各项固定资产在本年度未发生增减变动，企业固定资产折旧计算表（表 2-77）及折旧的核算如下。

借：管理费用——折旧费　　172 660

　　贷：累计折旧　　172 660

表 2-77　固定资产折旧计算表

名称	原值	使用年限	年折旧额	应提折旧额	差额	备注
仓库	2 002 000	20	100 100			1. 56 年前单独计价的土地不应计提折旧； 2. 职工宿舍出租给职工生活用； 3. 汽车按工作量法计提折旧，预计行驶总里程 200 万千米，本年实际行驶 20 万千米。
办公楼	60 600	30	2 020			
职工宿舍	121 200	30	4 040			
土地	500 000		5 000			
办公家具	24 000	20	1 500			
汽车	300 000	5	60 000			
合计	3 007 800		172 660			

（2）任务实施。

① 重新计算应计提折旧额填在表中。

② 写出审计建议调整分录。

任务四 应付账款审计

案例导读

［资料来源：审计署2011年5月20日审计会告（节选）］对京沪高速铁路建设项目2010年跟踪审计发现的主要问题：中铁一局、三局、四局、八局、十一局、十二局、十三局、十七局、十八局、十九局、二十四局和北京建工集团、中建股份有限公司、中交第四公路工程局有限公司、中交路桥北方工程有限公司和山东电力工程咨询院等16家施工单位在砂石料采购、设备租赁等业务中，使用虚开、冒名或伪造的发票1 297张入账，金额合计3.24亿元。通过虚构工程往来单位，导致6名个体供应商以伪造工商营业执照等方式获取砂石料供应业务，又伪造、代开发票386张入账，金额合计2.16亿元。

一、知识准备

企业应付账款的发生与采购、接受劳务密切相关。一般来说，只要不属于现货交易，按照合同约定，采购材料、商品验收及接受劳务，即使未取得供应商发票，或虽取得发票但未支付款项，都应确认应付账款。因采购发生的预付账款，同属于与供应商的往来，在业务发生时，可以利用应付账款账户核算，但期末未结清的预付账款，则属于应收回的债权性质，单独列报，不能抵消期末的负债。企业采购材料、商品，接受劳务，品种类别比较固定；货款的结算时间、方式，与行业现状、市场环境有密切关系。①对于供大于求的商品，购销双方一般采取按合同约定先发（送）货，再定期结算的办法，这样既满足了生产、销售需要，又减少了结算次数，降低了结算成本，但对日常核算的准确性要求高，付款审核特别重要。即使在某次结算时出现偏差，多付或少付了，也可以在今后继续发生的业务中进行调整。②对于某些紧缺、特殊商品，主要供应商比较稳定，按照双方的合同约定，可能会采取预付部分货款，甚至现货交易、逐笔结清的办法。③应付账款应及时与供应商核对结算，不应长期挂账；一经确认应付账款的余额不复存在，经批准应及时转销。审计人员可以根据企业生产、经营所需的材料、商品种类，根据市场环境，获取供应商档案及采购订货合同了解应付账款发生的原因及涉及的单位，通过以往审计工作底稿获取相关信息；至于截止日应付账款是否被错计（多计或少计），则要按照审计目标的要求，通过审查相关会计资料及其他资料获取审计证据，保持职业谨慎态度，运用职业判断，完成审计任务。

应付账款是指企业在正常的生产经营过程中因购进货物或接受劳务应在一年以内偿付的债务，在商业信用条件下，其发生及截止日有余额都是非常正常的。为什么会故意错计？主要的错计会是多计还是漏计？

1．应付账款业务涉及的部门、业务活动及凭证种类

图2-17、图2-18列示了应付、预付账款业务涉及的部门、业务活动及凭证种类。

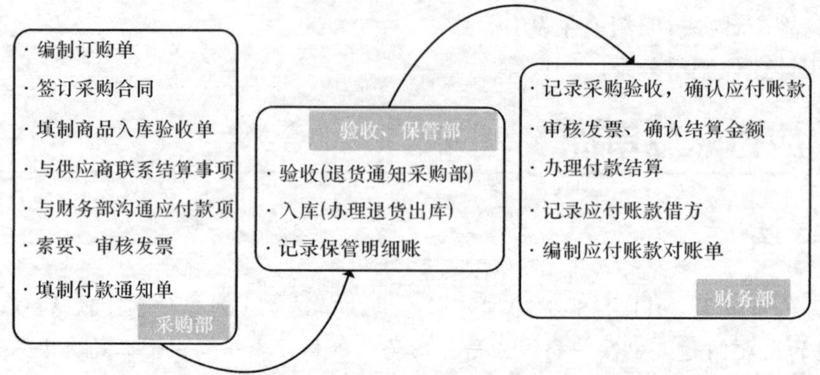

图 2-17　应付账款发生与支付相关部门、业务活动、凭证种类

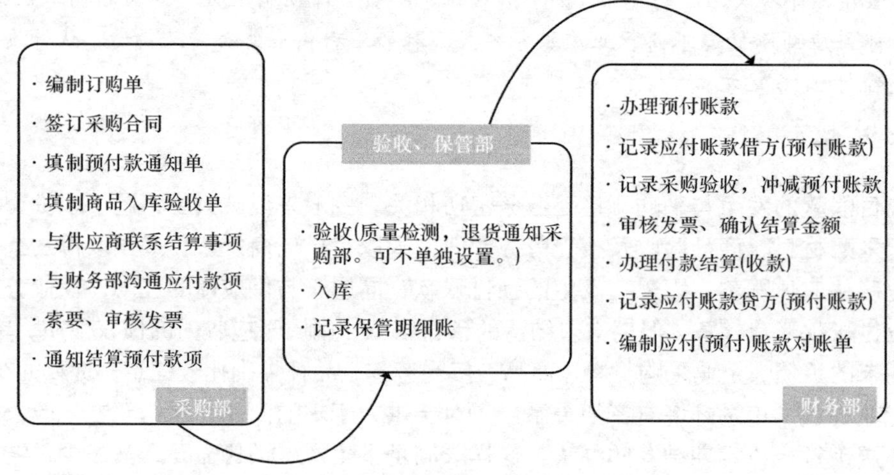

图 2-18　预付账款发生与支付相关部门、业务活动、凭证种类

请仔细阅读理解本循环开始时列示的“采购与付款循环中的交易、账户、业务活动和相关的凭证记录”（表 2-1），并与上述业务活动相联系，明确业务活动、凭证种类、会计记录的关系。

①采购付款通知单的开具依据是什么？应付账款确认、记录的依据有哪些？相关账簿有哪些？把应付账款业务发生、付款时的账户对应关系写出来。

②应付账款的余额说明什么含义？有何管理要求？

2．应付账款内部控制及常用控制测试

按照财政部会同证监会、审会署、银监会、保监会制定的《企业内部控制基本规范》及相关《企业内部控制应用指引》要求，伴随采购业务的发生，应付账款内部控制及常用控制测试参照采购业务内部控制及常用控制措施，不再专门赘述。

3．应付账款的审计目标

表 2-78 列示了审计目标与管理当局认定关系，可以帮助你清楚地理解审计目标确定的合理性。

表 2-78　　审计目标与管理当局认定关系表

	审计目标	财务报表认定				
		存在	完整性	义务	计价和	列报
A	资产负债表中记录的应付账款是存在的	√				
B	所有应当记录的应付账款均已记录		√			
C	记录的应付账款是被审计单位应当履行的现时义务			√		
D	应付账款以恰当的金额包括在财务报表中，与之相关的计价调整已恰当记录				√	
E	应付账款已按照企业会计准则的规定在财务报表中做出恰当的列报					√

4．为实现审计目标，审计准则要求的可选择审计程序及编制的工作底稿

仔细阅读表 2-79，你可以比较全面地了解应付账款审计所涉及的所有工作内容，将审计目标、获取审计证据的程序、审计工作底稿有机结合在一起，为“做中学”完成典型工作任务做好知识准备。

表 2-79　　审计目标与可选择审计程序及编制的工作底稿对照表

审计目标	可供选择的实质性程序	工作底稿
D	1. 获取或编制应付账款明细表 （1）复核加计正确，并与报表数、总账数和明细账合计数核对是否相符； （2）检查非记账本位币应付账款的折算汇率及折算是否正确； （3）分析出现**借方余额**的项目，查明原因，必要时，做重分类调整； （4）结合预付账款等往来项目的明细余额，调查有无**同时挂账**的项目、异常余额或与购货无关的其他款项（如关联方账户或员工账户），如有，应做出记录，必要时做调整	应付账款明细表
BD	2. 获取被审计单位与其供应商之间的对账单（应从非财务部门，如采购部门获取），并将对账单和被审计单位财务记录之间的差异进行调节（如在途款项、在途货物、付款折扣、未记录的负债等），查找有无未入账的应付账款，确定应付账款金额的准确性	略
BD	3. 检查债务形成的相关原始凭证，如供应商发票、验收报告或入库单等，查找有无未及时入账的应付账款，确定应付账款金额的准确性	未入账应付账款汇总表
AE	4. 检查应付账款长期挂账的原因并做出记录，注意其是否可能无需支付，对确实无需支付的应付款的会计处理是否正确，依据是否充分；关注账龄超过 3 年的大额应付账款在资产负债表日后是否偿还，检查偿还记录及单据，并披露	略
B	5. 针对资产负债表日后付款项目，检查银行对账单及有关付款凭证（如银行划款通知、供应商收据等），询问被审计单位内部或外部的知情人员，查找有无未及时入账的应付账款	应付账款日后付款测试表
B	6. 复核截止到审计现场工作日的全部未处理的供应商发票，并询问是否存在其他未处理的供应商发票，确认所有的负债都记录在正确的会计期间内	未处理的供应商发票测试表
AC	7. **选择应付账款的重要项目（包括零账户），函证其余额和交易条款**，对未回函的再次发函或实施替代的检查程序（检查原始凭单，如合同、发票、验收单，核实应付账款的真实性）	询证函/应付账款函证结果汇总表/应付账款函证结果调节表
B	8. 针对已偿付的应付账款，追查至银行对账单、银行付款单据和其他原始凭证，检查其是否在资产负债表日前真实偿付	应付账款检查情况表
AB	9. 检查资产负债表日后应付账款明细账贷方发生额的相应凭证，关注其购货发票的日期，确认其入账时间是否合理	应付账款日后付款测试表

续表

审计目标	可供选择的实质性程序	工作底稿
BA	10. 结合存货监盘程序，检查被审计单位在资产负债日前后的存货入库资料（验收报告或入库单），检查是否有大额料到单未到的情况，确认相关负债是否计入了正确的会计期间	略
AB	11. 针对异常或大额交易及重大调整事项（如大额的购货折扣或退回，会计处理异常的交易，未经授权的交易，或缺乏支持性凭证的交易等），检查相关原始凭证和会计记录，以分析交易的真实性、合理性	应付账款核对表
D	12. 检查带有现金折扣的应付账款是否按发票上记载的全部应付金额入账，在实际获得现金折扣时再冲减财务费用	应付账款检查情况表
ABCD	13. 被审计单位与债权人进行债务重组的，检查不同债务重组方式下的会计处理是否正确	略
ABCD	14. 检查应付关联款项的真实性、完整性	略
	15. 根据评估的舞弊风险等因素增加的审计程序	略
E	16. 检查应付账款是否已按照企业会计准则的规定在财务报表中做出恰当列报	略

请仔细阅读理解以下 3 个应付账款明细账户记录的业务内容及余额含义，见表 2-80、表 2-81、表 2-82。为帮助你全面理解可能发生的相关业务，表 2-80 和表 2-82 还列示了跨年度发生的后续业务。在此基础上，你将会进一步理解应付账款审计中可供选择的实质性程序。

表 2-80

应付账款明细账

明细科目：北京物流供应公司　　　　第　　页

20×1年 月	日	记账凭证号数	摘要	对方科目	借方（千百十万千百十元角分）	贷方（千百十万千百十元角分）	借或贷	余额（千百十万千百十元角分）
12	10	记 34	购买 A 材料入库			5850000	贷	5850000
	11	记 36	购买 C 材料入库			33345000	贷	39195000
	30	记 89	支付购料款		10000000		贷	29195000
1	5	18	支付购料款		13000000		贷	16195000
1	7	23	购买 A 材料入库			2780000	贷	18975000

表 2-81

应付账款明细账

明细科目：重庆机械厂　　　　第　　页

20×1年 月	日	记账凭证号数	摘要	对方科目	借方（千百十万千百十元角分）	贷方（千百十万千百十元角分）	借或贷	余额（千百十万千百十元角分）
1	1		上年结转				贷	13000000
12	29	134	确认该厂已重组批准转账		13000000		平	

表 2-82

应付账款明细账

明细科目:银座汽贸有限公司　　　　　　　　　　第　页

20×1年 月	日	记账凭证号数	摘要	对方科目	借方（千百十万千百十元角分）	贷方（千百十万千百十元角分）	借或贷	余额（千百十万千百十元角分）
10	18	78	预付购买奥迪 Q7 一辆		20000000		借	20000000
10	31		结转下年					
1	1		上年结转				借	20000000
1	20	88	预付奥迪车到货款付清			20000000	平	

归纳的应付账款审计思路、审计要点，见图 2-19。

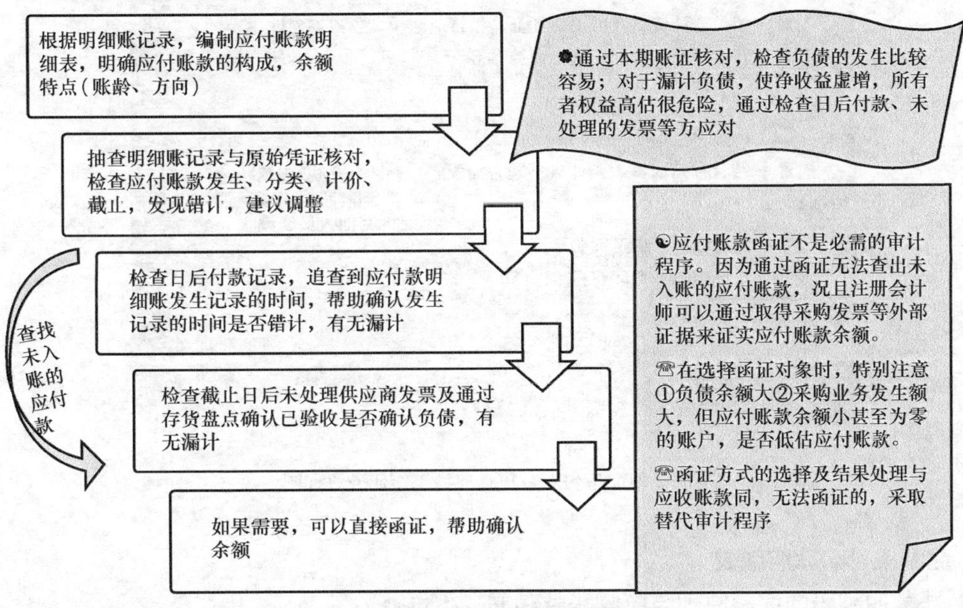

图 2-19　应付账款审计思路、审计要点

记录测试过程和结果的审计工作底稿及相互关系，见图 2-20。

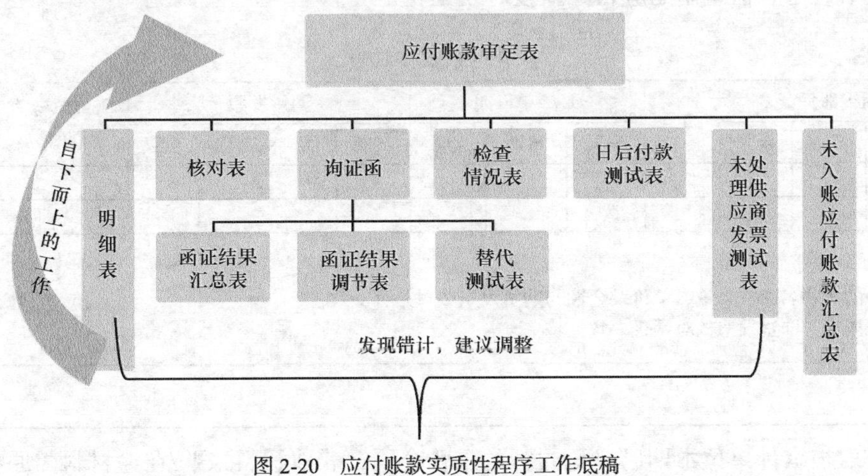

图 2-20　应付账款实质性程序工作底稿

二、典型工作任务

在项目经理的指导、监督下，按照具体审计计划的要求，你应该能够利用计算机办公软件完成下列工作任务：编制应付账款明细表，编制应付账款核对表，编制应付账款日后付款测试表，编制未处理的供应商发票测试表，办理函证，编制未入账应付账款汇总表。

请你在接受某项任务后，理清工作思路，做到“四明确”，如图2-21所示，即明确任务，明确完成时间，明确咨询对象，明确复核人。

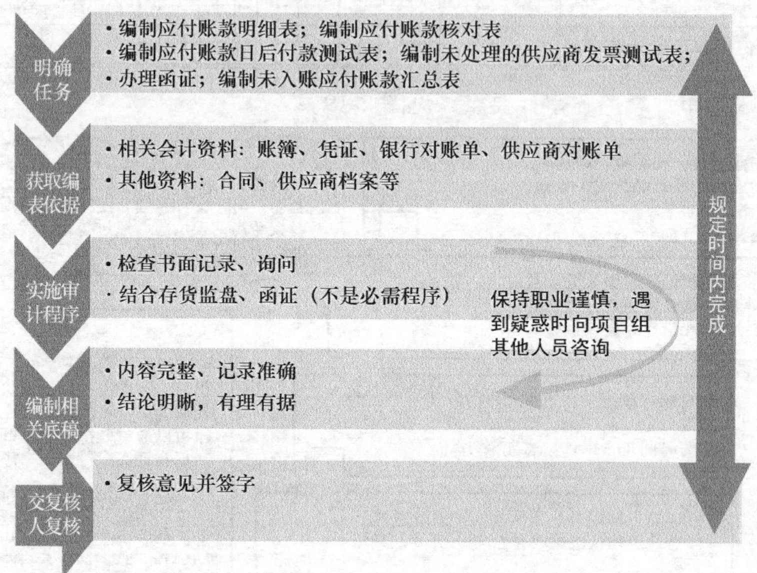

图2-21　应付账款审计典型工作任务流程图

1．编制应付账款明细表

应付账款明细表的编制原理与应收账款相同，不再赘述。

2．编制应付账款核对表

（1）明确任务，需编制的应付账款核对表见表2-83。

表2-83　应付账款核对表

序号	明细账凭证			摘要	入库单日期			购货发票			入库单与发票的核对	明细账与发票核对情况
	编号	日期	金额		编号	日期	金额	日期	供应商名称	金额		

核对要点：

1. 入库单中的货物名称、数量、单价及金额与购货发票核对是否一致；
2. 记账凭证内容与购货发票核对是否一致。

审计说明：

（2）获取被审计单位本期已登记履行的采购合同；获取材料采购/在途材料、原材料、库存商品明细账，相关记账凭证及入库验收单、采购发票、付款通知单等与采购业务发生相关的原始凭证。

（3）依据项目负责人确定的合同抽查要求，选定大额的购货合同样本，根据合同记载的供应商及其货名，以及合同约定的付款方式、发货时间，确定检查的明细账及需核对检查的凭证。①如果先发货，定期结算货款，则从原材料明细账的相关借方记录中，查找到该笔采购验收业务的记账凭证及所附入库验收单；并根据该笔应付账款记录的付款时间，查找付款采购发票。②如果先付款，后发货，则从材料采购/在途物资明细账的相关借方记录中，查找到该笔采购业务的记账凭证及所附采购发票、付款通知单；该笔付款验收的记账凭证及所附入库验收单，则从材料采购/在途物资明细账的相关贷方记录中查找。③截止报表日，可能存在按照合同约定已付款但尚未验货，或已验货但尚未付款的采购业务，甚至实际未按照合同约定采购付款验收。在核对合同、账簿、凭证等相关资料时，审计人员要有能力确认采购业务的实际情况，发现不一致时，保持职业谨慎，注意咨询。

（4）编表。

① 按照选定的大额购货合同，填写合同编号、供应商名称、货名、规格、数量、金额。

② 填写该笔采购发票的记账凭证编号、发票号码，并按照核对说明的事项，逐项核对并在指定位置分析打√或打×。

③ 在同一行填写该笔入库单的记账凭证编号、入库单号码，并按照核对说明的事项，逐项核对并在指定位置分析打√或打×；截止日前没有发票或没有入库单的，相关栏次不填。

④ 审计说明：经合同、发票、入库单核对检查，结合对被审计单位所处环境的了解，确认采购业务的发生是否真实，采购成本的计算、记录是否准确；分析是否存在异常，对重大差异引起关注。

（5）编制人签名，注明日期；检查内容完整，数据可靠，计算准确，交复核人。

①从合同抽查发票或入库单时，本期材料采购/在途物资明细账，原材料、库存商品明细账都无法查到该合同的采购验收记录，能说明采购业务记录得不完整吗？②如果该合同在本期确实履行，你设计一个相关的审计程序，包括获取审计证据的方法和相关的审计证据种类。

3．编制应付账款日后付款测试表

（1）明确任务，需编制的应付账款日后付款测试表见表2-84。

表2-84　应付账款日后付款测试表

序号	金额	银行对账单日	支票		明细账凭证		说明	截止是否适当
			编号	日期	编号	日期		

审计说明：

（2）获取截止日后银行对账单付款记录，对应到企业银行存款日记账，确认应付账款支付的凭证，找到该笔付款的应付账款账户，从业务发生的入库单或发票日期，确认该笔业务入账时间，确认截止是否适当。

（3）编表。①记录银行对账单属于应付款的付款金额；②记录银行对账单日期；③记录付

款凭证编号、日期；④找到该应付账款明细账，对照此笔业务的发生入账记录，核对原始凭证，注明凭证种类、编号、时间；⑤说明业务的性质、分类是否正确；⑥确属应付账款业务的，确认截止是否适当；⑦审计说明：通过日后付款业务追查截止日应付账款存在、分类、截止是否正确，对重大差异引起关注。

（4）编制人签名，注明日期；检查内容完整，数据可靠，计算准确，交复核人。

4．编制未处理的供应商发票测试表

（1）明确任务，需编制的未处理的供应商发票测试表见表2-85。

（2）索取截止日后未处理的供应商发票，根据发票填写表内各项目栏。根据发票时间确认是否应计入报告期。确属推迟入账的，建议调整。

表2-85 未处理的供应商发票测试表

序　号	金　额	购货发票		供应商名称	是否应计入报告期
		编　号	日　期		

审计说明：

为防止客户不提供未入账发票，隐瞒漏计，需要根据供应商目录、合同了解的采购付款情况，推断和取得证据。否则，执行该项程序可能无效果。

5．办理函证

选择应付账款的重要项目（包括零账户）函证其余额和交易条款，对未回函的再次发函，或实施替代的检查程序（检查原始凭单，如合同、发票、验收单，核实应付账款的真实性）。函证方式、函证控制、函证记录、函证结果处理参照应收账款审计，不再赘述。

6．编制未入账应付账款汇总表

对发现的所有未入账应付账款汇总，编制汇总表，见表2-86。

表2-86 未入账应付账款汇总表

应付账款单位	业务内容	应付金额	未付及未入账原因

审计说明：

三、任务操作演示

1．查找未入账应付账款，编制未入账应付账款汇总表

（1）案例资料：获取华兴股份有限公司原材料明细账，如表2-87所示，以及包括存货监对存货监盘，见表 2-88，发现混合纸原材料账存小于实存。项目负责人要求检查 20×1 年 12 月份是否存在未入账的应付账款，对发现问题建议调整。

表 2-87

最高储存量____

最低储存量____

本账页数	
本户页数	

原材料明细账

编号________ 规格________ 单位 吨 名称 混合纸

20×1年		凭证		摘要	借方											贷方											借或贷	结存										
月	日	种类	号数		数量	单价	百	十	万	千	百	十	元	角	分	数量	单价	百	十	万	千	百	十	元	角	分		数量	单价	百	十	万	千	百	十	元	角	分
12	1			期初结存																								1 500	300.00		4	5	0	0	0	0	0	0
	3		9	验收	1 050	298.00		3	1	2	9	0	0	0	0													2 550										
	16		34	验收	2 000	290.61		5	8	1	2	1	5	5	0													4 550										
	31		79	领用												2191.542	295.41		6	3	5	7	0	5	1	9		2 398.058	295.41		7	0	8	4	1	0	3	1
				结转下年																																		

表 2-88

存货监盘表

盘点日 20×2.1.10

序号	存货名称	存放地点	计量单位	单价	截止日账面记录		盘点日	盘点日至截止日		截止日	差异量
					数量	金额	实存量	发出数	收入数	应存数	
	混合纸	原料库	吨	295.41	2 398.058	708 410.31	2 598.058	200	300	2 498.058	100
	原煤	原料库	吨	175.19	244.658	42 861.64	232.658	12		244.658	一致
	本片	成品库	吨	558.43	349.985	195 442.12	269.985	40		309.985	−40

备注盘点日存量为单计监盘并抽点的结果，盘点日至截止日收发量核对仓库收发凭证无误

取得未入账的验收单 1 张，与 16 日入账业务的验收单连号。经了解尚未取得发票，如表 2-89 所示。

表 2-89

材料验收单

20×1 年 12 月 30 日

No. 0037601

供贷单位：宏远纸业公司　　存放地点：原料库　　第四联 记账联

货物名称	型号规格	计量单位	应收			实收		
			数量	单价	金额	数量	单价	金额
混合纸		吨				100	298.00	2 9800

开票：丁一　　验收：吴均　　保管：李明　　记账：

（2）任务实施：编制“未入账应付账款汇总表”，见表 2-90（用计算机完成制表）。

表 2-90　　　　　　　　　　　　　　未入账应付账款汇总表

应付账款单位	业务内容	应付金额	未付及未入账原因
宏远纸业有限公司	购买材料混合纸	34 866.00	期末未收到发票

审计说明：经查明宏远纸业有限公司是合同供应商，一般纳税人。建议调整入账。

借：原材料　　29 800.00

　　应付账款　　5 066.00

　贷：应付账款　　34 866.00

2．编制应付账款核对表

（1）案例资料：获取华兴股份有限公司有关账证资料共 6 张，见表 2-91 至表 2-96。项目负责人要求逐笔核实下列 20×1 年应付账款明细账，对存在问题提出调整建议。

表 2-91

应付账款明细账

明细科目：内部往来　　　　　　　　　　　　　　　　　　　　　　　　第　页

20×1 年		记账凭证号数	摘要	对方科目	借方										贷方										借或贷	余额									
月	日				千	百	十	万	千	百	十	元	角	分	千	百	十	万	千	百	十	元	角	分		千	百	十	万	千	百	十	元	角	分
1	1		上年结转																						贷				9	8	5	0	0	0	0
3	10	38	出售材料																5	8	0	0	0	0	贷			1	0	4	3	0	0	0	0
4	25	89	购代币券					5	0	0	0	0	0	0											贷				5	4	3	0	0	0	0
7	13	26	处理废旧车床															3	0	0	0	0	0	0	贷				8	4	3	0	0	0	0
9	28	96	极销餐费						1	2	0	0	0	0											贷				8	3	1	0	0	0	0
12	28	101	发奖金					8	3	1	0	0	0	0											平										

（2）任务实施：逐笔核对账证资料，在询问的基础上，查明事实。

表 2-92

记　账　凭　证

20×1 年 3 月 10 日　　　　　　　　　　　　　　　　记字第　38　号

摘　　要	会 计 科 目	明 细 科 目	√	借方金额										√	贷方金额										附单据 1 张
				千	百	十	万	千	百	十	元	角	分		千	百	十	万	千	百	十	元	角	分	
出售材料	库存现金							5	8	0	0	0	0												
	应付账款	内部往来																	5	8	0	0	0	0	
合　　计								5	8	0	0	0	0						5	8	0	0	0	0	

财务主管：刘江　　记账：黄兰　　出纳：黄兰　　审核：　　制单：黄兰

卖材料开具收据一张，材料出库成本 4 300.00 元已结转。

表 2-93

记 账 凭 证

20×1 年 4 月 25 日　　　　记字第 89 号

摘要	会计科目	明细科目	√	借方金额										√	贷方金额										附单据2张
				千	百	十	万	千	百	十	元	角	分		千	百	十	万	千	百	十	元	角	分	
节日贵宾卡福利	应付账款	内部往来					5	0	0	0	0	0	0												
	银行存款																	5	0	0	0	0	0	0	
合计							5	0	0	0	0	0	0					5	0	0	0	0	0	0	

财务主管：刘江　记账：黄兰　出纳：黄兰　审核：　制单：黄兰

附购买代币券的发票及支票存根，询问了解上述代币券职工每人一份，为五一节日福利。

表 2-94

记 账 凭 证

20×1 年 7 月 13 日　　　　记字第 26 号

摘要	会计科目	明细科目	√	借方金额										√	贷方金额										附单据1张
				千	百	十	万	千	百	十	元	角	分		千	百	十	万	千	百	十	元	角	分	
处理废旧车床	库存现金						3	0	0	0	0	0	0												
	应付账款	内部往来																3	0	0	0	0	0	0	
合计							3	0	0	0	0	0	0					3	0	0	0	0	0	0	

财务主管：刘江　记账：黄兰　出纳：黄兰　审核：　制单：黄兰

附收据一张，卖旧车床款。该车床固定资产原值、已提折旧已转销，营业外支出记录了车床报废损失 18 000.00 元。

表 2-95

记 账 凭 证

20×1 年 9 月 28 日　　　　记字第 96 号

摘要	会计科目	明细科目	√	借方金额										√	贷方金额										附单据1张
				千	百	十	万	千	百	十	元	角	分		千	百	十	万	千	百	十	元	角	分	
报销餐费	应付账款	内部往来						1	2	0	0	0	0												
	库存现金																		1	2	0	0	0	0	
合计								1	2	0	0	0	0						1	2	0	0	0	0	

财务主管：刘江　记账：黄兰　出纳：黄兰　审核：　制单：黄兰

附报销业务餐费发票一张，已经过批准。

表 2-96

记 账 凭 证

20×1 年 12 月 28 日　　　　记字第 101 号

摘 要	会计科目	明细科目	√	借方金额										√	贷方金额										附单据1张
				千	百	十	万	千	百	十	元	角	分		千	百	十	万	千	百	十	元	角	分	
发奖金	应付账款	内部往来					8	3	1	0	0	0	0												
	库存现金																	8	3	1	0	0	0	0	
合计							8	3	1	0	0	0	0					8	3	1	0	0	0	0	

财务主管：刘江　　记账：黄兰　　出纳：黄兰　　审核：　　制单：黄兰

附奖金发放明细表一张，已经过批准。

编制“应付账款核对表”，见表 2-97（也可以用“应付账款检查表”记录审计过程和结果）。

表 2-97　　应付账款核对表

序号	明细账凭证			摘要	入库单日期			购货发票			入库单与发票的核对情况	明细账与发票核对情况
	编号	日期	金额		编号	日期	金额	日期	供应商名称	金额		
1	38	3月10日	5 800.00	出售材料							没有入库单	
2	89	4月25日	50 000.00	购代币券				4.25	华联商厦	50 000.00		与发票一致
3	26	7月13日	30 000.00	处理废旧车床							没有入库单	
4	96	9月28日	1 200.00	报销餐费				9.13	小天鹅火锅城	1 200.00		与发票一致
5	101	12月28日	83 100.00	发奖金								没有发票

核对要点：

1. 入库单中的货物名称、数量、单价及金额与购货发票核对是否一致；
2. 记账凭证内容与购货发票核对是否一致。

审计说明：审计确认该应付账款明细账户记录的业务是真实的，但不属于应付账款核算的范围，是账内小金库。建议调整。

借：应付职工薪酬　　133 100.00
　　管理费用　　1 200.00
　　营业税金及附加　　92.70
　　贷：其他业务收入　　4 957.26
　　　　应交税费——增值税　　842.74
　　　　应交税费——城建税　　58.99
　　　　应交税费——教育费附加　　33.71
　　　　营业外支出　　18 000.00
　　　　营业外收入　　12 000.00
　　　　以前年度损益调整　　98 500.00

注意

①虽然对已发生的应付账款故意漏计，是审计应该特别关注的风险领域，但利用应付账款隐匿收入、偷税、私设账内小金库，随意开支的做法，也是常见的，正像案例资料中的情形。作为审计人，一定要根据对被审计单位的了解，以高度负责的态度和职业谨慎性，关注可能存在的重大错报，以及那些看上去每一笔是小的错报，但汇总起来却可能是重大错报，或者每一笔错报虽然金额不大，但性质严重的业务。要及时向项目负责人报告。②除利用应付账款隐瞒收入偷税外，预收账款、其他应付款也可能核算内容不实，审计方法同上。

经验积累

（1）管理层舞弊分析。从管理层的角度看，某个会计期间因“压力、动机、机会”的驱使，管理层利用故意虚构、提前确认手段，实现多计采购交易及相应成本，或故意隐瞒、推迟少计采购交易及相应成本，虚减负债，实现操纵经营业绩、粉饰财务状况、调整应纳税款的目的。管理层舞弊常见手段和一般表现见表 2-98，请加以补充。

表 2-98　　管理层舞弊常见手段和一般表现

错计性质	常见手段
虚构、多计	虚构采购交易转移资金
	隐匿收入，偷税
隐瞒、少计	低估负债，高估收益
	低估负债，粉饰财务状况

（2）员工侵占资产分析。从员工的角度看，在单位内部控制薄弱的条件下，在“动机、机会”的驱使下，业务、会计等岗位人员利用职务之便，个人或串通可能发生舞弊行为。员工侵占资产常用手段及一般表现见表 2-99，请加以补充。

表 2-99　　员工侵占资产常见手段和一般表现

常用手段	舞弊表现
虚构采购交易、虚开采购发票	转移资金，侵占资产

（3）利用分析程序发现可能的错报。

表 2-100 提供了与应付账款相关的分析程序的应用，可以帮助你分析发现可能存在的错报领域。

表 2-100　　利用分析程序发现可能的错报

序号	分析程序	可能的错报
1	将本期采购相关的费用与以前年度比较	采购成本、费用和应付账款高估或低估
2	计算应付账款与购货的比率	漏计或多计
3	计算应付账款与流动负债的比率	漏计或多计

四、任务训练

1．检查材料采购，发现未入账的应付账款。

（1）任务背景资料：获取客户企业有关账证资料，如表 2-101 至表 2-104 所示。

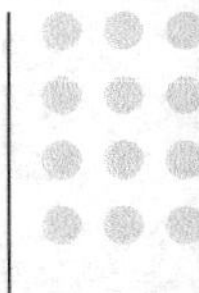

表 2-101

记 账 凭 证

20×1 年 2 月 25 日　　　　记字第 180 号

摘　要	会计科目	明细科目	√	借方金额（千百十万千百十元角分）	√	贷方金额（千百十万千百十元角分）
采购材料入库	原材料	金刚砂	√	10000000		
	应交税费	增值税（选项税）	√	1700000		
	其他货币资金	银行汇票			√	11700000
合　计				11700000		11700000

附单据 2 张

财务主管：刘江　　记账：黄兰　　出纳：黄兰　　审核：　　制单：黄兰

表 2-102

原材料验收单

供货单位：山东青岛黄石有限公司　　20×1 年 2 月 25 日　　№：0037601

合同号：购字 0025　　存放地点：原料库　　第四联 记账联

货物名称	规格	计量单位	应收			实收			备注
			数量	单价	金额	数量	单价	金额	
金刚砂		吨	50	2 000	100 000	50	2 000	100 000	

开票：丁一　　验收：吴昀　　保管：李明

表 2-103

上海市增值税专用发票

全国统一发票监制章　发票联　国家税务总局监制

3700051256　　**№：00232168**

开票日期：20×1 年 2 月 25 日

购货单位	名　称：华兴股份有限责任公司 纳税人识别号：370112787444223 地址、电话：济南市旅游路 88 号 0531-8634578 开户行及账号：工行历城区支行洪楼分理处 1602007009034120818	密码区	67893--+9827/16<241< 加密版本：01 0<<>3<2+876<-6105>4+> 3100051256 51*84-9319<8>9-20<750 0/-3000252/9-*+91>>4+

货物或应税劳务名称	规格型号	单位	数量	单价	金额	税率	税额
金刚砂		吨	50	2 000.00	100 000.00	17%	17 000.00
合　计					¥100 000.00		¥17 000.00
价税合计（大写）	⊗壹拾壹万柒仟元整				（小写）¥117 000.00		

银行汇票结算

销货单位	名　称：山东青岛黄石有限责任公司 纳税人识别号：37020256098950 地 址、电 话：青岛市四方路 32 号 0532-86178026 开户行及账号：青岛市工商银行四方支行 1601004209007805389	备注	山东青岛黄石有限公司 税号：310103660783237 发票专用章

收款人：赵丽　　复核：石燕　　开票人：张欣欣　　销货单位：（章）

国税函[20×1]150 号济南华森印刷厂

第三联 发票联 购货方记账凭证

表 2-104

其他货币资金明细账

明细科目：银行汇票　　　　　　　　　　　　　　　　　　第　页

20×1年 月	20×1年 日	记账凭证号数	摘要	对方科目	借方（千百十万千百十元角分）	贷方（千百十万千百十元角分）	借或贷	余额（千百十万千百十元角分）
2	3	25	办理山东青岛黄石有限公司汇票材料款		10000000		借	10000000
2	25	180	结算材料款			11700000	贷	1700000
			结转下年					

询问有关人员并索取购货合同，确认该笔购货的金额为 117 000.00 元，直到年底，华兴公司未对上述业务存在的问题进行调整。

（2）任务实施。

① 说明其他货币资金明细账的贷方余额实质上意味着什么？

② 如果是故意错计，可能掩盖的意图是什么？

③ 针对错计，提出调整建议。

2．分析程序的应用。

（1）任务背景资料：青岛海尔流动负债项目及余额表，见表 2-105。

表 2-105　青岛海尔（600690）资产负债表（仅流动负债半年报资料及对比资料）

报表日期	2011 年 6 月 30 日（1）	2010 年 12 月 31 日（2）	计算增减额（3）	计算增减率（%）（4）	结构比率（%）（5）	结构比率（%）（6）	差异（%）（7）
流动负责			（3）=（1）－（2）	（4）=（3）/（2）	（5）=（1）/总额	（6）=（2）/总额	（7）=（5）-（6）
短期借款	392 718 000 00	861 136 000 00					
应付票据	6 636 710 000 00	4 437 090 000 00					
应付账款	10 120 400 000 00	6 399 530 000 00					
预收款项	1 588 890 000 00	1 912 290 000 00					
应付职工薪酬	491 871 000 00	639 175 000 00					
应交税费	555 997 000 00	819 300 000 00					
应付利息	—	16 935 000 00					
应付股利	991 474 000 00	352 826 000 00					
其他应付款	5 293 770 000 00	3 235 060 000 00					
流动负债合计	26 071 800 000 00	18 673 300 000 00					

（2）任务实施。

① 利用分析程序将计算结果填在表中。如果是用计算机操作，请注意设定数值小数位数、数值对齐方式。

② 对于表 2-105 内 4 个与应付账款可能有关的标记项目，作为审计应该警惕是否存在分类错误，是否对同一个欠款单位存在同时挂账的情况。如果预收账款明细账户有一借方余额 100 000.00 元，应付账款明细账户有一借方余额 280 000.00 元，说明应付账款、预收账款项目应列报的金额，并写出建议重分类调整分录。

项目小结

采购与付款循环分项目审计的主要工作任务，是在项目审计目标要求的基础上，按照审计准则规定的可选择审计程序去获取审计证据并编制审计工作底稿。本循环主要项目的审计证据种类和审计工作底稿如图 2-22～图 2-26 共 5 张所示。希望你在这些项目全面学习的基础上，能够有针对性地区别和系统掌握项目审计的要领，能够承担该项目采用计算机审计时需要完成的工作。

①采购与费用的发生是否经过批准，发票的真实性、合法性是审计重点。②固定资产的会计政策、估计是否恰当，需要判断和重新计算；所有权的认证很重要。③应付账款有无漏计，应付票据是否合法，存在性是风险点。

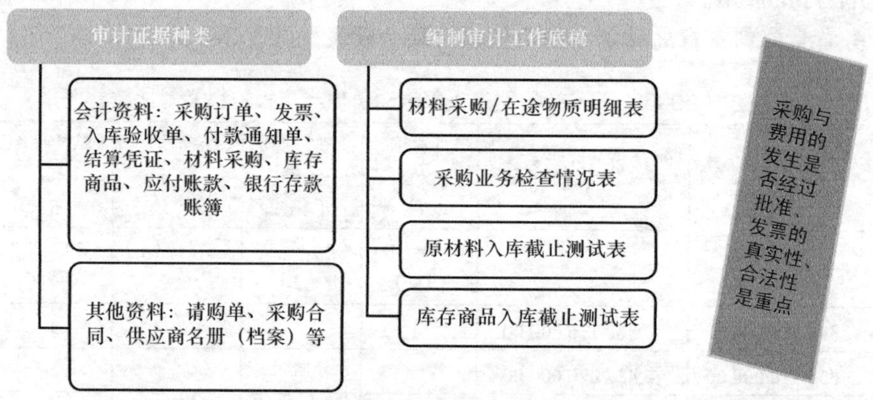

图 2-22　外购材料、商品审计证据种类及要求会编制的工作底稿

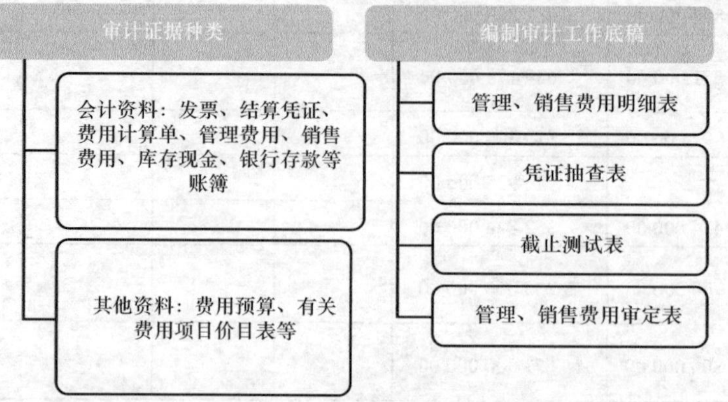

图 2-23　管理费用、销售费用审计证据种类及要求会编制的工作底稿

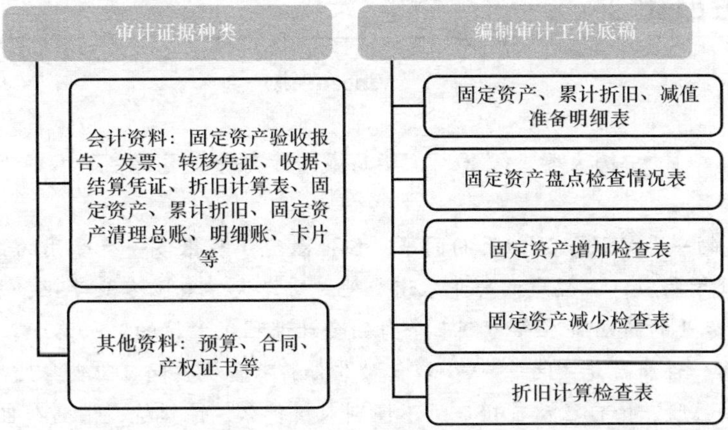

审计证据种类
会计资料：固定资产验收报告、发票、转移凭证、收据、结算凭证、折旧计算表、固定资产、累计折旧、固定资产清理总账、明细账、卡片等
其他资料：预算、合同、产权证书等
编制审计工作底稿
固定资产、累计折旧、减值准备明细表
固定资产盘点检查情况表
固定资产增加检查表
固定资产减少检查表
折旧计算检查表

图 2-24　固定资产审计证据种类及要求会编制的工作底稿

审计证据种类
会计资料：采购订单、发票、入库单、付款通知单、结算凭证、存货盘点表、应付款、银行存款总账、明细账、日记账
其他资料：请购单、合同、供应商名册（档案）、应付账款对账单、银行对账单
编制审计工作底稿
应付账款明细表
应付账款核对表
办理函证
应付账款日后付款测试表
未处理的供应商发票测试表
未入账应付账款汇总表

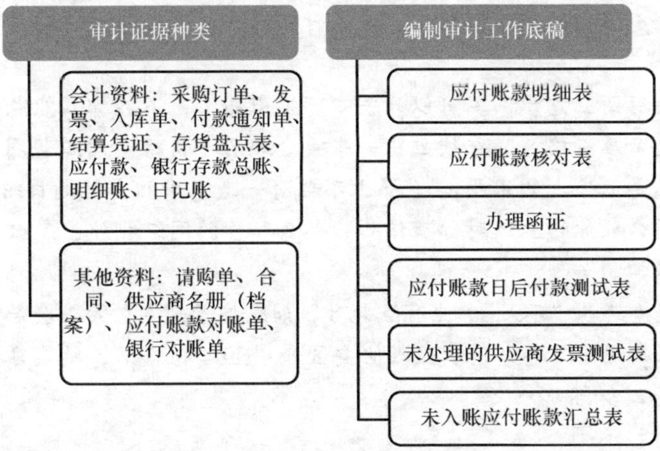

图 2-25　应付账款审计证据种类及要求会编制的工作底稿

审计证据种类
会计资料：采购订单、发票、入库单、承兑协议、承兑汇票存根、付款通知单、结算凭证、应付票据、应付账款、银行存款总账、明细账、日记账、应付票据备查簿
其他资料：合同、供应商名册（档案）、银行对账单等
编制审计工作底稿
应付票据明细表
应付票据核对表
办理函证
应付票据检查表

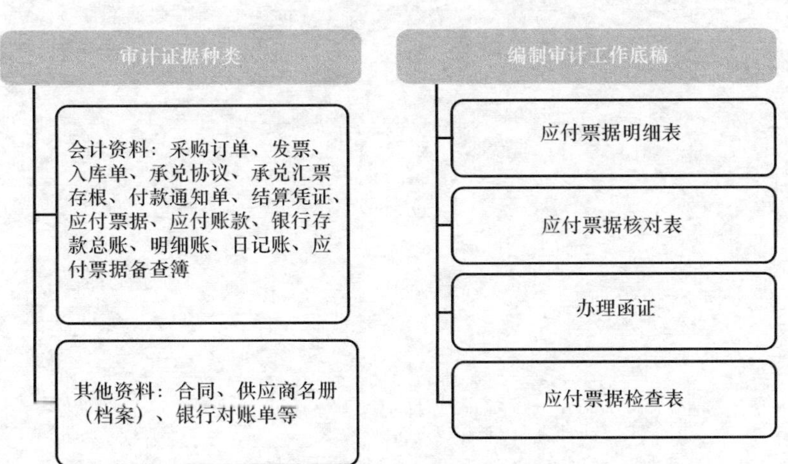

图 2-26　应付票据审计证据种类及要求会编制的工作底稿

海外实习生日记

Vincent 说

中山大学　罗蔓莉　毕马威国际会计公司　香港

Vincent 是我的一个只认识了四天的同事，但他教会了我很多一生受用的东西。我刚来毕马威时，他准备离开毕马威，去隔壁的普华永道。他是香港大学电脑专业毕业，是当年 Conversion（毕马威为非会计专业的新同事准备为期三个月的会计课程）考试的第一名。

他教会我的第一件事就是“问”。从小我就被告知，不懂就要问。但我身处的学习环境没有多少发问的气氛：怕丢脸，怕自己反应慢、听不懂别人讲什么，怕尴尬，怕别人自己也不懂。结果，对不懂的东西，已经形成“不问”的习惯。

Vincent 告诉我，很多时候我们不懂别人讲的东西，不是因为难，而是因为讲的那个人不会讲。你要追问下去，总会有答案的。不懂就问，是很自然的事。真正明白一样东西的人，是可以把它讲出来的人。

他说，做审计要有商业意识，不可以只关心哪里出错了，不然你只能做一辈子审计员（他和别的同事讨论世界重金属价格，随手便画出一张重金属历年价格走向趋势图）。

他觉得最难的不是业务上的东西，“世界上不会有一道很难的会计题目给你算”，总能学会的；难的是人际关系，怎么让你的上级对你有信心，怎么和你的同级相处，怎么让你的下级甘愿为你做事情……都要慢慢学。

他很乐观，从不掩饰其“不足”。他有点龅牙，如果换了别人，大多会忌讳不谈。而那天他让我教他普通话“一只狮死了”怎么讲。我教他要区分“shi”和“si”，就看牙齿合不合起来，他笑着说：我是龅牙，怎么合啊……

Vincent，谢谢你。

——资料来源：中注协网站

项目三 生产与仓储循环审计

学习目标

1. 了解典型业务种类，熟识相关业务的凭证；
2. 了解内部控制要求，掌握重要的不相容职务；
3. 明确审计目标，明确相关证据的种类及获取方法；
4. 会编制典型任务审计工作底稿，明确相关工作底稿的编写依据及编写要求，会综合运用所学知识，评价审计证据，进行审计调整；
5. 熟练运用计算机编制本循环各项目工作底稿；
6. 了解管理层、员工舞弊的表现及原因，以增强职业判断能力。

生产与仓储循环的各项业务是采购与付款循环的延续，并为销售与收款做好准备。企业所处行业不同，经营活动的内容也有所区别。通过采购与付款循环的学习，你已经清楚地了解到生产制造企业日常采购对象主要是原材料、周转材料，为生产做准备；而商品流通企业则主要是为销售购进商品。因此，接下来在本循环，我们将按照不同行业要求的生产与仓储内容，在客户企业的行业背景下，实施对本循环涉及的活动和项目审计。生产制造企业生产与仓储循环中的交易、账户、业务活动和相关的凭证记录见表 3-1，商品流通企业仓储循环中的交易、账户、业务活动和相关的凭证记录见表 3-2。

表 3-1　生产制造企业生产与仓储循环中的交易、账户、业务活动和相关的凭证记录

序号	交易种类	相关账户	业务活动	凭证与记录	备注
1	采购验收材料	原材料	验收	请购单	连续编号，一式数联
		周转材料	取得发票	采购订货单	连续编号，一式数联
		应付账款	记录明细账、总账	购货合同	
		银行存款		验收单	连续编号，一式数联
				发票	☯与采购付款审计相联系，相关凭证和记录有助于确认领用材料的数量、计价对生产成本的影响
				材料采购明细账	
				原材料明细账	
				周转材料明细账	
				总账	
2	领用材料	原材料	领用	领料（申请）单（代出库单）	连续编号，一式数联
	生产	周转材料	记录生产过程	直接材料分配表	☯与原材料采购相联系，以生产成本作为本循环审计项目的起点
		生产成本	记录明细账、总账	工资费用分配表	
		制造费用		费用申请报销单、发票（接受劳务）	
		应付职工薪酬		周转材料摊销表	
		累计折旧		固定资产折旧计算表	
		银行存款		制造费用分配表	
				原材料明细账	
				周转材料明细账	
				应付职工薪酬明细账	
				银行存款日记账	
				累计折旧（明细账）	
				生产成本明细账	
				制造费用明细账	
				总账	
3	产成品完工入库	库存商品	验收	验收单（代入库单）	连续编号，一式数联
		生产成本	记录明细账、总账	产品成本计算单	
				库存商品明细账	
				生产成本明细账	
				总账	
4	商品销售	主营业务收入	装运货物	销货订单	连续编号，一式数联
		应收账款	批准赊销	销货合同	
		银行存款	开具销货发票	销货通知单（发货单）	连续编号，一式数联
		应交税费	办理收款	销货发票	连续编号，一式数联
		主营业务成本	计算商品销售成本	商品销售成本计算单	☯其中销售与收款循环审计的项目，相关凭证和记录有助于本
		库存商品	记录明细账、总账	收账通知	

续表

序号	交易种类	相关账户	业务活动	凭证与记录	备注
				主营业务收入明细账 应收账款明细账 应交税费明细账 银行存款日记账 主营业务成本明细账 库存商品明细账 总账	循环确认发出商品数量、计价和销售成本计算
5	材料销售	其他业务收入 银行存款 应交税费 其他业务成本 原材料	出库 开具销货发票 办理收款 记录明细账、总账	材料出库单 销货发票 收账通知 其他业务收入明细账 应交税费明细账 银行存款日记账 其他业务成本明细账 原材料明细账 总账	连续编号，一式数联
6	材料、在产品、商品保管	存货 待处理财产损溢 资产减值损失 存货跌价准备	盘点 溢余、短缺报告 计算存货可变现净值 计提存货跌价准备	存货盘点表 存货溢余、短缺报告单（盘点表代） 存货跌价准备计算表 相关存货明细账 待处理财产损溢明细账 资产减值损失明细账 存货跌价准备明细账 总账	一式数联 一式数联

表 3-2　商品流通企业仓储循环中的交易、账户、业务活动和相关的凭证记录

序号	交易种类	相关账户	业 务 活 动	凭证与记录	备　注
1	采购验收商品	库存商品 应付账款 银行存款	验收 取得发票 记录明细账、总账	采购订货单 购货合同 商品验收单（代入库单） 发票 材料采购明细账 原材料明细账 周转材料明细账 总账	连续编号，一式数联 连续编号，一式数联 ☯与采购付款审计相联系，相关凭证和记录有助于确认领用商品的数量、计价对商品销售成本的影响

续表

序号	交易种类	相关账户	业务活动	凭证与记录	备注
2	商品销售	主营业务收入 应收账款 银行存款 应交税费 主营业务成本 库存商品	装运货物 批准赊销 开具销货发票 办理收款 计算商品销售成本 记录明细账、总账	销货订单 销货合同 销货通知单（发货单） 销货发票 商品销售成本计算单 收账通知 主营业务收入明细账 应收账款明细账 应交税费明细账 银行存款日记账 主营业务成本明细账 库存商品明细账 总账	连续编号，一式数联 连续编号，一式数联 连续编号，一式数联 ☯其中销售与收款循环审计的项目，相关凭证和记录有助于本循环确认发出商品数量、计价和销售成本计算
3	商品保管	库存商品 待处理财产损溢 资产减值损失 存货跌价准备	盘点 溢余、短缺报告 计算存货可变现净值 计提存货跌价准备	库存商品盘点表 商品溢余、短缺报告单（盘点表代） 存货跌价准备计算表 库存商品明细账 待处理财产损溢明细账 资产减值损失明细账 存货跌价准备明细账 总账	一式数联 一式数联

①表中列示的业务活动、凭证与记录的种类，反映了企业一旦发生相关业务会留下的轨迹、痕迹，有助于帮助审计全面思考，发现问题。在学习以下具体项目审计时，可以经常返回来对照学习用。

②与生产制造企业比较，商品流通企业没有生产过程；两者在采购、保管、销售环节的管理、计价要求、原则方面一致，应务力融会贯通。

不论何种性质的组织、单位，针对工资的计算与发放都有相关的人事管理制度要求，一般单独作为一个循环审计。考虑到工资与生产成本、制造费用、销售费用、管理费用等成本费用项目的发生有密切关系，将其在本循环单独作为一个任务审计，与此相关的业务、涉及的账户，一并学习。

任务一　生产成本审计

案例导读

诚信经营与财务风险

作为保健食品的红牛饮料，被曝违法添加了并未通过审核的食品添加剂，引起社会广泛关注。

目前，部分地区已下架相关产品，权威部门已对红牛黑龙江分公司产品进行抽样调查。公众期待，尽快还原“红牛添加剂”真相。

2 月 11 日，红牛公司继 10 日后再度发声明称，产品不存在违规添加食品添加剂，产品品质安全稳定。而公众因添加剂风波引发的疑惑和担忧，并未因此消除。

请百度相关报道。

一、知识准备

应该说，审计人员并不能够做到十分清楚每一种产品的生产过程，甚至在审计前都从未见过或听说过客户企业的产品。比如你知道一种产品叫“硒鼓”吗？可以百度一下。了解客户企业产品生产工艺、产品生产组织方式、产品材料成本构成等是生产成本审计的前提。你可以通过观察生产活动，询问生产工人、管理人员等方式，初步明确客户产品生产成本的构成。图 3-1 列示了古筝生产企业主要产品、各种产品成本构成内容及成本核算结果。在开始进行生产成本审计前，这是首先必须搞清楚的问题。

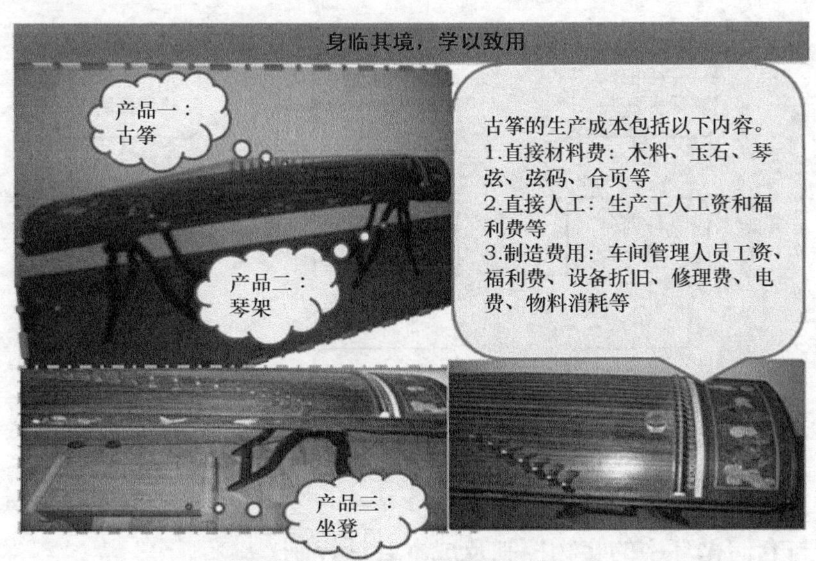

图 3-1　身临其境感受不同产品生产成本

虽然企业生产的产品不同，但不论是生产飞机或是生产书包，产品生产成本的构成、会计准则、制度的要求是一致的。成本中应当包括产品生产过程中消耗的直接材料、直接人工费和各项为生产发生的制造费用。生产成本和制造费用的归集、制造费用的分配、完工产品与在产品生产成本的分配，都有可遵循的成本会计制度规定。各企业应当根据自身产品生产特点，规范业务活动的控制和核算凭证种类，选择计算、核算方法。一旦生产成本的核算缺乏有效控制，业务混乱，必然导致生产成本的归集不真实或不完整，计价不准确，进而影响期末在产品的成本、本期入库产品成本、本期销售产品成本以及期末库存商品的余额，这是对资产负债表的影响。同时，生产成本的管理混乱会不可避免地直接连带利润表“主营业务成本”等项目；从企业管理者角度看，也不利于产品正确定价及调整经营策略，对企业投资人和其他使用会计报表者来说，容易产生误导。因此，仅从本项目而言，胜任并按时完成生产成本的审计任务，不是一件容易的事情。以下你要重点搞清楚本项目审计的目标、典型工作任务种类以及完成这些任务的方法，并做好记录。

想一想　与生产成本相关的主要业务有哪些？业务发生的单据主要是什么？把主要业务的账户对应关系写出来。

讨论　结合原材料账簿记录的内容，以及与生产成本的关系，你认为虚构采购业务可能导致的后果是什么？故意少计又会产生什么影响？

1．连接采购与销售的生产、仓储业务涉及的部门、业务活动及凭证种类

请对照本循环引言中“生产制造企业生产与仓储循环中的交易、账户、业务活动和相关的凭证记录”表（表 3-1），结合图 3-2 理解各部门在业务处理过程中的职责分工及主要工作。

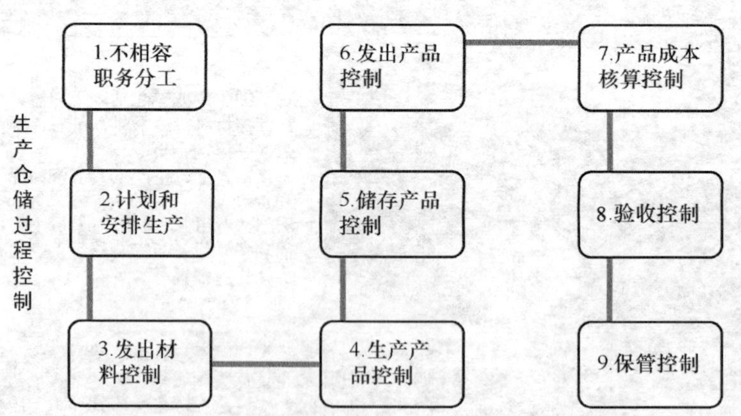

图 3-2　生产制造企业材料采购、生产仓储、销售内部控制

2．生产与仓储循环中的实物控制及成本会计控制

建立和有效执行良好的实物和成本控制制度，是企业管理层的责任。生产与仓储循环中的实物控制及成本会计控制如图 3-3 所示。

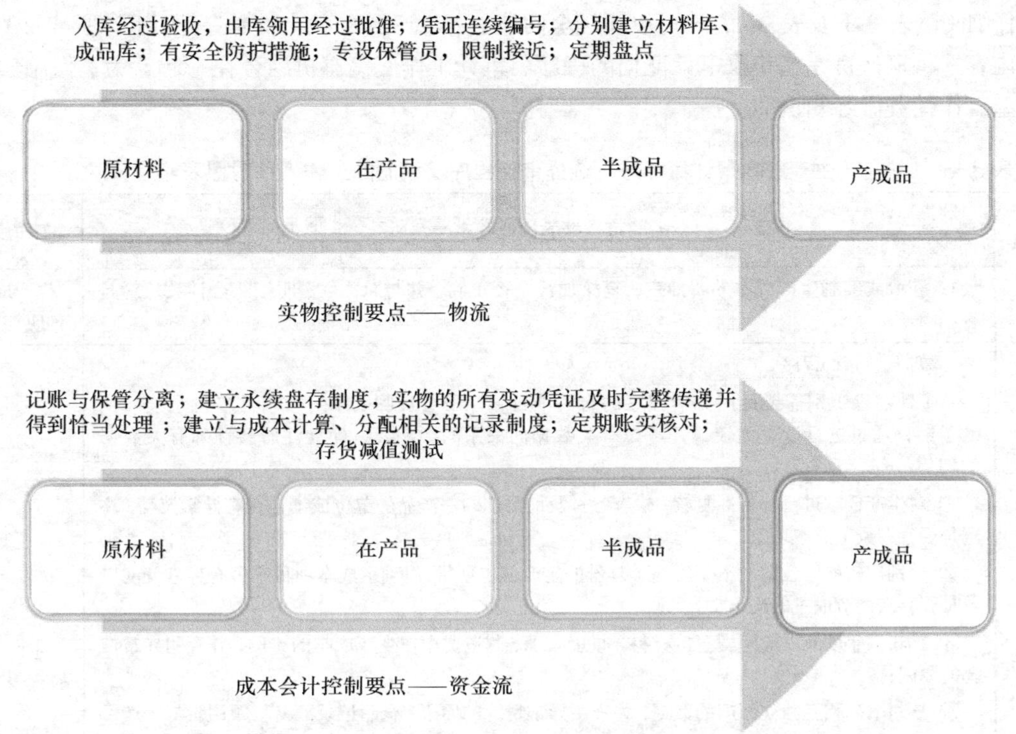

图 3-3　生产与仓储循环中的实物控制及成本会计控制

讨论

山东爱家科技有限公司是一家为面粉厂生产加工磨辊的小规模企业。由于企业厂房都是租赁的，场地有限，员工也少，磨辊生产用的主要原料之一“金刚砂”每2个月进货一次，没有专人保管和收发。每次进货后，会计根据发票直接将全部采购金额计入“生产成本”；放在车间的金刚砂随用随拿，没有领用手续和单据，也从未对此进行盘点。对照内部控制要求，在实物管理和成本核算方面该公司有哪些漏洞？应建议如何改进？该企业相关业务会计处理的资料会在库存商品项目审计时一并列示。

3．与生产成本相关的审计目标

按照存货审计目标要求，对于生产成本、制造费用账户，针对发生、完整、准确性、分类、截止与交易认定相关的审计目标以及与生产成本期末余额相关的审计目标如下。

（1）确定生产成本、制造费用交易的记录是否已发生，余额是否确实存在，且与被审计单位有关；

（2）确定生产成本、制造费用交易是否均已记录，是否被少计；

（3）确定与生产成本、制造费用有关的金额及其数据是否已恰当记录；

（4）确定生产成本、制造费用是否已记录于正确的期间；

（5）确定生产成本、制造费用是否已按照会计准则、相关会计制度的规定正确分类；

（6）确定生产成本期末余额已按照企业会计准则的规定在财务报表中做出恰当列报。

4．为实现审计目标，按照审计准则要求的可选择审计程序及编制的工作底稿

仔细阅读表 3-3 及表 3-4，你可以比较全面地了解生产成本审计和制造费用审计所涉及的所有工作内容，将审计目标、获取审计证据的程序、审计工作底稿有机结合在一起，为“做中学”完成典型工作任务做好知识准备。

表 3-3　　生产成本审计目标与可选择审计程序及编制的工作底稿对照表

审计目标	可选择的审计程序	工作底稿
D	1. 获取或编制生产成本的明细表，复核加计是否正确，并与总账数、明细账合计数核对是否相符	生产成本明细表
ABD	2. 实质性分析程序。 （1）针对已识别需要运用分析程序的有关项目，注册会计师基于对被审计单位及其环境的了解，通过进行以下比较，并考虑有关数据间关系的影响，以建立注册会计师有关数据的期望值： ① 对生产成本进行分析性复核，检查各月及前后期同一产品的单位成本是否有异常波动，注意是否存在调节成本现象； ② 分别比较前后各期及本年度各个月份的生产成本项目，以确定成本项目是否有异常变动以及是否存在调节成本的现象； ③ 比较当年度及以前年度直接材料、直接人工、制造费用占生产成本的比例，并查明异常情况的原因； ④ 核对下列相互独立部门的数据，并查明异常情况的原因：仓库记录的材料领用量与生产部门记录的材料领用量； ⑤ 工资部门记录的人工成本与生产部门记录的工时和工资标准之积。 （2）确定可接受的差异额； （3）将实际的情况与期望值相比较，识别需要进一步调查的差异； （4）如果其差额超过可接受的差异额，调查并获取充分的解释和恰当的佐证审计证据（例如：通过检查相关的凭证）； （5）评估分析程序的测试结果	生产成本检查表
D	3. 生产成本计价方法的测试。 （1）了解被审计单位的生产工艺流程和成本核算方法，检查成本核算方法与生产工艺流程是否匹配，前后期是否一致并做出记录； （2）抽查成本计算单，检查直接材料、直接人工及制造费用的计算和分配是否正确，并与有关佐证文件（如领料记录、生产工时记录、材料费用分配汇总表、人工费用分配汇总表等）相核对： ① 获取并复核生产成本明细汇总表的正确性，将直接材料与材料耗用汇总表、直接人工与职工薪酬分配表、制造费用总额与制造费用明细表及相关账项的明细表核对，并作交叉索引； ② 检查车间在产品盘存资料，与成本核算资料核对；检查车间月末余料是否办理假退料手续； ③ 获取直接材料、直接人工和制造费用的分配标准和计算方法，评价其是否合理和适当，以确认在产品中所含直接材料、直接人工和制造费用是合理的； （3）获取完工产品与在产品的生产成本分配标准和计算方法，检查生产成本在完工产品与在产品之间、完工产品之间的分配是否正确，分配标准和方法是否适当，与前期比较是否存在重大变化，该变化是否合理； （4）对采用标准成本或定额成本核算的，检查标准成本或定额成本在本期有无重大变动，分析其是否合理；检查本期材料成本差异的计算、分配和会计处理是否正确，库存商品期末余额是否已按实际成本进行调整。	直接材料成本情况检查表/直接人工成本情况检查表/制造费用情况检查表

续表

审计目标	可选择的审计程序	工作底稿
A	4. 获取关于现有设备生产能力的资料，检查产量是否与现有生产能力相匹配；若产量超过设计生产能力，应提请被审计单位说明原因，并提供足够的依据及技术资料。	生产成本检查表
D	5. 检查废品损失和停工损失的核算是否符合有关规定	
D	6. 对应计入生产成本的借款费用，结合对长短期借款、应付债券或长期应付款的审计，检查借款费用（借款利息、折溢价摊销、汇兑差额、辅助费用）资本化的计算方法和资本化金额以及会计处理是否正确。	
	7. 根据评估的舞弊风险等因素增加的审计程序	

表 3-4　　制造费用审计目标与可选择审计程序及编制的工作底稿对照表

审计目标	制造费用审计可选择的审计程序	工作底稿
D	1. 获取或编制制造费用的明细表，复核加计是否正确，并与总账数、明细账合计数核对是否相符	制造费用明细表
ABD	2. 对制造费用进行分析比较。 （1）比较当年度和以前年度，以及当年度各月制造费用的增减变动，询问并分析异常波动的原因。 （2）分别比较前后各期及本年度各个月份的制造费用项目，以确定成本项目是否有异常变动以及是否存在调节成本的现象。	制造费用情况检查表
ABD	3. 将制造费用明细表中的材料发生额与材料耗用汇总表、人工费用发生额与职工薪酬分配表、折旧发生额与折旧分配表、资产摊销发生额与各项资产摊销分配表及相关账项明细表核对一致，并做交叉索引	
ABCD	4. 选择重要或异常的制造费用项目，检查其原始凭证是否齐全，会计处理是否正确	
D	5. 分析各项制造费用的性质，结合生产成本科目的审计，抽查成本计算单，检查制造费用的分配是否合理、正确，检查制造费用的分配方法前后期是否一致	
D	6. 对采用标准成本核算的，应抽查标准制造费用及分配率的确定是否合理，计入成本计算单的数额是否正确，制造费用差异的计算、分配和会计处理是否正确，并检查标准成本在本期有无重大变动，变动是否合理	
D	7. 检查计入生产成本的制造费用是否已扣除非正常消耗的制造费用（如非正常的低生产量、闲置设备等产生的费用）	
AD	8. 检查制造费用中有无资本性支出，必要时做调整	
BA	9. 必要时，对制造费用实施截止测试，检查资产负债表日前后_____天内_____张、金额——以上的制造费用明细账和凭证，确定有无跨期现象	
ABD	10. 检查季节性停工损失的核算是否符合有关规定	
	11. 根据评估的舞弊风险等因素增加的审计程序	

归纳的生产成本、制造费用审计思路、审计要点，见图 3-4。

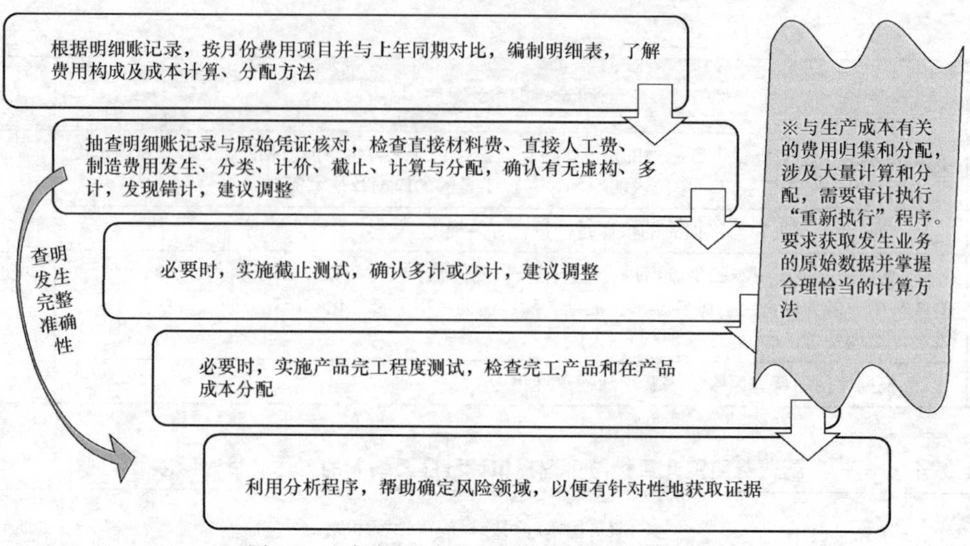

图 3-4　生产成本、制造费用审计思路、审计要点

记录测试过程和结果的审计工作底稿及相互关系，见图 3-5。

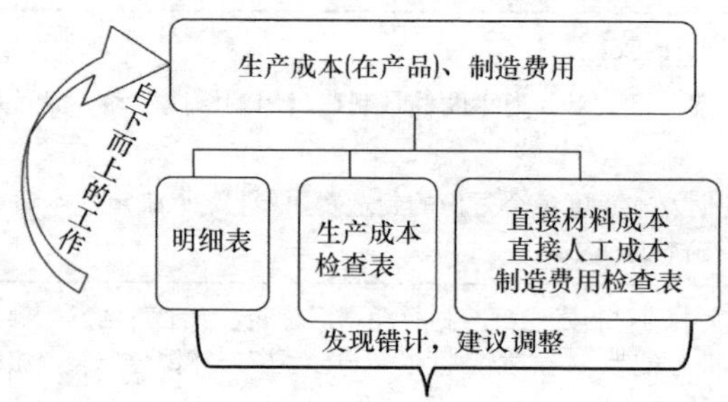

图 3-5　与生产成本、制造费用相关的实质性程序工作底稿

二、典型工作任务

针对生产成本审计的工作底稿中，都设计了明确的检查内容要求。在完成相关任务时，仔细体会，学会灵活运用。

1. 编制生产成本检查表（见表 3-5）

表 3-5　　生产成本检查表

月　　份	投产数量	成 本 项 目				完工转出（成本结转方法：　　）		
		直接材料	直接人工	制造费用	合计	数量	总成本	余额
期初余额								
1月								
2月								
……								
12月								
1月—12月合计								
期末余额								
上年发生额								
增减比例								
审计说明：								

2．编制直接材料成本情况检查表（见表3-6）

表3-6　　直接材料成本情况检查表

月　　份	名称及规格	金额	检查内容（用“√”、“×”表示）								附件描述
			1	2	3	4	5	6	7	8	

检查内容说明：

1. 材料耗用量与材料领料单汇总核对是否相符；
2. 材料分配汇总表中该产品分配的直接材料成本与材料耗用量核对是否相符；
3. 材料成本在不同产品间的分配标准与计算方法是否合理和适当；
4. 材料成本在某产品完工产品和在产品中的分配标准和计算方法是否合理和适当；
5. 采用标准成本或定额成本的，标准材料成本或定额成本的确定是否合理，材料成本差异的计算和分配是否正确；
6. 直接材料的定额成本、标准成本本期有无变化；
7. ……

审计说明：

3．编制直接人工成本情况检查表（见表3-7）

表3-7　　直接人工成本情况检查表

月　　份	产品名称及规格	金额	检查内容（用“√”、“×”表示）								附件描述
			1	2	3	4	5	6	7	8	

检查内容说明：

1. 直接人工汇总表与应付职工薪酬、人事部门工时记录等核对是否相符；
2. 直接人工汇总表中的人工成本是否包括五险一金（养老、医疗、失业、工伤、生育险及住房公积金）及两费（工会经费及教育经费）；
3. 直接人工成本分配表与直接人工汇总表核对是否相符；
4. 直接人工成本在不同产品间的分配标准与计算方法是否合理和适当；
5. 直接人工成本在某产品完工产品和在产品中的分配标准和计算方法是否合理和适当；
6. 采用标准成本或定额成本的，标准人工成本或定额成本的确定是否合理，直接人工成本差异的计算和分配是否正确；
7. 直接人工标准成本或定额成本本年度有无重大变化；
8. ……

审计说明：

4．编制制造费用明细表（见表3-8）

表3-8　　制造费用明细表

月份	制造费用明细项目											
	合计											
1月												
2月												
……												

续表

月份	制造费用明细项目											
	合计											
12月												
合计												
上期数												
变动额												
变动比例												

审计说明：

5．编制制造费用检查表（见表3-9）

表3-9　　制造费用检查表

月份	名称及规格	金额	检查内容（用“√”、“×”表示）								附件描述
			1	2	3	4	5	6	7	8	

检查内容说明：

1. 核算制造费用的内容及范围是否正确；
2. 制造费用汇总表与相关费用项目（如折旧费用）等核对是否相符；
3. 制造费用在不同产品间的分配标准与计算方法是否合理和适当；
4. 制造费用在某产品完工产品和在产品中的分配标准和计算方法是否合理和适当；
5. 采用标准成本法的，标准制造费用的确定是否合理，制造费用差异的计算和分配是否正确；
6. 标准制造费用本年度有无重大变化；
7. 是否存在异常会计事项；
8. ……

审计说明：

三、任务操作演示

1．审查生产成本——材料成本测试

（1）案例资料：经了解华兴股份有限公司发出材料计价一贯采用加权平均法是恰当的；经测试，12月份B材料已入账2笔业务属实，入账时间正确，计价符合要求；经审计盘点B材料期末实存量为13 150 kg，与账簿记录不符；对发出材料的测试中，获取本期发出材料账证资料共7张见表3-10～表3-16。检查发出材料的数量、计价，对发现的错计提出调整建议。

表3-10　　原材料明细账

品名：B材料　　规格：　　单位：kg　　存放地点：1号仓库

20×1年		凭证号	摘要	收入			发出			结存		
月	日			数量	单价	金额	数量	单价	金额	数量	单价	金额
12	1		期初结存							15 000	13.80	207 000.00
	3	9	验收	10 500	14.00	147 000.00				25 500		
	16	34	验收	20 000	14.25	285 000.00				45 500		
	31	79	领用				30 350		418 830	15 150	14.53	220 170.00

附12月31日第79号记账凭证，如表3-11所示，及原始凭证如表3-12至表3-16所示。

表3-11　　记账凭证

20×1年12月31日　　会字79号

摘　要	会计科目	明细科目	借　方	贷　方
领用B材料	生产成本	甲产品	248 400.00	
		乙产品	138 000.00	
	制造费用		13 800.00	
	管理费用	办公费	18 630.00	
	原材料	B材料		418 830.00
合　计			418 830.00	418 830.00
附单据　5张				

会计主管：刘江　　会计：黄兰　　制证：黄兰

表3-12　　原材料发出汇总表

20×1年12月31日

材料种类 / 用途	B材料		备　注
	数　量	金　额	
甲产品生产用	18 000	248 400.00	
乙产品生产用	10 000	138 000.00	
生产车间用	1 000	13 800.00	
办公室用	1 350	18 630.00	
合　计	30 350	418 830.00	

会计主管：刘江　　制表：黄兰

表3-13　　领　料　单

领料部门：甲产品　　20×1年12月3日　　№：5290833

品　名	单　位	数　量	单　价	金　额
B材料	kg	20 000		
用途	生产用		货物付讫	

审核：陈俊　　保管：丁一　　领料：陈昊

表3-14　　领　料　单

领料部门：乙产品　　20×1年12月15日　　№：5290834

品　名	单　位	数　量	单　价	金　额
B材料	kg	10 000		
			货物付讫	
用途	生产用			

审核：陈俊　　保管：丁一　　领料：陈昊

表 3-15　　领　料　单

领料部门：车间　　20×1 年 12 月 23 日　　№：5290835

品　名	单　位	数　量	单　价	金　额
B 材料	kg	1 000		
			货物付讫	
用途	车间用			

审核：陈俊　　保管：丁一　　领料：陈昊

表 3-16　　领　料　单

领料部门：办公室　　20×1 年 12 月 23 日　　№：5290836

品　名	单　位	数　量	单　价	金　额
B 材料	kg	1 350		
用途	办公用		货物付讫	

审核：陈俊　　保管：丁一　　领料：吴军

（2）任务实施：重新编制发出材料汇总表，见表 3-17，计算发出材料成本。

表 3-17　　原材料发出汇总表

20×1 年 12 月 31 日

材料种类 / 用途	B 材料		原金额	少计金额	备　注
	数　量	金　额			
甲产品生产用	20 000	280 800.00	248 400.00	32 400.00	按 B 材料的加权平均单价 14.04 元计价
乙产品生产用	10 000	140 400.00	138 000.00	2 400.00	
生产车间用	1 000	14 040.00	13 800.00	240.00	
办公室用	1 350	18 954.00	18 630.00	324.00	
合计	32 350	454 194.00	418 830.00	35 364.00	

（3）审计说明。存在如下问题：①少计甲产品领用 B 材料 2 000kg；②计算发出材料成本未遵循选择的会计政策。

（4）建议调整：编制如下调整分录，调整后的 B 材料账实相符。

借：生产成本——甲产品　　32 400.00

　　生产成本——乙产品　　2 400.00

　　制造费用　　240.00

　　管理费用　　324.00

　　贷：原材料——B 材料　　35 364.00

2．审查制造费用——周转材料摊销

（1）案例资料：经了解，华兴股份有限公司低值易耗品采取五五摊销法；检查 12 月份为生产车间购买使用的手推车的有关账证资料，见表 3-18 至表 3-22，发现错计，建议调整。

表 3-18　　　　　　　　　　　　记账凭证

20×1 年 12 月 15 日　　　　　　　　　　　　记字第 93 号

摘　要	会计科目	明细科目	√	借方金额										√	贷方金额										附单据4张
				千	百	十	万	千	百	十	元	角	分		千	百	十	万	千	百	十	元	角	分	
车间用手推车	低值易耗品	手推车						8	2	8	0	0	0												
	应交税费	增值税（进项）						1	4	0	7	6	0												
	银行存款																		9	6	8	7	6	0	
合　计								9	6	8	7	6	0						9	6	8	7	6	0	

财务主管：刘江　记账：黄兰　出纳：黄兰　审核：　　制单：黄兰

表 3-19　　　　　　　　华兴股份有限公司费用报销单

报销部门：采购部　　　　20×1 年 12 月 11 日　　　　附报销单据 4 张

费用项目及用途	金额	部门审批	齐大力
手推车款	9 687.60		
		公司审批	王胜利
合　计	9 687.60	财务审批	刘江　12 月 11 日
金额（大写）：玖仟陆佰捌拾柒元陆角整			
实报金额（大写）：玖仟陆佰捌拾柒元陆角整			
附款方式：☐现金　☐转账支票　☐银行汇票　☐电汇　☑其他　网银			

出纳：黄兰　　　　　　　　　　　　经手人：赵康

表 3-20　　　　　　　　江苏增值税专用发票

3700050987　　　　　　　　　　　　　　№ 00345168

开票日期：20×1 年 12 月 11 日

购货单位	名　称：华兴股份有限公司 纳税人识别号：370112787444223 地 址、电 话：济南市旅游路 88 号 0531-86345678 开户行及账号：工行历城区支行洪楼分理处　1602007009034120818			密码区	67893--+9827/16<241<加密版本：01 0<<>3<2+876<-6105>4+>　3700050987 51*84-9319<8>9-20<750 0/-3000252/9-*+91>>4+　00345168		
货物或应税劳务名称	规格型号	单位	数量	单价	金额	税率	税额
网架车	PLA300-AM1	辆	5	978.00	4 890.00	17%	831.30
固定式扶手	PLA300	辆	5	678.00	3 390.00	17%	576.30
合计					8 280.00		1 407.60
价税合计（大写）	⊗玖仟陆佰捌拾柒元陆角整				（小写）¥9 687.60		
销货单位	名　称：南京新发商贸有限公司 纳税人识别号：370112787444223 地 址、电 话：南京市玄武区大兴街　025-67542899 开户行及账号：南京市工商银行开发区支行　270112887443228			备注	网银支付　南京新发商贸有限公司 税号：370112787444223 发票专用章		

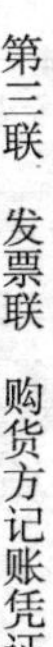
第三联　发票联　购货方记账凭证

国税函（2010）150 号华森印刷厂

收款人：孙南飞　　复核：杨林　　开票人：刘开明　　销货单位：（章）

表 3-21　　低值易耗品验收单

存放地点：一车间　　20×1 年 12 月 11 日　　No：5290384

编号	品名	规格型号	单位	数量	单价	金额
	网架车	PLA300-AM1	辆	5	978.00	4 890.00
	固定式扶手	PLA300	辆	5	678.00	3 390.00
备注：						

第二联 财务记账

部门负责人：齐大力　　保管：王芳　　制单：赵原

表 3-22　　低值易耗品领用单

领用部门：一车间　　20×1 年 12 月 11 日　　No：5290269

编号	品名	规格型号	单位	数量	单价	金额
	网架车	PLA300-AM1	辆	5	978.00	4 890.00
	固定式扶手	PLA300	辆	5	678.00	3 390.00
备注：						

第二联 财务记账

审核：张梅　　保管：王芳　　领用人：杨光

（2）任务实施：按“五五摊销法”计算，摊销额为 4 140.00 元。

（3）审计说明：车间用低值易耗品未摊销。

（4）建议调整：编制如下调整分录。

借：制造费用　　4 140.00

　　贷：低值易耗品——摊销　　4 140.00

3．重新确认完工产品生产成本及单位成本

（1）案例资料：华兴股份有限公司 12 月份生产甲产品 2 000 件，月末在产品盘存 200 件，在产品投料程度为 100%，加工程度为 50%，根据账面记录结果计算的甲产品成本计算单见表 3-23。

表 3-23　　甲产品成本计算单

20×1 年 12 月

成本项目	月初在产品成本	本月生产费用	生产费用合计	产成品成本	单位成本	月末在产品成本
直接材料	50 000	170 000	220 000	200 000.00	100.00	20 000.00
直接人工	10 600	41 000	51 600	49 142.86	24.57	2 457.14
制造费用	5 000	35 000	40 000	38 095.24	19.05	1 904.76
合计	65 600	246 000	311 600	287 238.10	143.62	24 361.90

检查直接材料、直接人工费和制造费用单证（略），发现存在以下问题。

① 12 月 31 日曾以假投料办法多转直接材料 32 500 元；

② 12 月份直接人工多计 3 600 元；

③ 12 月份虚假报废生产用低值易耗品，摊销摊余价值 4 000 元；

④ 年末截止日，在产品盘存数量为 500 件，加工程度为 80%；在产品投料程度和完工产成品数量无误。

（2）任务实施：在分别针对直接材料费、人工费、制造费用检查的基础上，按照完工入库产品和在产品审计发现的问题，重新计算的完工产品生产成本及单位成本填在表 3-24 中。

表 3-24　　甲产品成本计算单

产成品：2 000 件　　在产品：500 件　　完工程度：80%

项目	月初在产品成本	本月生产费用	生产费用合计	产成品成本	单位成本	月末在产品成本
直接材料						
直接人工						
制造费用						
合计						

针对错计的事项，提出调整建议。

经验积累

（1）管理层舞弊分析。请你将通过媒体或其他渠道了解到信息写在表 3-25 中。

表 3-25　　管理层舞弊表现及手段

错 计 性 质	常见表现及手段

（2）员工侵占资产分析。请你将所了解的员工侵占资产常用手段及一般表现填在表 3-26 中。

表 3-26　　员工侵占资产舞弊表现

常 用 手 段	舞 弊 表 现

（3）利用分析程序发现可能的错报。表 3-27 提供了与生产成本相关的分析程序的应用，可以帮助你分析发现可能存在的错报领域。请你根据理解补充本表。

表 3-27　　利用分析程序发现可能的错报

序号	分 析 程 序	可能的错报
1	分月份计算产品生产成本与上年同期比，计算变动率	漏计或多计
2	分月份按项目计算制造费用与上年同期比，计算变动率	漏计或多计
3		

四、任务训练

任务　与生产成本相关项目的分析。

（1）任务背景资料：请阅读表 3-28 的项目及金额，计算与分析程序有关的数值。结合实际了解存货的构成，不要求分析。

（2）任务实施：请利用计算机完成编表和计算。

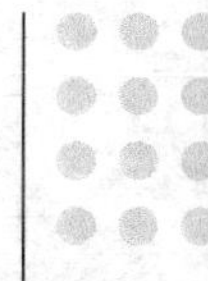

表 3-28　　　　　　青岛海尔（600690）资产负债表（部分）

报表日期	2011 年 9 月 30 日	2009 年 9 月 30 日	增减额（2011 年-2009 年）	结构比例（2009 年）	备注
	流动资产				
存货	4 215 020 000.00	3 017 780 000.00			
其中：材料采购		5 385 910.00			
在产品		20 717 200.00			
库存商品		1 106 740 000.00			
低值易耗		1 146 586 890.00			
原材料		738 350 000.00			
存货跌价准备		24 304 890.00			
其中：　库存商品		20 937 600.00			
原材料		3 367 290.00			
流动资产合计	32 166 100 000.00	23 106 200 000.00			
资产总计	39 866 800 000.00	28 048 600 000.00			

注：具体项目资料只查到 2009 年。

任务二　库存商品审计

案例导读

麦克森·罗宾斯药材公司调查案

1938 年，美国纽约州的麦克森·罗宾斯药材公司突然宣布倒闭。纽约证券交易委员会相继组织有关人员进行调查发现，罗宾斯药材公司是属股票公开上市的公司之一，公司确实到证券交易所进行了注册登记，且在经营的十余年中，每年都聘请了美国著名的普赖斯·沃特豪斯会计师事务所对该公司的财务报表进行审定。在查看这些审计人员出具的审计报告中，审计人员每年都对该公司的财务状况及经营成果发表了“正确、适当”等无保留的审计意见。调查人员对该公司 1937 年的财务状况与经营成果进行了重新审核，发现 1937 年 12 月 31 日的合并资产负债表有总资产 8 700 万美元，但其中的 1 907.5 万美元的资产是虚构的，包括存货虚构 1 000 万美元，应收账款虚构 900 万美元，银行存款虚构 7.5 万美元；在 1937 年年度合并损益表中，虚假的销售收入和毛利分别达到 1 820 万美元和 180 万美元。同时调查人员对该公司经理的背景做了进一步调查，公司经理菲利普·科斯特及其同伙穆西卡等人，都是犯有前科的诈骗犯，他们都使用假名混入公司并爬上公司管理岗位，并将亲信安插在掌管公司钱财的重要岗位上，相互勾结，使他们的诈骗活动持续很久没能被人发现。因此案的影响，美国注册会计师职业界做出规定，除非出现无法实施存货监盘的特殊情况，注册会计师应当实施必要的替代程序。在绝大多数情况下，都必须亲自观察存货盘点过程，实施存货监盘程序。

一、知识准备

正如前面学习已经明确的，生产制造企业产品完工验收后准备出售，根据入库验收单，按照完工产品的生产成本计入“库存商品”；根据出库单开具发票办理收款实现销售，按照一贯执行的存货计价方法计算减少“库存商品”；期末结存数量经过盘点账实核对，调整账实一致；年末根据可变现净值确认资产减值，按规定调整存货跌价准备。

讨论 山东爱家科技有限公司是小规模纳税人。本月购入的主要原料金刚砂送货到车间验收后，随用随领，直到年底审计要求盘点，确认有0.45吨未用。磨辊生产加工周期短，当期生产，当期可全部完工。库存商品发出采用加权平均法。公司本期记录的有关业务资料从材料验收到磨辊销售，见表3-29至表3-40。假定磨辊的生产成本中其他费用的计算分配没有问题，本期销售发出属实，期末结存磨辊与账面结存一致。你已经了解了原材料的采购成本与生产成本、库存商品、主营业务成本之间的内在关系，请依据业务发生的单据、账簿记录及结果，按照会计处理要求思考并计算下列问题。①假定本期入库、出库磨辊的数量没有错计，推断一下库存商品的期末金额应该是多少？②企业销售定价真的低于成本吗？③因内部控制的薄弱导致上述错计，你认为应该如何改进，以保护财产安全、保证会计记录真实完整？

表3-29

生产成本明细账

明细科目：　　　　第　页

20×1年		记账凭证号数	摘要	对方科目	借方										贷方										借或贷	余额									
月	日				千	百	十	万	千	百	十	元	角	分	千	百	十	万	千	百	十	元	角	分		千	百	十	万	千	百	十	元	角	分
12	15	21	原料费					1	3	0	0	0	0	0																					
	31	47	分配工资						7	9	0	0	0	0																					
	31	49	分配制造费用						3	2	0	0	0	0															2	4	1	0	0	0	0
	31	54	完工结转66支															2	4	1	0	0	0	0	平										

表3-30

记账凭证

20×1年12月15日　　　　记字第　21号

摘要	会计科目	明细科目	√	借方金额										√	贷方金额										附单据1张
				千	百	十	万	千	百	十	元	角	分		千	百	十	万	千	百	十	元	角	分	
金刚砂2吨货款未付	生产成本	磨辊					1	3	0	0	0	0	0												
	应付账款	河北涞源公司																1	3	0	0	0	0	0	
合　计							1	3	0	0	0	0	0					1	3	0	0	0	0	0	

财务主管：徐晋　　记账：刘江　　出纳：　　审核：　　制单：刘江

表3-31

入　库　单

存放地点：车间　　20×1年12月13日　　No：5290384

编号	品名	规格型号	单位	数量	单价	金额
	金钢砂		吨	2	6 500.00	13 000.00
备注：						

（印章：货物收讫）

保管：张珂

表 3-32

最高储存量____

最低储存量____

库存商品明细账

本账页数	
本户页数	

编号________规格________　　　　单位 支 名称 磨辊

20×1年		凭证		摘要	借方											贷方											借或贷	结存										
月	日	种类	号数		数量	单价	百	十	万	千	百	十	元	角	分	数量	单价	百	十	万	千	百	十	元	角	分		数量	单价	百	十	万	千	百	十	元	角	分
12	1			期初结存																								10	289.00				2	8	9	0	0	0
	31		54	验收	66	365.15			2	4	1	0	0	0	0													76	355.13			2	6	9	9	0	0	0
	31		56	出售												43	355.13			1	8	8	2	2	0	1		33	355.13				8	1	6	7	9	9

表 3-33

记账凭证

20×1 年 12 月 31 日　　　　记字第 54 号

摘要	会计科目	明细科目	√	借方金额										√	贷方金额										附单据1张
				千	百	十	万	千	百	十	元	角	分		千	百	十	万	千	百	十	元	角	分	
本期完工磨辊	库存商品	磨辊	√				2	4	1	0	0	0	0												
	生产成本	磨辊												√				2	4	1	0	0	0	0	
合　计							2	4	1	0	0	0	0					2	4	1	0	0	0	0	

财务主管：徐晋　　记账：刘江　　出纳：　　审核：　　制单：刘江

表 3-34

入库单

存放地点：车间　　20×1 年 12 月 13 日　　No：5290348

编号	品名	规格型号	单位	数量	单价	金额
	磨辊		支	66	365.15	24 100.00
备注：						

货物收讫

保管：张珂

表 3-35

记账凭证

20×1 年 12 月 31 日　　记字第 $56_{1/2}$ 号

摘要	会计科目	明细科目	√	借方金额										√	贷方金额										附单据4张
				千	百	十	万	千	百	十	元	角	分		千	百	十	万	千	百	十	元	角	分	
销售收款	库存现金		√				1	5	0	5	0	0	0												
	主营业务收入													√				1	4	6	1	1	6	5	
	应交税费	增值税												√						4	3	8	3	5	
合　计							1	5	0	5	0	0	0					1	5	0	5	0	0	0	

财务主管：徐晋　　记账：刘江　　出纳：徐晋　　审核：　　制单：

表 3-36

记账凭证

20×1 年 12 月 31 日　　　　记字第 $56_{2/2}$ 号

摘要	会计科目	明细科目	√	借方金额										√	贷方金额									
				千	百	十	万	千	百	十	元	角	分		千	百	十	万	千	百	十	元	角	分
转成本	主营业务成本		√				1	8	8	2	2	0	1											
	库存商品	磨辊												√				1	8	8	2	2	0	1
合计							1	8	8	2	2	0	1					1	8	8	2	2	0	1

附单据　张

财务主管：　　记账：　　出纳：　　审核：　　制单：

表 3-37

出　库　单

部门：车间　　20×1 年 12 月 21 日　　No：5332907

编号	品名	规格型号	单位	数量	单价	金额
	磨辊		支	20		
备注：出售发货						

货物付讫

审核：李冰　　保管：张珂

表 3-38

出　库　单

部门：车间　　20×1 年 12 月 28 日　　No：5332908

编号	品名	规格型号	单位	数量	单价	金额
	磨辊		支	23		
备注：出售发货						

货物付讫

审核：李冰　　保管：张珂

表 3-39

山东省修理修配统一发票

记账联

发票代码　137010760152
发票号码　00039990
20×1 年 12 月 21 日填制

客户名称及地址：东方红面粉有限公司

项目	单位	数量	单价	金额						说明
				千	百	十	元	角	分	
磨辊	支	20	350	7	0	0	0	0	0	20×2 年年底前开具有效汽车维修行业必须附山东省汽车维修结算清单
金额人民币	（大写）柒仟零佰零拾零元零角零分			7	0	0	0	0	0	

现金收讫

第三联：记账联（填票单位作记账凭证）

开票人：李冰　　收款人：徐晋　　单位签章：

表 3-40

山东省修理修配统一发票

记账联

发票代码 137010760152
发票号码 00039991
20×1 年 12 月 28 日填制

客户名称及地址：丹顶鹤面粉有限公司

项目	单位	数量	单价	金额						说明
				千	百	十	元	角	分	
磨辊	支	23	350	8	0	5	0	0	0	20×2 年年底前开具有效汽车维修行业必须附山东省汽车维修结算清单
金额人民币	（大写）捌仟零佰伍拾零元零角零分			8	0	5	0	0	0	

现金收讫

第三联 记账联（填票单位作记账凭证）

开票人：李冰　　收款人：徐晋　　单位签章：

1．库存商品验收、保管、销售的相关部门、业务活动、凭证种类

前述“连接采购与销售的生产、仓储业务涉及的部门、业务活动及凭证种类”（图 3-2）、“生产与仓储循环中的实物控制及成本会计控制”（图 3-3）及“生产制造企业生产与仓储循环中的交易、账户、业务活动和相关的凭证记录”（表 3-1）中已经将整个采购、生产、仓储、销售全过程中各类存货（原材料、在产品、产成品、库存商品）实物控制、成本控制、相关凭证记录全部联系在一起了。生产、采购、验收、保管、财务的职责分离，以及充分的凭证制度，可以保证财务会计部门及时、完整地记录存货的收、发、存，并保证核算结果存在、归企业所有、没有漏计和计价准确。此处不再赘述。结合企业实际通过上面的讨论，对管理与核算的漏洞加深理解，以便为下面的可选择审计程序的实施做好准备。

2．库存商品取得、发出、期末计价会计核算要求

图 3-6 列示了库存商品取得、发出、期末计价的会计核算要求。

图 3-6　库存商品取得、发出、期末计价会计核算要求

注意 ①商品流通企业外购库存商品按实际成本计价的，实际成本中是否含增值税，依据客户是一般纳税人或小规模纳税人而定。即使是一般纳税人，未取得合法凭证的，增值税也不能抵扣，应计入成本中。相关费用需直接计入或分摊计入实际成本。②如果客户是非增值税纳税人，如酒店、医院等，购入商品即使取得增值税专用发票，存货的成本中也应该包括增值税，增值税计入成本。

3．库存商品的审计目标

包含库存商品在内，所有存货项目的审计目标及与管理当局认定的关系见表 3-41。

表 3–41　　审计目标与管理当局认定对应关系表

审计目标		财务报表认定				
		存在	完整性	权利	计价和分摊	列报
A	资产负债表中记录的存货是存在的	√				
B	所有应当记录的存货均已记录		√			
C	记录的存货由被审计单位拥有或控制			√		
D	存货以恰当的金额包括在财务报表中，与之相关的计价调整已恰当记录				√	
E	存货已按照企业会计准则的规定在财务报表中做出恰当列报					√

4．为实现审计目标，按照审计准则要求的可选择审计程序及编制的工作底稿

库存商品审计可选择的程序非常多，基本思路和审计要点依然是围绕管理当局的认定。由于存货在企业资产负债表的地位重要，且存货种类繁多，收发频繁，计价方法的选择涉及会计政策和会计估计，固有风险高。因此按照审计证据充分性与审计风险的关系，即使相关内部控制对重大错报风险评估的水平较低，也必须通过实质性程序，获取较高的保证，控制审计风险。你只要能够理清思路，了解典型工作任务及其实现的审计目标，并按照典型业务案例资料确定审计结果就行，但必须能够融会贯通。涉及重新计算和重新执行的，你应该能够应用已有知识，依据事实，确认结果。

归纳的库存商品审计思路、审计要点，见图 3-7。

记录测试过程和结果的审计工作底稿及相互关系，见图 3-8。

与监盘相关的工作底稿如图 3-9 所示。

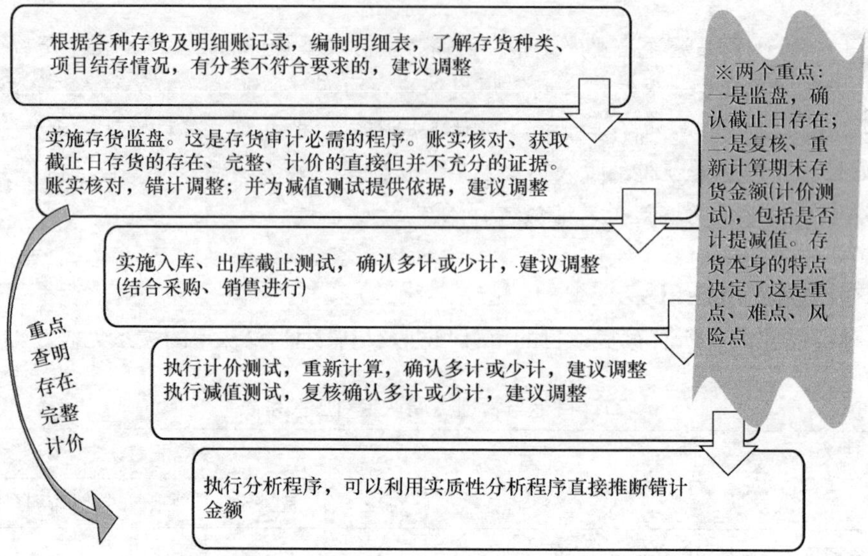

根据各种存货及明细账记录，编制明细表，了解存货种类、项目结存情况，有分类不符合要求的，建议调整

实施存货监盘。这是存货审计必需的程序。账实核对、获取截止日存货的存在、完整、计价的直接但并不充分的证据。账实核对，错计调整；并为减值测试提供依据，建议调整

实施入库、出库截止测试，确认多计或少计，建议调整（结合采购、销售进行）

执行计价测试，重新计算，确认多计或少计，建议调整
执行减值测试，复核确认多计或少计，建议调整

执行分析程序，可以利用实质性分析程序直接推断错计金额

重点查明存在完整计价

※两个重点：一是监盘，确认截止日存在；二是复核、重新计算期末存货金额(计价测试)，包括是否计提减值。存货本身的特点决定了这是重点、难点、风险点

图 3-7　库存商品审计思路、审计要点

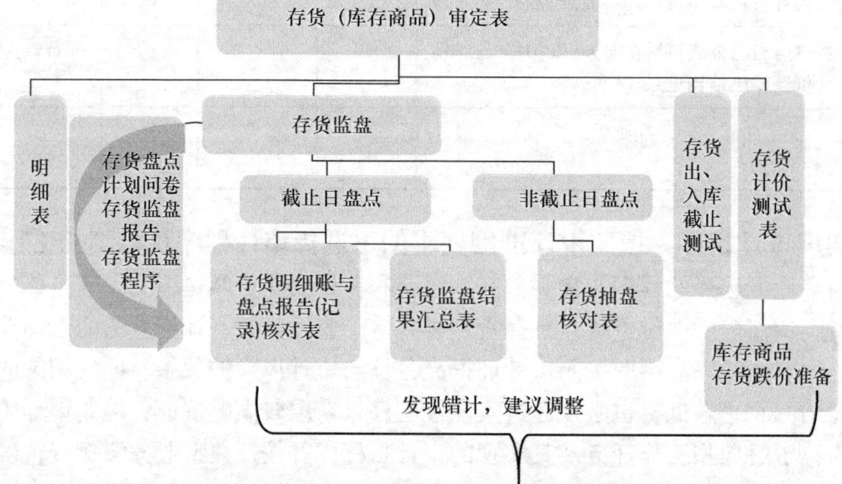

图 3-8　与库存商品相关的实质性程序工作底稿

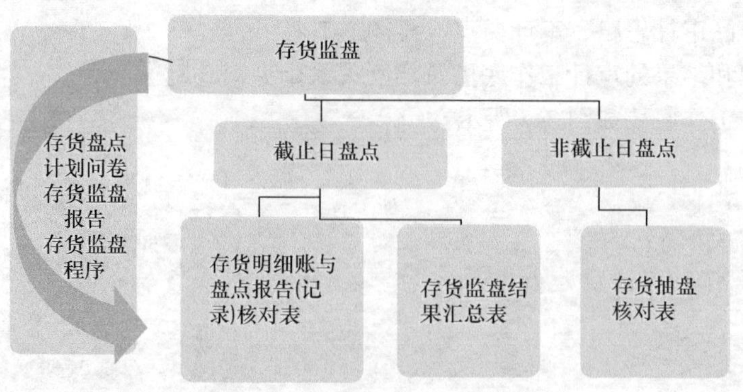

图 3-9　与监盘有关的工作底稿

表3-42列示了库存商品相关业务的审计目标与可供选择的审计程序、编制的工作底稿的对照关系。

表3-42　　审计目标与可选择审计程序及编制的工作底稿对照表

审计目标	可供选择的实质性程序	工作底稿
库存商品		
D	1. 获取或编制库存商品的明细表，复核加计是否正确，并与总账数、明细账合计数核对是否相符	存货（库存商品）明细表
ABD	2. 实质性分析程序。 （1）针对已识别需要运用分析程序的有关项目，并基于对被审计单位及其环境的了解，同时通过进行以下比较，并考虑有关数据间关系的影响，以建立注册会计师有关数据的期望值。 ① 按品种分析库存商品各月单位成本的变动趋势，以评价是否有调节生产成本或销售成本的因素； ② 比较前后各期的主要库存商品的毛利率（按月、按生产线、按地区等）、库存商品周转率和库存商品账龄等，评价其合理性并对异常波动做出解释，查明异常情况的原因； ③ 比较库存商品库存量与生产量及库存能力的差异，并分析其合理性； ④ 核对仓库记录的库存商品入库量与生产部门记录的库存商品生产量是否一致，并对差异做出解释； ⑤ 核对发票记录的数量是否与发货量、订货量、主营业务成本记录的销售量是否一致，并对差异做出解释； ⑥ 比较库存商品销售量与生产量或采购量的差异，并分析其合理性； ⑦ 比较库存商品销售量和平均单位成本之积与账面库存商品销售成本的差异，并分析其合理性； （2）确定可接受的差异额。 （3）将实际的情况与期望值相比较，识别需要进一步调查的差异。 （4）如果其差额超过可接受的差异额，调查并获取充分的解释和恰当的佐证审计证据（例如，通过检查相关的凭证）。 （5）评估分析程序的测试结果	
AB	3. 选取代表性样本，抽查库存商品明细账的数量与盘点记录的库存商品数量是否一致，以确定库存商品明细账的数量的准确性和完整性。 （1）从库存商品明细账中选取具有代表性的样本，与盘点报告（记录）的数量核对； （2）从盘点报告（记录）中抽取有代表性的样本，与库存商品明细账的数量核对	存货监盘程序 存货监盘报告 存货监盘结果汇总表 存货明细账与盘点报告（记录）核对表
BA	4. 截止测试。 （1）库存商品入库的截止测试。 ① 在库存商品明细账的借方发生额中选取资产负债表日前后______张、______金额以上的凭证，并与入库记录（如入库单，或购货发票，或运输单据）核对，以确定库存商品入库被记录在正确的会计期间； ② 在入库记录（如入库单，或购货发票，或运输单据）中选取资产负债表日前后______张、______金额以上的凭据，与库存商品明细账的借方发生额进行核对，以确定库存商品入库被记录在正确的会计期间。 （2）库存商品出库截止测试。 ① 在库存商品明细账的贷方发生额中选取资产负债表日前后______张、______金额以上的凭据，并与出库记录（如出库单，或销货发票，或运输单据）核对，以确定库存商品出库被记录在正确的会计期间；	存货入库截止测试 存货出库截止测试

续表

审计目标	可供选择的实质性程序	工作底稿
库存商品		
BA	② 在出库记录（如出库单，或销货发票，或运输单据）中选取资产负债表日前后________张、________金额以上的凭证，与库存商品明细账的贷方发生额进行核对，以确定库存商品出库被记录在正确的会计期间	
D	5. 库存商品计价方法的测试。 （1）检查库存商品的计价方法是否前后期一致。 （2）检查库存商品的入账基础和计价方法是否正确，自库存商品明细表中选取适量品种。 ① 自制库存商品： ● 以实际成本计价时，将其单位成本与成本计算单核对； ● 以计划成本计价时，将其单位成本与相关成本差异明细账及成本计算单核对。 ② 外购库存商品： ● 以实际成本计价时，将其单位成本与购货发票核对； ● 以计划成本计价时，将其单位成本与相关成本差异明细账及购货发票核对。 ③ 抽查库存商品入库单，核对库存商品的品种、数量与入账记录是否一致；并将入库库存商品的实际成本与相关科目（如生产成本）的结转额核对并做交叉索引。 （3）检查外购库存商品的发出计价是否正确。 ① 了解被审计单位对库存商品发出的计价方法，并抽取主要库存商品，检查其计算是否正确；若库存商品以计划成本计价，还应检查产品成本差异的发生和结转金额是否正确。 ② 编制本期库存商品发出汇总表，与相关科目勾稽核对，并复核________月库存商品发出汇总表的正确性。 ③ 结合库存商品的盘点，检查期末有无库存商品已到而相关单据未到的情况，如有，应查明是否暂估入账，其暂估价是否合理	存货计价测试表
ABCD	6. 对于通过非货币性资产交换、债务重组、企业合并以及接受捐赠取得的库存商品，检查其入账的有关依据是否真实、完备，入账价值和会计处理是否符合相关规定	
ABCD	7. 检查投资者投入的库存商品是否按照投资合同或协议约定的价值入账，并同时检查约定的价值是否公允，交接手续是否齐全	
CAB	8. 检查与关联方的商品购销交易是否正常，关注交易价格、交易金额的真实性与合理性，检查合并范围内购货记录应予合并抵销的数据是否抵消	
A	9. 审阅库存商品明细账，检查有无长期挂账的库存商品，如有，应查明原因并做适当处理	
CE	10. 结合银行借款等科目，了解是否有用于债务担保的库存商品，如有，则应取证并做相应的记录，同时提请被审计单位做恰当披露	
	11. 根据评估的舞弊风险等因素增加的审计程序	
存货监盘		
ABD	编制存货监盘报告，对存货进行监盘。详见存货监盘程序。 工作底稿：存货盘点计划问卷/存货监盘报告/存货监盘结果汇总表/存货抽盘核对表/委托代管存货询证函	
存货跌价准备		
BD	1. 获取或编制存货跌价准备的明细表，复核加计是否正确，并与总账数、明细账合计数核对是否相符	

续表

审计目标	可供选择的实质性程序	工作底稿
存货跌价准备		
D	2. 检查分析存货是否存在减值迹象，以判断被审计单位计提存货跌价准备的合理性。 （1）将存货余额与现有的订单、资产负债表日后各期的销售额和下一年度的预测销售额进行比较，以评估存货滞销和跌价的可能性。 （2）比较当年度及以前年度存货跌价准备占存货余额的比例，并查明异常情况的原因。 （3）结合存货监盘，对存货的外观形态进行检视，以了解其物理形态是否正常；检查期末结存库存商品和在产品针对型号陈旧、产量下降、生产成本或售价波动、技术或市场需求的变化情形，以及期后销售情况考虑是否需进一步计提准备。 ① 对于残次、冷背、呆滞的存货查看永续盘存记录、销售分析等资料，分析当年实际使用情况，确定是否已合理计提跌价准备； ② 将上年度残次、冷背、呆滞存货清单与当年存货清单进行比较，确定是否需补提跌价准备	
D	3. 检查计提存货跌价准备的依据、方法是否前后一致	
D	4. 根据成本与可变现净值孰低的计价方法，评价存货跌价准备所依据的资料、假设及计提方法，考虑是否有确凿证据为基础计算确定存货的可变现净值，检查其合理性	
D	5. 考虑不同存货的可变现净值的确定原则，复核其可变现净值计算的正确性（即充足但不过度）。 （1）对于用于生产而持有的原材料，检查是否以所生产的产成品的估计售价减去至完工时估计将要发生的成本、估计的销售费用和相关税费后的金额作为其可变现净值的确定基础； （2）库存商品和用于出售而持有的原材料等直接用于出售的存货，检查是否以该存货的估计售价减去估计的销售费用和相关税费后的金额作为其可变现净值的确定基础； （3）检查为执行销售合同而持有的库存商品等存货，是否以合同价格作为其可变现净值的确定基础；如果被审计单位持有库存商品的数量多于销售合同订购数量，超出部分的库存商品可变现净值是否以一般销售价格为计量基础	
D	6. 抽查计提存货跌价准备的项目，其期后售价是否低于原始成本	
D	7. 检查存货跌价准备的计算和会计处理是否正确，本期计提或转销是否与有关损益科目金额核对一致	
D	8. 对从合并范围内部购入存货计提的跌价准备，关注其在合并时是否已做抵销	
D	9. 检查债务重组、非货币性资产交换和企业合并等涉及存货跌价准备的会计处理是否正确	
	10. 根据评估的舞弊风险等因素增加的审计程序	

二、典型工作任务

各项任务工作底稿资料来源、编表要求不再赘述。

1. 编制存货类别明细表（见表 3-43）

表 3-43　　存货类别明细表

存货类别	期初余额	本期增加	本期减少	期末余额	备注
合计					

审计说明：

2．编制存货明细表

存货明细表如表 3-44 所示，从其结构内容上就可以比较出与存货类别明细表的功能不同。

表 3-44　　　　　　存货明细表

类　别	名称及规格	计量单位	数　量	单　价	金　额	备　注

编制说明：

本表适用于材料采购/在途物资、原材料、库存商品、发出商品、委托加工物资、周转材料等。

审计说明：

3．编制存货出库截止测试表（见表 3-45）

表 3-45　　　　　　存货出库截止测试

一、从存货明细账的贷方发生额中抽取样本与出库记录核对，以确定存货出库被记录在正确的会计期间

序号	摘要	明细账凭证			出库单（或销售发票）			是否跨期
		编号	日期	金额	编号	日期	金额	
截止日前 截止日期：20×1 年×月×日 截止日后								

二、从存货出库记录中抽取样本与明细账的贷方发生额核对，以确定存货出库被记录在正确的会计期间

序号	摘要	出库单（或销售发票）			明细账凭证			是否跨期
		编号	日期	金额	编号	日期	金额	
截止日前 截止日期：20×1 年×月×日 截止日后								

编制说明：本表适用于材料采购/在途物资、原材料、在产品、库存商品等。

审计说明：

4．存货监盘

库存商品（存货）审计时，监盘是必要的审计程序。图 3-10 列示了存货监盘的总流程。具体各步骤操作要求见存货监盘程序表（表 3-46）、存货监盘结果汇总表（表 3-47）、存货明细账与盘点报告（记录）核对表（表 3-48）及存货抽盘核对表（表 3-49）。

存货监盘总流程

了解评价客户单位盘点计划

设计监盘程序

现场观察（环境、数量、质量）

抽查

取得截止测试单据

记录监盘结果

执行账实核对，编制监盘报告

图 3-10　存货监盘的总流程

表 3-46　存货监盘程序

一、监盘开始前的工作		
项目	是或否	工作底稿编号
1. 索取“期末存货盘点计划”		
2. 索取该仓库“存货收发存月报表”		
3. 索取存货的“盘点清单”		
4. 索取盘点前该仓库收料、发料的最后一张单证		
5. 存货是否已停止流动		
6. 废品、毁损物品是否已分开堆放		
7. 货到单未到的存货是否已暂估入账		
8. 发票未开，客户已提去的存货是否已单独记录		
9. 发票已开，客户未提去的存货是否已单独记录（或单独堆放）		
10. 存货是否已按存货的型号、规格排放整齐		
11. 外单位寄存的货物是否已分开堆放		
12. 代外单位保管的货物是否已分开堆放		
13. 外单位代销的货物是否已分开堆放		
14. 其他非本公司的货物是否已分开堆放		
15. 委托外单位加工的存货、存放外单位的存货，是否收到外单位的书面确认书		
16. 最近一次盘点存货的日期		
17. 最近一次对计量用具（地秤、秤量器和其他计量器）的校对		
18. 是否有存货的记录位置或存放图		

续表

二、监盘进行中的工作

1. 监盘从____点开始，共分______个监盘小组，每个小组_______人。

（1）一人点数并报出型号、规格；

（2）一人记录“盘点清单”；

（3）一人____。

2. 核对仓库报表结存数量与仓库存货账结存数量是否相符；仓库存货账结存数量与仓库存货卡数量是否相符；填制“存货表、账、卡核对记录表”。

3. 盘点结束，索取“盘点清单”及“存货盘盈、盘亏汇总表”

三、复盘

1. 盘点结束后，选择数额较大、收发频繁的存货项目进行复盘。

2. 复盘人员为____________________________。

3. 复盘记录详见“存货监盘结果汇总表”（附后）。

4. 复盘统计。

品种、型号共______种，复盘______种，占_________%；

金额共________元，复盘达_________元，占__________%。

5. 计算复盘正确率。

复盘共______种，其中复盘正确的有_____种，占_______%；

复盘金额共________元，其中复盘正确的有 _________元，占________ %。

6. 确定存货中属于残次、毁损、滞销积压的存货及其对当年损益的影响。

存货中属于残次、毁损、滞销积压的存货的金额为________________元。

其中，原材料________________元；　在产品________________元；

　　　产成品________________元；库存商品______________元；

　　　合　计________________元。

四、盘点结束后的工作

1. 再次观察现场并检查盘点表单；

2. 复核盘点结果汇总记录；

3. 关注盘点日与资产负债表日之间存货的变动情况；

4. 关注存货盘点结果与永续盘存记录之间出现重大差异的处理；

5. 关注被审计单位盘点方式及其结果无效时的处理，如果认为被审计单位的盘点方式及其结果无效，注册会计师应当提请被审计单位重新盘点；

6. 请参加复盘人员在“存货监盘结果汇总表”上签字；

7. 索取由仓库人员填写的“复盘差异说明”（请用文字说明，并加盖单位公章）

五、对盘点及复盘的评价

1. 仓库管理人员对存货很（一般、不）熟悉；

2. 盘点工作及复盘工作很（一般、不）认真；

3. 对会计师需要的资料很（一般、不）配合；

4. 监盘结果总体评价

监盘人员签名____

表 3-47 存货监盘结果汇总表

存货类别	存货名称	单位	监盘数量	未经确认盘点报告数量	差异数量	差异原因	索引号	审计确认盘点报告数量

监盘人员签名________________

编制说明：本表适用于监盘日（盘点日）为财务报表截止日的情况。
审计说明：

表 3-48 存货明细账与盘点报告（记录）核对表

一、从明细账中选取具有代表性的样本将明细账上的存货数量与经确认盘点报告的数量核对

序号	地点	样本描述		期末存货明细账记录			获取的存货清单	索引号	经确认的期末存货盘点表	数量差异	差异分析及处理
		存货类别	存货型号	单价	数量	金额	数量		数量		
					①		②		③	④=①-②或②-③	

二、从经确认的盘点报告中抽取有代表性的样本将盘点报告的数量与存货明细账核对

序号	地点	样本描述		索引号	经确认的期末存货盘点表	期末存货明细账记录			被审计单位提供的存货清单的数量	数量差异	差异分析及处理
		存货类别	存货型号		数量	单价	数量	金额			
					①		②		③	④=①-②或①-③	

编制说明：本表适用于监盘日（盘点日）为财务报表截止日的情况。
审计说明：

表 3-49 存货抽盘核对表

（1）资产负债表日前抽盘核对表

序号	品名及规格	单位	抽盘日实存数量	加：抽盘日至资产负债表日入库数量	减：抽盘日至资产负债表日发出数量	资产负债表日实存数量	资产负债表日账面数量	差异	原因分析

（2）资产负债表日后抽盘核对表

序号	品名及规格	单位	抽盘日实存数量	加：资产负债表日至抽盘日发出数量	减：资产负债表日至抽盘日入库数量	资产负债表日实存数量	资产负债表日账面数量	差异	原因分析

编制说明：本表适用于抽盘日不是财务报表截止日的情况。

审计说明：

5．存货计价测试（见表 3-50）

表 3-50　　存货计价测试表

品名及规格：

月份	增加			减少（计价方法：　　）			结存		
	数量	单价	金额	数量	单价	金额	数量	单价	金额
期初数									
1 月									
2 月									
……									
12 月									
合计									

注：本表适用于原材料、库存商品、发出商品等。

审计说明：

三、任务操作演示

本任务仅测重于监盘程序的实施，与期末计价相关的程序应用，请关注下一个任务“主营业务成本审计”。

1．库存商品监盘程序

案例资料：在对中石化（山东）年度财务报表审计过程中，中石化集团成立专门盘点组对库存商品进行盘点，其中包括纪检督察人员，由审计人员监盘（属于截止日后盘点）。审计人员了解并记录了集团对盘点的组织、安排。盘点组准备好测量用油尺、盘点记录等，采取突击盘点方式。每到一处加油站（见图 3-11），盘点组要求现场工作人员立刻停止加油，打开油罐，测量储油罐中油的高度，抄录油表并做好记录，由有关人员签字。现场审计人员执行抽点（观察执行，检查记录结果），根据现场记录，测算实际盘存量，调节至报表截止日存量，进行账实核对，并编制监盘报告。账实核对的结果，作为进一步确认截止计价的依据。

图 3-11　加油站

①如果你是现场审计监盘人员，之前应该做哪些工作？②在现场监盘过程中应注意什么？干什么？③监盘后还需要做什么？④监盘工作的结果（目标）是什么？

2．库存商品监盘结果的检查

（1）案例资料：华兴公司外购材料和商品按照实际成本计价，发出和期末存货计价采用加权平均法。经核实已入账业务计价正确。在监盘的基础上，获取最后一张出、入库凭证，以便确认截止入账的正确性，并有助于分析账实不符的原因。盘点安排在截止日后进行。审计监盘表见表3-51，账实不符查找的有关账证资料共5张，见表3-52～表3-56。

（2）任务实施。

① 编制存货监盘表，计算应存数和差异，填在表3-51中。

表3-51　存货监盘表

盘点日：20×2年1月10日

序号	存货名称	存放地点	计量单位	单价	截止日账面记录		盘点日实存量	盘点日至截止日		截止日应存数	差异量
					数量	金额		发出数	收入数		
	混合纸	原料库	吨	295.41	2 398.058	708 410.31	2 598.058	200	300		
	原煤	原料库	吨	175.19	244.658	42 861.64	232.658	12			
	本片	成品库	吨	558.43	349.985	195 442.12	259.985	50			
备注		盘点日存量为审计监盘并抽点的结果，盘点日至截止日收发量核对仓库收发凭证无误。									

② 查找可能导致差异的业务单据，分析差异产生的原因，提出调整建议。

a. 查找与原材料混合纸差异有关的账证，确认材料验收发生在期末未入账，写出调整分录。检查调整后账实是否一致。

表3-52　原材料明细账

品名：混合纸　　规格：　　单位：吨　　存放地点：原料库

20×1年		凭证号	摘要	收入			发出			结存		
月	日			数量	单价	金额	数量	单价	金额	数量	单价	金额
12	1		期初结存							1 500	300.00	450 000.00
	3	9	验收	1 050	298.00	312 900.00				2 550		
	16	34	验收	2 000	290.61	581 215.50				4 550		
	31	79	生产用				2 151.942	295.41	635 705.19	2 398.058	295.41	708 410.31

表3-53　材料验收单

存放地点：原料库　　20×1年12月30日　　No:0037601

货物名称	型号规格	计量单位	应收			实收		
			数量	单价	金额	数量	单价	金额
混合纸		吨	货物收讫			100	298.00	29 800.00
备注：	估价入账							

开票：丁一　　验收：吴均　　保管：李明　　记账：

b. 查找与库存商品本片差异有关的账证，确认期末销售尚未收到货款未记账，写出调整分录。检查调整后账实是否一致。

表 3-54　　　商品出库单

20×1 年 12 月 30 日

购货单位：山东省印刷物资公司　　　存放地点：成品库　　　No:0037610

货物名称	型号规格	计量单位	发出			备注
			数量	单价	金额	
本片		吨	40	558.43	22 337.20	货物付讫

开票：丁一　　　保管：李明　　　记账：

表 3-55　　　山东增值税专用发票

3100050678　　　　　№ 00829402

开票日期：20×1 年 12 月 30 日

国税函［2010］150 号济南华森印刷厂

购货单位	名称：山东省印刷物资公司 纳税人识别号：370112787444223 地址、电话：济南市历山路 102 号 0531-89025678 开户行及账号：工行历城区支行洪楼分理处　1602357009034120761	密码区	67893--+9827/16<241<加密版本：01 0<<>3<2+876<-6105>4+>　3100050678 51*84-9319<8>9-20<750 0/-3000252/9-*+91>>4+　00829402

货物或应税劳务名称	规格型号	单位	数量	单价	金额	税率	税额
本片		吨	40	600.00	24 000.00	17%	4 080.00
合计					¥24 000.00		¥4 080.00
价税合计（大写）	⊗贰万捌仟零捌拾元整				（小写）¥28 080.00		

销货单位	名称：华兴股份有限公司 纳税人识别号：310104760169081 地址、电话：济南市旅游路 88 号 0531-86345678 开户行及账号：工行历城区支行洪楼分理处　1602007009034120818	备注	华兴股份有限公司 税号：370104760169081 发票专用章

第一联　记账联　销货方记账凭证

收款人：苗艳　　　复核：李经开　　　开票人：王越　　　销货单位：（章）

表 3-56　　　库存商品明细账

品名：本片　　　规格：　　　单位：吨　　　存放地点：成品库

20×1 年		凭证号	摘要	收入			发出			结存		
月	日			数量	单价	金额	数量	单价	金额	数量	单价	金额
12	1		期初结存							150	557.69	83 653.50
	3	9	验收	500	558.65	279 326.00				650		
	8	18	销售				170.312			479.688		
	23	96	销售				109.703			369.985		
	28	133	销售				20.000			349.985	558.43	195 442.12

c. 假如审计监盘时发现期初库存的商品本片因过期而不好销售并长期积压，企业对此未做任何减值测试处理。根据市场评估可收回金额，假如每吨最多卖 30 元，请问你应当如何建议调整？

请获取或整理相关信息，完成管理层舞弊表（表 3-57）和员工侵占资产表（表 3-58），阅读理解表 3-59 可以帮助你分析发现可能存在的错误领域。

表 3-57　管理层舞弊

错计性质	常见手段及目的
虚构多计	
隐瞒少计	

表 3-58　员工侵占资产

常用手段	舞弊表现

表 3-59　利用分析程序发现可能的错报

序号	分析程序	可能的错报
1	比较本期和以前的毛利	存货和销售成本账户可能被高估
2	比较本期和以前各期的存货周转率（销售成本/平均存货）	可能存在陈旧存货
3	比较本期和以前各期单位成本	存货和销售成本可能高估或低估

四、任务训练

存货盘点及截止审计。

（1）任务背景资料：审计参与 20×2 年 1 月 10 日对客户公司 20×1 年度存货监盘，并进行账实核对。对有差异的存货进一步获取相关资料。

（2）任务实施。

① 计算完成存货监盘表，见表 3-60。

表 3-60　存货监盘表　盘点日：20×2 年 1 月 10 日

序号	存货名称	存放地点	计量单位	单价	截止日账面记录		盘点日	盘点日至截止日		截止日	差异量
					数量	金额	实存量	发出数	收入数	应存数	
1	混合纸	原料库	吨	295.41	2 798.058	826 574.31	2 598.032	500	300		
2	原煤	原料库	吨	175.19	244.658	42 861.64	232.658	120	140		
3	本片	成品库	吨	558.43	349.985	195 442.12	349.985		100		
备注	盘点日存量为审计监盘并抽点的结果，盘点日至截止日收发量核对仓库收发凭证无误。										

② 针对混合纸账实不符，确认属合理损耗，建议调整。

③ 针对原煤账实不符，发现有尚未收到发票的验收单估价入账，如表 3-61 所示。

表 3-61　　材料验收单

供货单位：山东煤炭总公司　　20×2 年 1 月 3 日　　№:0037601

合同号：购字 0025　　存放地点：原料库　　第四联 记账联

货物名称	型号规格	计量单位	应收			实收			备注
			数量	单价	金额	数量	单价	金额	
原煤		吨				32	175.19	5 606.08	估价入账

开票：丁一　　验收：吴均　　保管：李明　　记账：

建议调整：

④ 针对本片账实不符，审计发现未入账的商品出库单一张，如表 3-62 所示。

表 3-62　　商品出库单

购货单位：山东省印刷物资公司　　20×1 年 12 月 30 日　　№:0030671

合同号：销字 0075　　存放地点：成品库　　第四联 记账联

货物名称	型号规格	计量单位	发出			备注
			数量	单价	金额	
本片		吨	100	558.43	55 843.00	

开票：丁一　　保管：李明　　记账：黄丽

经审查该笔销货发票已开，款项存入银行，商品已出库未入账。已开具的销货发票如表 3-63 所示。

表 3-63

3100050678　　№ 00829402

开票日期：20×1 年 12 月 30 日

购货单位	名称：山东省印刷物资公司 纳税人识别号：370112787444223 地址、电话：济南市历山路 102 号 0531-89025678 开户行及账号：工行历城区支行洪楼分理处　1602357009034120761			密码区	67893--+9827/16<241<加密版本:01 0<<>3<2+876<-6105>4+>　3100050678 51*84-9319<8>9-20<750 0/-3000252/9-*+91>>4+　00829402		
货物或应税劳务名称	规格型号	单位	数量	单价	金额	税率	税额
本片		吨	100	600.00	60 000.00	17%	10 200.00
合计					¥60 000.00		¥10 200.00
价税合计（大写）	⊗柒万零贰佰元整				（小写）¥70 200.00		
销货单位	名称：华兴股份有限公司 纳税人识别号：310104760169081 地址、电话：济南市旅游路 88 号 0531-86345678 开户行及账号：工行历城区支行洪楼分理处　1602007009034120818			备注	华兴股份有限公司 税号：370104760169081 发票专用章		

网银收讫

收款人：苗艳　　复核：李经开　　开票人：王越　　销货单位：（章）

国税函［2010］150 号济南华森印刷厂

第一联 记账联 销货方记账凭证

建议调整：

任务三　主营业务成本审计

案例导读

生产“芭比娃娃“的马蒂尔公司造假案

［资料来源：中国注册会计师协会网站］马蒂尔公司是美国最著名的玩具上市公司，一直被认为是股民看好的绩优公司，主要生产“芭比娃娃”系列玩具。1971 年，马蒂尔公司被财务分析人士一致认为是全美发展最快的上市公司之一，该年度公司净利润高达 3 400 万美元，销售额高达 2.75 亿美元，股价曾一度上摸 50 美元，股票总市值高达 3 亿美元。然而，谁也没有想到这原来是个骗局。

此后公司每况愈下，1972 年亏损 3 000 万美元。由于经营状况的恶化，经常给公司提供巨额贷款的一家金融财团建议马蒂尔公司雇佣斯皮尔替代罗森伯格。1973 年斯皮尔接任副总裁职务，发现公司面临异常严峻的财务危机。1973 年公司发生巨大亏损，且亏损远大于往年，公司股价一路狂泻。美国证券交易委员会决定对该公司的财务进行调查。1975 年 11 月，新任董事长颁布了一份长达 500 页的报告，详细地介绍了公司管理层是如何精心伪造虚假巨额利润的细节，以及安达信会计师事务所是如何审计公司精心伪造的财务报表的。于是，一宗财务报告舞弊案大白于天下。

后经查，马蒂尔公司财务造假的手法主要包括：①不恰当的销售截期。1971 年 1 月 30 日是公司的会计年度截止日，为增加公司的销售额，在当日采用了“持有货单”的销售确认方式，从而为公司增加了 1 500 万美元的销售收入。②故意低估存货过时备抵。1971 年和 1972 年两个会计年度公司管理层故意低估了大约 500 万美元的存货跌价准备。③高估递延开发成本。1970 年到 1972 年，公司管理层通过不恰当的递延开发费用摊销来虚估利润。④低估应付专利权使用费。公司为逃避支付事先约定的专利权使用费，将 440 万美元的无关费用分配到“热轮”玩具的成本中，至少使公司少支付给发明者专利费 200 多万元。⑤不恰当计算企业财产毁坏保险的索赔费。1970 年 9 月，马蒂尔公司的仓库发生火灾，获得了全额赔偿。此外，公司还向保险公司投了中断经营险——因中断经营而使收入减少时，可以向保险公司索赔 1 000 万美元。因此，公司在 1970 年的财务报表中将欲向保险公司索赔的 1 000 万美元记入应收款，但实际上公司无法从保险公司获得上述巨额赔款。

一、知识准备

如果企业依照会计准则要求确认主营业务成本的话，截止日会计报表上列示的主营业务成本的含义应该是指本期销售产品、商品的成本。换句话说，在生产制造企业，主营业务成本是按入库产品的生产成本选择恰当的发出存货的计价方法确定的单位销售成本，乘以实际销售的数量计算确认的；或者可以根据实存商品的数量，在按照计算确定的结存商品的单位成本计算确认结存商品成本的基础上倒挤出的商品销售成本。商品流通企业的主营业务成本，则是在采购商品实际成本的基础上，按照同样的原则，计算确认的。

讨论 假如库存商品账簿记录表 3-64 中，期初结存、本期入库、本期销售、期末结存数量、金额均无误，企业期末存货成本计算采取加权平均法。①请计算加权平均单价，记入表 3-64 中，注意保留的小数位数。②计算结存商品的成本记入表中。③经盘点确认期末商品账实相符。④请计算（倒挤）本期商品销售成本，并编制成本结转分录。⑤假如存在以下情况：1）截止日商品实存数量 5 000 件；2）经核实 31 日入库产品数量无误，单位成本应为 277.86 元；3）根据销售截止测试结果，发现本期销售少记数量 400 件。依然按照加权平均法计算，重新确认的结存商品金额是多少？本期商品销售的成本呢？⑥归纳一下，主营业务成本的金额确认受什么因素影响？

表 3-64 库存商品明细账

品名：甲商品 单位：件

日期	摘要	收入			发出			结存		
		数量	单价	金额	数量	单价	金额	数量	单价	金额
1	期初结存							5 300	260.00	1 378 000.00
5	销售				100			5 200		
10	销售				1 200			4 000		
15	销售				1 600			2 400		
31	入库	3 000	261.79	785 370.00				5 400		

1．主营业务成本业务涉及的部门、业务活动及凭证种类

阅读理解图 3-12，查阅生产制造企业生产与仓储循环中的交易、账户、业务活动和相关的凭证记录表，掌握相关知识。

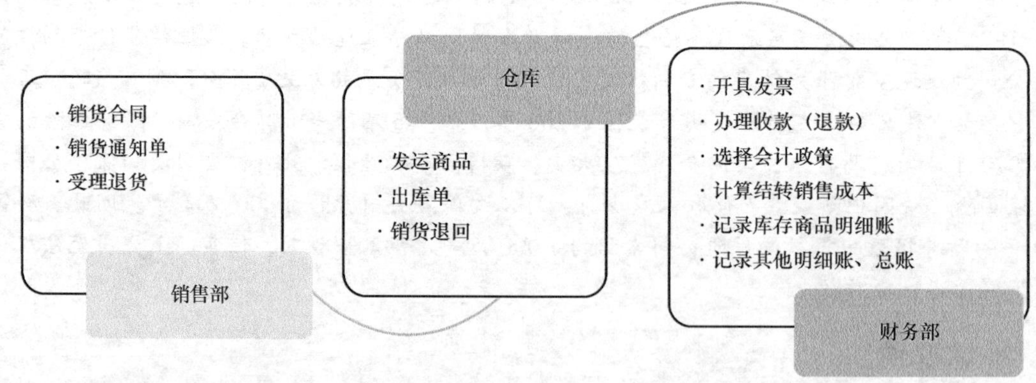

图 3-12 与主营业务成本相关的部门、业务活动及凭证种类

2．主营业务成本关键内部控制

主营业务本关键内部控制如图 3-13 所示。

3．主营业务成本审计目标

通过学习审计目标与管理当局认定对应关系表（3-65），可以帮助你清楚地理解主营业务成本审计目标确定的合理性。

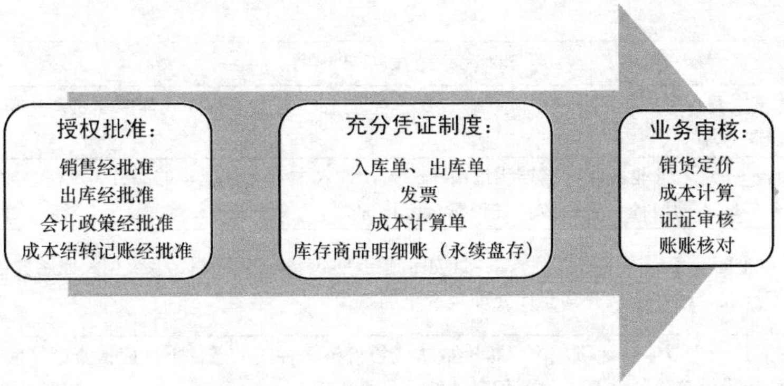

图 3-13 主营业务成本关键内部控制

表 3-65 审计目标与管理当局认定对应关系表

审计目标		财务报表认定					
		发生	完整性	准确性	截止	分类	列报
A	利润表中记录的营业成本已发生，且与被审计单位有关	√					
B	所有应当记录的营业成本均已记录		√				
C	与营业成本有关的金额及其他数据已恰当记录			√			
D	营业成本已记录于正确的会计期间				√		
E	营业成本已记录于恰当的账户					√	
F	营业成本已按照企业会计准则的规定在财务报表中做出恰当的列报						√

想一想

你认为上述目标中风险可能最高的认定是哪项？为什么？

4．为实现审计目标，按照审计准则要求的可选择审计程序及编制的工作底稿

仔细阅读表 3-66，你可以比较全面地了解主营业务成本审计所涉及的所有工作内容，将审计目标、获取审计证据的程序、审计工作底稿有机结合在一起，为“做中学”完成典型工作任务做好知识准备。

表 3-66 审计目标与可选择审计程序及编制的工作底稿对照表

审计目标	可供选择的审计程序	工 作 底 稿
C	1. 获取或编制主营业务成本明细表，复核加计是否正确，并与总账数和明细账合计数核对是否相符，结合其他业务成本科目与营业成本报表数核对是否相符	主营业务成本明细表
ABC	2. 实质性分析程序（必要时）。 （1）针对已识别需要运用分析程序的有关项目，注册会计师基于对被审计单位及其环境的了解，通过进行以下比较，并考虑有关数据间关系的影响，以建立注册会计师对有关数据的期望值。 ① 比较当年度与以前年度不同品种产品的主营业务成本和毛利率，并查明异常情况的原因； ② 比较当年度与以前年度各月主营业务成本的波动趋势，并查明异常情况的原因； ③ 比较被审计单位与同行业的毛利率，并查明异常情况的原因； ④ 比较当年度及以前年度主要产品的单位产品成本，并查明异常情况的原因。 （2）确定可接受的差异额。 （3）将实际的情况与期望值相比较，识别需要进一步调查的差异。 （4）如果其差额超过可接受的差异额，调查并获取充分的解释和恰当的佐证审计证据（例如，通过检查相关的凭证）。 （5）评估分析程序的测试结果。 3. 检查主营业务成本的内容和计算方法是否符合会计准则规定，前后期是否一致。	主营业务成本与上年度比较分析表/主要产品单位主营业务成本分析表/营业成本检查表/主营业务成本倒轧表

续表

审计目标	可供选择的审计程序	工作底稿
ABC	4. 复核主营业务成本明细表的正确性，编制生产成本与主营业务成本倒轧表，并与相关科目交叉索引。	
AB	5. 抽查___月主营业务成本结转明细清单，比较计入主营业务成本的品种、规格、数量和主营业务收入的口径是否一致，是否符合配比原则。	
ABCDE	6. 针对主营业务成本中重大调整事项（如销售退回）、非常规项目，检查相关原始凭证，评价真实性和合理性，检查其会计处理是否正确。	主营业务成本账户中重大调整事项核查表
C	7. 在采用计划成本、定额成本、标准成本或售价核算存货的条件下，应检查产品成本差异或商品进销差价的计算、分配和会计处理是否正确。	
AB	8. 结合期间费用的审计，判断被审计单位是否通过将应计入生产成本的支出计入期间费用，或将应计入期间费用的支出计入生产成本等手段调节生产成本，从而调节主营业务成本。	
	9. 根据评估的舞弊风险等因素增加的审计程序。	

（1）归纳的主营业务成本审计思路、审计要点，见图3-14。

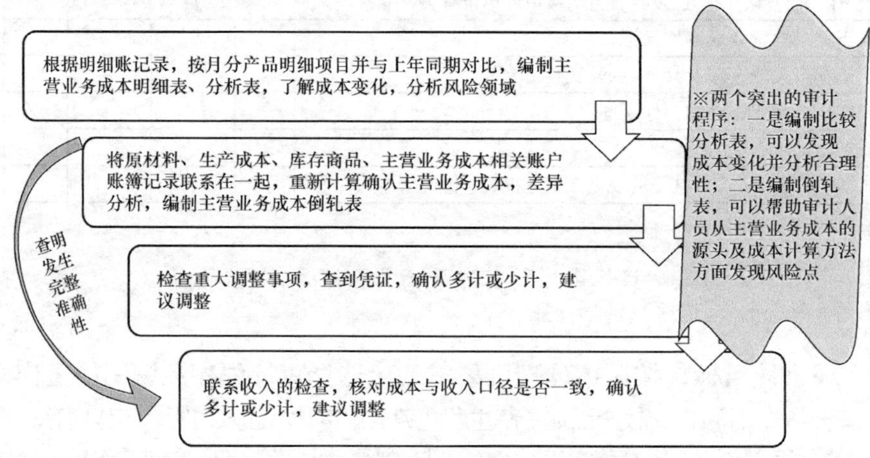

图3-14　主营业务成本审计思路、审计要点

（2）记录测试过程和结果的审计工作底稿及相互关系，见图3-15。

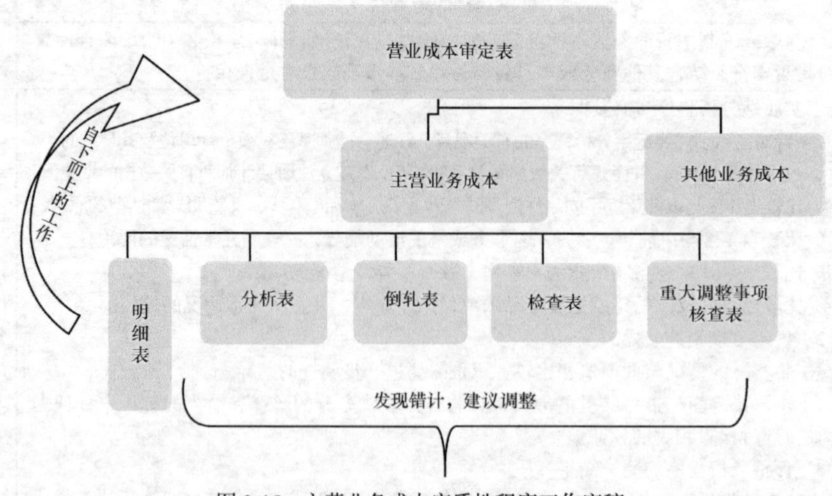

图3-15　主营业务成本实质性程序工作底稿

二、典型工作任务

在项目经理的指导、监督下，按照具体审计计划的要求，你应该能够利用计算机办公软件完成下列工作任务，见表3-67～表3-70。这些任务包括编制主营业务成本明细表（与收入表相同略），编制主营业务成本与上年度比较分析表，编制主要产品单位主营业务成本分析表，编制主营业务成本账户中重大调整事项核查表，编制主营业务成本倒轧表（这张表看上去复杂，其实通过编表，就是将从原材料—主营业务成本重新计算了一遍），编制营业成本检查表（同所有检查表，略）。

表3-67　　主营业务成本与上年度比较分析表

产品类别	本年度			上年度			差额				索引号	备注
	数量	平均单位成本	总成本	数量	平均单位成本	总成本	数量	平均单位成本	总成本	平均单位成本增长率		

审计说明：

表3-68　　主要产品单位主营业务成本分析表

月份	产品A			产品B			产品C			产品……		
	单位营业成本	与全年平均数差额	分析结论	单位营业成本	与全年平均数差额	分析结论	单位营业成本	与全年平均数差额	分析结论	单位营业成本	与全年平均数差额	分析结论
1												
2												
……												
12												
全年平均												

审计说明：

表3-69　　主营业务成本账户中重大调整事项核查表

20×1年　月	日	凭证号	重大调整事项内容	调整金额		调整理由	理由是否充分	
				借方	贷方		是	否

编制说明：本表用于核查被审计单位账务处理中存在的重大主营业务成本调整事项的合理性。

审计说明：

表3-70　　主营业务成本倒轧表

存货种类	行次	金　额	索引号	备　注
一、原材料	1			
期初原材料余额	2			审定的原材料期初数

续表

存货种类	行次	金　额	索引号	备　注
加：本期购货净额	3			
加：其他增加	4			
其中：生成成本转入	5			与生产成本转出数一致
委托加工物资	6			与调拨转入数一致
盘盈	7			盘盈
减：期末原材料余额	8			
减：其他原材料发出额	9			
其中：制造费用领用	10			
营业费用领用	11			
管理费用领用	12			
销售配件及材料	13			主营业务成本及其他业务成本
委托加工物资转出	14			与调拨转出数一致
其他情况调整	15			材料报废、转在建工程等
本期转入生产成本	16			与原材料发生明细分析数一致
二、生产成本	17			
期初生产成本余额	18			审定后生产成本期初数
加：本期增加	19			
其中：本期原材料转入	20			=16 行
库存商品转入	21			
外购材料及加工劳务	22			
生产成本转入	23			自制半成品直接转入
人工成本	24			经审计确认的直接人工
制造费用及折旧	25			经审计确认的制造费用
其他增加	26			外加工及辅料等项目
减：期末数	27			审定后生产成本期末数
减：其他转出	28			
其中：转入生产成本	29			自制半成品直接转入下工序
转入原材料	30			=5 行
主营业务成本	31			生产成本直接转入主营业务成本
其他转出	32			为内部部门提供劳务、自用等
本期转入产成品	33			
三、产成品	34			
期初产成品余额	35			产成品期初审定数
加：本期生产成本转入	36			=33 行
加：外购产成品	37			产成品明细表
材料成本差异	38			材料成本差异转入
减：期末数	39			产成品审定期末数

续表

存货种类	行次	金额	索引号	备注
减：成品报废	40			报废
减：退库改造	41			产成品退库改造
减：其他情况调整	42			试验、修理、样机等
本期转入主营业务成本（倒扎数）	43			
四、产品销售成本	44			
本期主营业务成本	45			
减：原材料结转主营业务成本	46			
减：生产成本结转主营业务成本	47			
本期产成品销售成本	48			
五、差异	49			
差异占当期主营业务成本的比率	50			

审计说明：

三、任务操作演示

1．测试库存商品、主营业务成本，确认期末结存商品金额和本期销售商的成本

（1）案例资料：华兴股份有限公司库存商品发出和期末计价采取月末一次加权平均法。按照库存商品的审计程序，实施了①商品监盘，确认截止日实存 3 500 瓶，账实不符。库存商品明细账见表 3-71；②对本期商品出入库截止测试，发现有未入账的入库单一张，见表 3-72，供应商为一般纳税人，尚未取得购货发票；③对本期商品出库截止测试，发现期末已开具发票收款确认销售，但未结转成本。编制的记账凭证、发票、出库单见表 3-73、表 3-74、表 3-75；④对本期已入账业务检查，收发数量符合实际，采购成本确认无误。

表 3-71

本账页数	
本户页数	

最高储存量____

最低储存量____

库存商品明细账

编号________规格________　　　　单位　瓶　名称　金龙鱼

年		凭证		摘要	借方											贷方											借或贷	结存										
月	日	种类	号数		数量	单价	百	十	万	千	百	十	元	角	分	数量	单价	百	十	万	千	百	十	元	角	分		数量	单价	百	十	万	千	百	十	元	角	分
12	1			期初结存																								5 000	73.00		3	6	5	0	0	0	0	0
	3		9	验收	2 000	77.56		1	5	5	1	1	6	0	0													7 000										
	16		34	验收	2 000	85.41		1	7	0	8	2	0	0	0													9 000	76.77		6	9	0	9	3	6	0	0
	31		79	销售												7 000	76.77		5	3	7	3	9	0	0	0		2 000	76.77		1	5	3	5	4	6	0	0
				结转下年																																		

（2）任务实施：

① 针对已验收未入账的商品，建议调整。

表 3-72　　入库单

存放地点：1 号仓库　　20×1 年 12 月 30 日　　№：3835290

品　名	单　位	数　量	单　价	金　额
金龙鱼	瓶	2 000	86.00	172 000.00
	验讫			

开单：陈俊　　验收：李文　　保管：丁一

写出调整分录：

② 针对未结转成本的销售，根据发出商品计价的要求，确认少计的销售成本，建议调整。

表 3-73　　记账凭证

20×1 月 12 月 31 日　　记字第 83 号

摘　要	会计科目	明细科目	√	借方金额 千	百	十	万	千	百	十	元	角	分	√	贷方金额 千	百	十	万	千	百	十	元	角	分
销售收款	银行存款		√				5	6	1	6	0	0	0											
	主营业务收入													√				4	8	0	0	0	0	0
	应交税费	应交增值税（销项税额）												√					8	1	6	0	0	0
合　计							5	6	1	6	0	0	0					5	6	1	6	0	0	0

附单据 1 张

财务主管：王海　记账：刘江　出纳：黄兰　审核：　制单：刘江

表 3-74

3100050678　　№ 00829402

开票日期：20×1 年 12 月 30 日

购货单位	名　称：济南家家悦超市 纳税人识别号：370112787444223 地 址、电 话：济南市历山路 102 号 0531-89025678 开户行及账号：工行历城区支行洪楼分理处　1602357009034120761			密码区	67893--+9827/16<241<加密版本:01 0<<>3<2+876<-6105>4+>　3100050678 51*84-9319<8>9-20<750 0/-3000252/9-*+91>>4+　00829402		
货物或应税劳务名称	规格型号	单位	数量	单价	金额	税率	税额
金龙鱼		瓶	500	96.00	48 000.00	17%	8 160.00
		网银收讫					
合计					¥48 000.00		¥8 160.00
价税合计（大写）	⊗伍万陆仟壹佰陆拾元整				（小写）¥56 160.00		
销货单位	名　称：华兴股份有限公司 纳税人识别号：310104760169081 地 址、电 话：济南市旅游路 88 号 0531-86345678 开户行及账号：工行历城区支行洪楼分理处　1602007009034120818			备注	华兴股份有限公司 税号：370104760169081 发票专用章		

第一联　记账联　销货方记账凭证

国税函［2010］150 号济南华森印刷厂

收款人：苗艳　复核：李经开　开票人：王越　销货单位：（章）

表 3-75　　　　　　　　　　　　　　出库单

存放地点：1 号仓库　　　　　　　20×1 年 12 月 30 日　　　　　　　№：4452908

品　名	单　位	数　量	单　价	金　额
金龙鱼	瓶	500		
用途	销售			

开单：陈昊　　　　　　　　　　　　　　　　　　　　保管：丁一

a. 重新计算加权平均单价=

b. 确认期末结存商品的金额=

c. 按照本期实际销售数量计算成本=

d. 建议调整：

写出调整分录：

③ 假如存货盘点实存数是 3 488 瓶，经查明是由于长期不盘点，保管员利用职务之便，偷盗所为。如何建议调整？写出调整分录。

a. 重新确认期末结存商品的金额=

b. 偷盗商品的价值=

写出调整分录：

④ 按照客户的记录结果，你认为本期金龙鱼产品的毛利率与实际相比会呈现怎样的差异？

2．对售价金额核算法下的主营业务收入、主营业务成本的分析与审查

（1）案例资料：华兴股份有限公司库存商品采取售价金额法核算，公司百货类商品有关记录见表 3-76 至表 3-79。你可能没有学习过商品售价金额核算的有关知识，也不知道在这种方法下会有哪些业务的处理与实际成本计价不同，特别是这种方法下有一个特殊账户“商品进销差价”，但你应该坚信，不论采取什么核算方法，存货、收入、成本的含义是不变的，最终在会计报表上反映的信息也是不变的。那么，下边的资料中可能哪里出问题了？

表 3-76

库存商品明细账

明细科目：百货组　　　　　　　　　　　　　　　　　　　　　　　　　　第　页

年		记账凭证号数	摘要	对方科目	借方										贷方										借或贷	余额									
月	日				千	百	十	万	千	百	十	元	角	分	千	百	十	万	千	百	十	元	角	分		千	百	十	万	千	百	十	元	角	分
12	1		期初余额																						借			1	1	9	0	0	0	0	0
	31	略	1-31 汇总				1	7	5	0	0	0	0	0			1	4	7	0	0	0	0	0	借			1	4	7	0	0	0	0	0
	31	90	按实际售价调整																	5	8	0	0	0	借			1	4	7	5	8	0	0	0

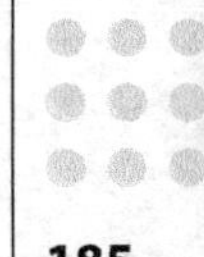

表 3-77

商品进销差价明细账

明细科目：百货组 第 页

年		记账凭证号数	摘要	对方科目	借方										贷方										借或贷	余额									
月	日				千	百	十	万	千	百	十	元	角	分	千	百	十	万	千	百	十	元	角	分		千	百	十	万	千	百	十	元	角	分
12	1		期初余额																						贷				1	1	0	9	0	0	0
	31	略	1-31 汇总入库商品进销差价															4	4	9	5	0	0	0	贷				5	6	0	4	0	0	0
	31	89	结转已销商品进销差价					3	8	4	0	0	0	0											贷				1	7	6	4	0	0	0
	31	90	按实际售价调整差价							5	8	0	0	0											贷				1	7	0	6	0	0	0

表 3-78

主营业务收入明细账

明细科目：百货组 第 页

年		记账凭证号数	摘要	对方科目	借方										贷方										借或贷	余额									
月	日				千	百	十	万	千	百	十	元	角	分	千	百	十	万	千	百	十	元	角	分		千	百	十	万	千	百	十	元	角	分
12	31	略	累计发生额														3	1	8	0	0	0	0	0	贷			3	1	8	0	0	0	0	0
	31	略	结转应交增值税					4	6	2	0	5	1	3											贷			2	7	1	7	9	4	8	7
	31	略	结转本年利润				2	7	1	7	9	4	8	7											平										
	31		本月合计				3	1	8	0	0	0	0	0			3	1	8	0	0	0	0	0	平										

表 3-79

主营业务成本明细账

明细科目：百货组 第 页

年		记账凭证号数	摘要	对方科目	借方										贷方										借或贷	余额									
月	日				千	百	十	万	千	百	十	元	角	分	千	百	十	万	千	百	十	元	角	分		千	百	十	万	千	百	十	元	角	分
12	31	略	累计发生额				3	2	0	0	0	0	0	0											借			3	2	0	0	0	0	0	0
	31	略	结转已销商品进销差价															3	8	4	0	0	0	0	借			2	8	1	6	0	0	0	0
	31	略	结转本年利润														2	8	1	6	0	0	0	0	平										
	31		本月合计				3	2	0	0	0	0	0	0			3	2	0	0	0	0	0	0	平										

（2）任务实施：讨论一下得出相关结论。

① 按照账簿记录的结果，期末库存商品在报表上列报的金额=

② 库存商品账上期末按售价调整是什么含义？是否符合实际？应该获取什么资料进行验证？

③ 主营业务收入明细账期末结转应交增值税是什么含义？是否符合实际？应该获取什么资料进行验证？

④ 主营业务成本明细账期末结转已销商品进销差价是什么含义？是否符合实际？应该获取什么资料进行验证？

⑤ 按照客户核算的结果，本期主营业务收入小于主营业务成本合理吗？如果可能存在错报，原因有哪些？重点查哪些方面？

⑥ 如果按照以市场同类产品毛利率推断的方法，你初步确认错计项目及错计金额分别是多少？

请获取或整理相关信息完成管理层舞弊表（表 3 80）和员工侵占资产表（表 3-81）；思考如何利用分析程序发现可能存在的错误领域，完成表 3-82。

表 3-80　管理层舞弊

错计性质	常见手段及目的
虚构多计	
隐瞒少计	

表 3-81　员工侵占资产

常用手段	舞弊表现

表 3-82　利用分析程序发现可能的错报（可以与存货相同）

序号	分析程序	可能的错报
1		
2		
3		

四、任务训练

任务　确认商品销售成本和期末结存商品金额。

（1）任务背景资料：获取客户公司库存商品明细账，如表 3-83 所示。经了解公司对发出和期末存货计价采用月末一次加权平均法。

表 3-83

最高储存量____

最低储存量____　　　　　　　　　　库存商品明细账

本账页数	
本户页数	

编号________规格________　　　　　　　　单位　件　名称　甲

年		凭证		摘要	借方											贷方											借或贷	结存										
月	日	种类	号数		数量	单价	百	十	万	千	百	十	元	角	分	数量	单价	百	十	万	千	百	十	元	角	分		数量	单价	百	十	万	千	百	十	元	角	分
12	1			期初结存																								5 300	260.00	1	3	7	8	0	0	0	0	0
	5		8	销售												100												5 200										
	10		23	销售												1 200												4 000										
	15		57	销售												1 600												2 400										
	31		133	入库	3 000	261.79		7	8	5	3	7	0	0	0													5 400	260.00	1	4	0	4	0	0	0	0	0

（2）任务实施。

① 审计监盘截止日实存数量 5 000 件。

② 核实 31 日入库产品数量无误，单位成本应为 277.86 元，入库商品的总金额应为 833 580.00 元。

③ 根据截止测试结果，发现本期销售少记数量 400 件。

④ 重新计算加权平均单价=

⑤ 重新计算期末存货价值=

⑥ 重新计算本期商品销售成本=

⑦ 编制调整分录。

任务四　应付职工薪酬审计

案例导读

中国核工业集团公司 2009 年度财务收支审计结果

【资料来源：审计署审计公告】所属单位职工薪酬福利管理存在以下问题。

（1）2007 年至 2009 年，所属秦山核电有限公司代职工承担住房建设成本 1 557.82 万元、物业管理费 2 137.53 万元。

审计指出上述问题后，该公司通过追缴职工购房款等方式收回住房建设成本，将物业管理费按住房面积分摊到户，并相应调整了会计账目。

（2）2008 年至 2010 年 5 月，所属中核四川环保工程有限责任公司在发放 1 529.15 万元保健津贴中，存在部门之间交叉领取、结余现金私自保管等问题。

审计指出上述问题以后，该公司将结余现金收缴财务，并制定保健津贴管理办法以加强监管，纠正了交叉领取问题。

（3）2009 年 3 月至 6 月，所属中国原子能工业公司未经中核集团批准，自定标准发放一次性职工住房补贴 2 268.80 万元。

审计指出上述问题后，该公司将住房补贴事项上报集团公司批准。

（4）2007 年至 2009 年，所属中国核动力研究设计院和秦山第三核电有限公司以劳保用品名义向职工发放各类购物卡共计 3 228.53 万元。

审计指出上述问题后，中国核动力研究设计院已将上述发放的购物卡纳入工资总额，秦山第三核电有限公司已停止上述做法，并修订了劳保用品相关制度。

（5）2008 年至 2009 年，所属中国核电工程有限公司将 4 827.21 万元技术酬金收入，违规用于弥补工资赤字、发放奖金和代缴个人所得税。

审计指出上述问题后，该公司修订了技术酬金管理办法，并扣回了代缴的个人所得税。

一、知识准备

不论单位的性质如何，企业为职工在职期间或离职后提供的货币与非货币性的薪酬，主要包括的项目内容都一样，请你按图 3-16 所示，分别说明一下其含义。

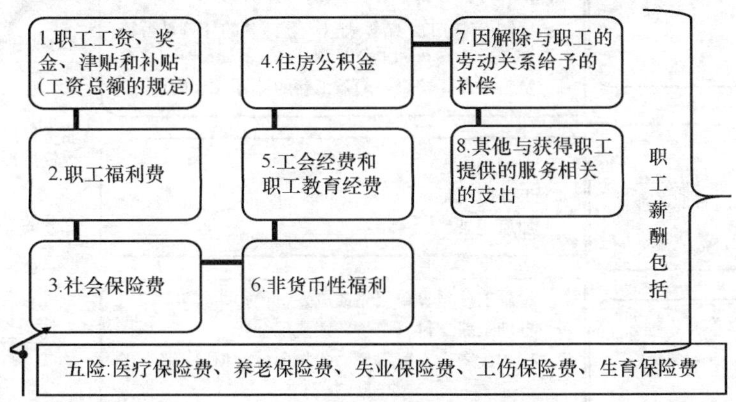

图 3-16　应付职工薪酬构成

由于职工薪酬关系民生，工资的增长、工资的发放与支付、各项社会保险和住房公积金的计提与缴纳等政策性强，各单位都建立了相关制度，保证业务的发生合法、真实。但也有明显的故意造假、违法发放或隐瞒以及贪污等行为，引起费用的虚增，其影响可能是重大的。与职工薪酬有关业务涉及账户的记录特点，往往是发生额大而余额相对来说在报表截止日小，你必须非常清楚这些业务的发生依据以及对核算结果的要求。

与应付职工薪酬相关的主要业务有哪些？业务发生的单据主要是什么？把主要业务的账户对应关系写出来。

结合应付职工薪酬——工资账簿记录的内容（见表 3-84），说说发生额和余额的特点。

1．相关业务涉及的部门、业务活动及凭证种类

图 3-17 列示了工资相关业务涉及的部门和业务活动。工资相关业务涉及的凭证种类主要包括以下内容。

表 3-84

应付职工薪酬明细账

明细科目：工资　　　　　　　　　　　　　　　　　　　　　　　　　　　　　　　　　　　　　　第　页

20×1 年		记账凭证号数	摘要	对方科目	借方										贷方										借或贷	余额									
月	日				千	百	十	万	千	百	十	元	角	分	千	百	十	万	千	百	十	元	角	分		千	百	十	万	千	百	十	元	角	分
12	16	56	发放 12 月份工资				1	4	8	8	0	0	0	0											借			1	4	8	8	0	0	0	0
	31	134	工资分配														1	4	8	8	0	0	0	0	平										

人事部
· 员工招聘、雇佣、离职、辞退
· 制定工薪政策、方案（明确各类员工工薪构成、标准、计算办法、奖惩办法）
· 编制(审核)工薪结算表（工薪部分的计算是否符合标准，记录各期工薪总额）
· 员工考评，奖金、绩效工薪的计算（审核）

员工所在各业务部
· 考勤
· 工作时间记录
· 加班记录

财务部
· 编制工薪结算单（完成应发、代扣、实发）
· 办理工薪支付（电子转账或现金）
· 代扣代缴个人所得税、代扣各种款项（三险一金等）
· 工薪费用分配
· 工薪发放、分配明细账、总账记录

职责明确分工
业务经过授权批准
充分的凭证
独立机构检查

图 3-17　与工资相关的部门、主要业务活动

（1）人事和雇用记录：人事记录（花名册）、扣款核准表、工薪率核准表。

（2）工时记录和工薪表：工时卡、工时单、工资结算单、代扣款凭证、支付结算凭证、个人所得税申报表（代扣）、工薪费用分配表。

（3）主要明细账、总账：应付职工薪酬、其他应付款、应交税费、银行存款（现金）、生产成本、制造费用、销售费用、管理费用等。

讨论　以上主要指的与工资相关的业务和凭证，与社会保险、住房公积金、工会经费、职工教育经费、职工福利等相关的业务管理与凭证你熟悉吗？请查阅一下。

2．与应付职工薪酬相关的内部控制

图 3-16 中结合相关业务部门的职责已经说明了与应付职工薪酬相关的内部控制的要求，还需重点注意几个问题，既是企业高级管理层、人力资源部、财务部应该熟知和执行的，也是审计必须了解和掌握的。

① 政策性强。工资总额的构成，工资增长的要求，工资发放的时间，工资分配的会计处理，五险一金的计提比例与缴纳，工会经费、职工教育经费的计提比例与使用，职工福利，职工辞退政策等业务都带有明显的政策性。如果企业发生相关业务不执行国家政策，一经查出，会带来财务风险。了解相关的政策规定时，可以通过网络按地域、时间查询。表 3-85、表 3-86 列示了相关政策要求。②正因为上述原因，若企业违背国家政策违规操作，相关账户发生额的真实性、完整性、余额的存在、计价等就可能是重大错报风险领域。审计工作底稿专门设计了统计表，见表 3-87，以便掌握相关政策在企业的应用。

表 3-85　　　山东省人民政府发布 2011 年企业工资指导线

2010 年全省企业在岗职工平均工资	2011 年货币工资增长指导线%	2011 年全省企业在岗职工工资		
		增　长　额	工 资 总 额	月平均工资
32 074.00	基准线 15	4 811.10	36 885.10	3 073.76
32 074.00	上线（预警线）23	7 377.02	39 451.02	3 287.59
32 074.00	下线 6.5	2 084.81	34 158.81	2 846.57

表 3-86　　　山东省 2011 年“五险一金”的缴存政策

序　号	险　种	计 算 基 数	比率%		住房公积金
		1495～7473	个　人	企　业	
1	养老保险	1495～7474	8	20～22	个人和单位缴存比例均不得低于职工上一年度月平均工资的 5%，不得超过 12%
2	医疗保险	1495～7475	2	8	
3	失业保险	1495～7476	1	2	
4	生育保险	1495～7477		0.8	
5	工伤保险	1495～7478		0.6～1.6	

地域不同、年份不同，缴存基数、比率的调整，关注当地人力资源与社会保障局的网站信息。

表 3-87

应付职工薪酬政策统计表

1. 工资总额的组成部分；
2. 公司是否执行工效挂钩政策；
3. 福利费政策；
4. 社会保险费和住房公积金计提标准：

项目	标准计提基数（企业负担）	索引号	比例	本年是否缴纳	备注
医疗保险费					
基本养老保险					
年金缴费					

续表

失业保险费					
工伤保险费					
生育保险费					
住房公积金					

5、工会经费和职工教育经费计提标准：

项目	计提基数	索引号	比例	本年是否计提	备注
工会经费					
职工教育经费					

在中国核工业集团公司 2009 年度财务收支审计结果中查出的所属单位职工薪酬福利管理存在的问题，你能分别说明相关业务发生、核算存在的问题吗？

3．应付职工薪酬审计目标

通过阅读学习审计目标与管理当局认定对应关系见表 3-88，可以帮助你清楚地理解应付职工薪酬审计目标确定的合理性。

表 3-88　　审计目标与管理当局认定对应关系表

	审计目标	财务报表认定				
		存在	完整性	义务	计价和分摊	列报
A	资产负债表中记录的应付职工薪酬是存在的	√				
B	所有应当记录的应付职工薪酬均已记录		√			
C	记录的应付职工薪酬是被审计单位应当履行的现时义务			√		
D	应付职工薪酬以恰当的金额包括在财务报表中，与之相关的计价调整已恰当记录				√	
E	应付职工薪酬已按照企业会计准则的规定在财务报表中做出恰当的列报					√

讨论

你是如何理解“资产负债表中记录的应付职工薪酬是存在的”？我们在新闻媒体中看到的“农民工讨薪难”，你感觉这样的企业中“应付职工薪酬”的账会怎样记？结果又是怎样的？

4．为实现审计目标，按照审计准则要求的可选择审计程序及编制的工作底稿

虽然你对应付职工薪酬的政策和会计知识没有完全掌握，但表 3-89 依然把应付职工薪酬审计中可选择的审计程序都列示出来了，可以帮助你在这个知识领域扩展视野，也可以帮助你从一名员工的角度，对将来发生在自己身上的相关事情更明白些。

表 3-89　　审计目标与可选择审计程序及编制的工作底稿对照表

审计目标	可供选择的实质性程序	工作底稿
D	1. 获取或编制应付职工薪酬明细表，复核加计是否正确，并与报表数、总账数和明细账合计数核对是否相符	明细表

续表

<table>
<tr><th>审计目标</th><th>可供选择的实质性程序</th><th>工作底稿</th></tr>
<tr><td>ABD</td><td>2. 实质性分析程序。
（1）针对已识别需要运用分析程序的有关项目，并基于对被审计单位及其环境的了解，通过进行以下比较，同时考虑有关数据间关系的影响，以建立有关数据的期望值。
① 比较被审计单位员工人数的变动情况，检查被审计单位各部门各月工资费用的发生额是否有异常波动，若有，则查明波动原因是否合理。
② 比较本期与上期工资费用总额，要求被审计单位解释其增减变动原因，或取得公司管理层关于员工工资标准的决议。
③ 结合员工社保缴纳情况，明确被审计单位员工范围，检查是否与关联公司员工工资混淆列支。
④ 核对下列相互独立部门的相关数据。
● 工资部门记录的工资支出与出纳记录的工资支付数；
● 工资部门记录的工时与生产部门记录的工时。
⑤ 比较本期应付职工薪酬余额与上期应付职工薪酬余额，是否有异常变动。
（2）确定可接受的差异额。
（3）将实际的情况与期望值相比较，识别需要进一步调查的差异。
（4）如果其差额超过可接受的差异额，调查并获取充分的解释和恰当的佐证审计证据（如通过检查相关的凭证）。
（5）评估分析程序的测试结果</td><td>月度分析表</td></tr>
<tr><td>ABD</td><td>3. 检查工资、奖金、津贴和补贴：
（1）计提是否正确，依据是否充分，将执行的工资标准与有关规定核对，并对工资总额进行测试；被审计单位如果实行工效挂钩，应取得有关主管部门确认的效益工资发放额认定证明，结合有关合同文件和实际完成的指标，检查其计提额是否正确，是否应做纳税调整。
（2）检查分配方法与上年是否一致，除因解除与职工的劳动关系给予的补偿直接计入管理费用外，被审计单位是否根据职工提供服务的受益对象，分别下列情况进行处理：
① 应由生产产品、提供劳务负担的职工薪酬，计入产品成本或劳务成本；
② 应由在建工程、无形资产负担的职工薪酬，计入建造固定资产或无形资产；
③ 作为外商投资企业，按规定从净利润中提取的职工奖励及福利基金，是否相应计入“利润分配——提取的职工奖励及福利基金”科目；
④ 其他职工薪酬，计入当期损益。
（3）检查发放金额是否正确，代扣的款项及其金额是否正确。
（4）检查是否存在属于拖欠性质的职工薪酬，并了解拖欠的原因</td><td>（支付）检查表/计提检查表/分配检查表</td></tr>
<tr><td>ABD</td><td>4. 检查社会保险费（包括医疗、养老、失业、工伤、生育保险费）、住房公积金、工会经费和职工教育经费等计提（分配）和支付（或使用）的会计处理是否正确，依据是否充分</td><td>（支付）检查表/计提、分配检查表</td></tr>
<tr><td>ABD</td><td>5. 检查辞退福利下列项目。
（1）对于职工没有选择权的辞退计划，检查按辞退职工数量、辞退补偿标准计提辞退福利负债金额是否正确。
（2）对于自愿接受裁减的建议，检查按接受裁减建议的预计职工数量、辞退补偿标准（该标准确定）等计提辞退福利负债金额是否正确。</td><td>（支付）检查表</td></tr>
</table>

续表

审计目标	可供选择的实质性程序	工作底稿
ABD	（3）检查实质性辞退工作在一年内完成，但付款时间超过一年的辞退福利，是否按折现后的金额计量，折现率的选择是否合理。 （4）检查计提辞退福利负债的会计处理是否正确，是否将计提金额计入当期管理费用。 （5）检查辞退福利支付凭证是否真实正确	（支付）检查表
ABD	6. 检查非货币性福利。 （1）检查以自产产品发放给职工的非货币性福利，是否根据受益对象，按照该产品的公允价值，计入相关资产成本或当期损益，同时确认应付职工薪酬；对于难以认定受益对象的非货币性福利，是否直接计入当期损益和应付职工薪酬。 （2）检查无偿向职工提供住房的非货币性福利，是否根据受益对象，将该住房每期应计提的折旧计入相关资产成本或当期损益，同时确认应付职工薪酬。对于难以认定受益对象的非货币性福利，是否直接计入当期损益和应付职工薪酬。 （3）检查租赁住房等资产供职工无偿使用的非货币性福利，是否根据受益对象，将每期应付的租金计入相关资产成本或当期损益，并确认应付职工薪酬。对于难以认定受益对象的非货币性福利，是否直接计入当期损益和应付职工薪酬	（支付）检查表
ABD	7. 检查以现金与职工结算的股份支付。 （1）检查授予后立即可行权的以现金结算的股份支付，是否在授予日以承担负债的公允价值计入相关成本或费用。 （2）检查完成等待期内的服务或达到规定业绩条件以后才可行权的以现金结算的股份支付，在等待期内的每个资产负债表日，是否以可行权情况的最佳估计为基础，按照承担负债的公允价值金额，将当期取得的服务计入成本或费用。在资产负债表日，后续信息表明当期承担债务的公允价值与以前估计不同的，是否进行调整，并在可行权日，调整至实际可行权水平。 （3）检查可行权日之后，以现金结算的股份支付当期公允价值的变动金额，是否借记或贷记“公允价值变动损益”。 （4）检查在可行权日，实际以现金结算的股份支付金额是否正确，会计处理是否恰当	（支付）检查表
BAC	8. 检查应付职工薪酬的期后付款情况，并关注在资产负债表日至财务报表批准报出日之间，是否有确凿证据表明需要调整资产负债表日原确认的应付职工薪酬事项	（支付）检查表（日后）
	9. 根据评估的舞弊风险等因素增加的其他审计程序	
E	10. 检查应付职工薪酬是否已按照企业会计准则的规定在财务报表中做出恰当的列报。 （1）检查是否在附注中披露与职工薪酬有关的下列信息。 ① 应当支付给职工的工资、奖金、津贴和补贴，及其期末应付未付金额； ② 应当为职工缴纳的医疗、养老、失业、工伤和生育等社会保险费，及其期末应付未付金额； ③ 应当为职工缴存的住房公积金，及其期末应付未付金额； ④ 为职工提供的非货币性福利，及其计算依据； ⑤ 应当支付的因解除劳动关系给予的补偿，及其期末应付未付金额； ⑥ 其他职工薪酬。 （2）检查因自愿接受裁减建议的职工数量、补偿标准等不确定而产生的预计负债（应付职工薪酬），是否按照《企业会计准则第 13 号——或有事项》进行披露	

（1）归纳的应付职工薪酬审计思路、审计要点，见图 3-18。

（2）记录测试过程和结果的审计工作底稿及相互关系，见图 3-19。

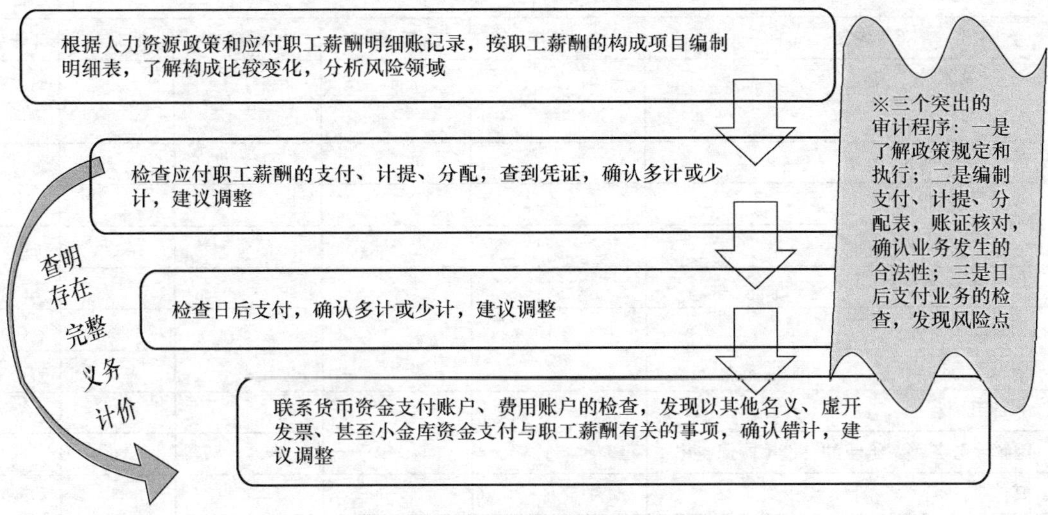

图 3-18 应付职工薪酬审计思路、审计要点

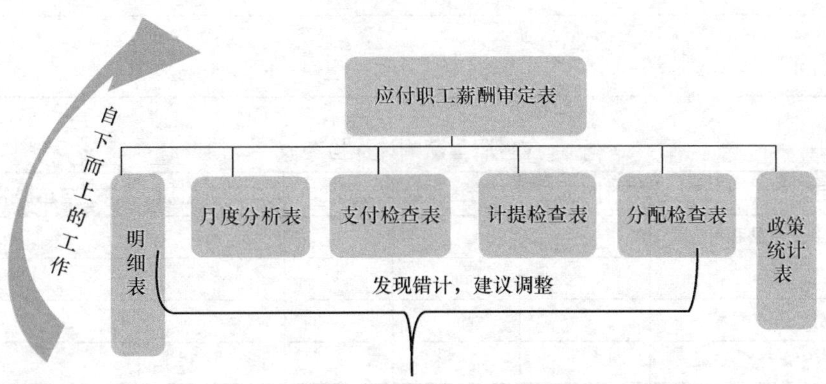

图 3-19 应付职工薪酬实质性程序工作底稿

二、典型工作任务

应付职工薪酬工作底稿的编制原理与前同，不再赘述。请你一定学会根据具体工作任务获取相关的证据，完成任务。相关工作底稿见表 3-90～表 3-93 共 4 份。要求完成如下任务：编制应付职工薪酬明细表，编制应付职工薪酬计提检查表，编制应付职工薪酬分配检查表，编制应付职工薪酬（支付）检查表。

表 3-90 应付职工薪酬明细表

项目名称	期初数	本期增加	本期减少	期末数	备注
一、工资、奖金、津贴和补贴					
二、职工福利费					
三、社会保险费	-				
其中：1. 医疗保险费					

续表

项目名称	期初数	本期增加	本期减少	期末数	备注
2. 基本养老保险					
3. 年金缴费					
4. 失业保险费					
5. 工伤保险费					
6. 生育保险费					
四、住房公积金					
五、工会经费					
六、职工教育经费					
七、非货币福利					
八、因解除劳务关系给予的补偿（内退支出）					
九、其他					
其中：以现金结算的股利支付					
合计					

审计说明：

表 3-91　　应付职工薪酬计提检查表

项目名称	已计提金额	应计提基数	计提比率	应计提金额	应提与已提的差异	备注
一、工资、奖金、津贴和补贴						
二、职工福利费						
三、社会保险费						
其中：1. 医疗保险费						
2. 基本养老保险						
3. 年金缴费						
4. 失业保险费						
5. 工伤保险费						
6. 生育保险费						
四、住房公积金						
五、工会经费						
六、职工教育经费						
七、非货币福利						
八、因解除劳务关系给予的补偿						
九、其他						
其中：以现金结算的股利支付						
合计						

审计说明：

表 3-92　　应付职工薪酬分配检查表

项目名称	产品成本	在建工程	销售费用	管理费用	…	合计	核对是否正确	差异原因
一、工资、奖金、津贴和补贴								
二、职工福利费								
三、社会保障费								
其中：1. 医疗保险费								
2. 基本养老保险								
3. 年金缴费								
4. 失业保险费								
5. 工伤保险费								
6. 生育保险费								
四、住房公积金								
五、工会经费								
六、职工教育经费								
七、非货币福利								
八、因解除劳务关系给予的补偿（内退支出）								
九、其他								
其中：以现金结算的股利支付								
合计								

审计说明：

表 3-93　　应付职工薪酬（支付）检查情况表

记账日期	凭证编号	业务内容	借方科目	贷方科目	金额	附件	核对内容（用“√”、“×”表示）					备注
							1	2	3	4	5	

核对内容说明：1. 原始凭证是否齐全；2. 记账凭证与原始凭证是否相符；3. 账务处理是否正确；4. 是否记录于恰当的会计期间；5. ……

审计说明：

三、任务操作演示

1. 检查工资发放支付

（1）案例资料：山东商苑商城有限公司是从事商品零售的企业，财务部提供了 4 份 12 月份工资表及账证资料，见表 3-94～表 3-97。

表 3-94

应付职工薪酬明细账

明细科目：工资　　　　第　页

20×1年		记账凭证号数	摘要	对方科目	借方										贷方										借或贷	余额									
月	日				千	百	十	万	千	百	十	元	角	分	千	百	十	万	千	百	十	元	角	分		千	百	十	万	千	百	十	元	角	分
12	10	40	发12月份工资				1	4	8	8	0	0	0	0											借			1	4	8	8	0	0	0	0
			结转下年																																

表 3-95

记 账 凭 证

20×1年12月10日　　　　记字第40号

摘要	会计科目	明细科目	√	借方金额										√	贷方金额									
				千	百	十	万	千	百	十	元	角	分		千	百	十	万	千	百	十	元	角	分
发工资	应付职工薪酬	工资				1	4	8	8	0	0	0	0											
	其他应付款	社会保险																1	6	3	6	8	0	0
		住房公积金																1	7	8	5	6	0	0
		工会																		7	4	4	0	0
	银行存款																1	1	3	8	3	2	0	0
合计						1	4	8	8	0	0	0	0				1	4	8	8	0	0	0	0

附单据2张

账务主管：王海　　记账：吴军　　出纳：　　审核：　　制单：刘江

（2）审计步骤：在对各月份编制月度分析表的基础上，抽查12月份工资计算、发放的真实性时，应该注意以下几个方面。

① 索要人力资源档案及变动情况说明，对照上月份检查有无变动，特别注意有无员工调出等减员时，依然计算、发放工资，有无虚报人员。

② 对照工资标准及扣款要求，重新计算，核对检查各项目确认的正确性。

③ 重新计算应发、代扣、实发金额，检查其正确性。

④ 检查工资发放核算的正确性。

针对上述资料，假定人员资料、工资标准执行无误；各项保险、公积金的计算符合要求；代扣工会会员费符合标准。

（3）任务实施：利用计算机重新计算各项目金额，针对发现的错计建议调整。

写出建议调整意见：

表 3-96　　山东商苑商城有限责任公司工资表　　20×1 年 12 月　日第 1 页共 2 页

编号	部门	姓名	基本工资	补帖	奖金	应发金额	代扣项目							实发金额
							养老保险	医疗保险	失业保险	住房公积金	工会会员费	个人所得税	其他	
1	采购部	宋彬	2 200.00	1 200.00	500.00	3 900.00	312.00	78.00	39.00	468.00	19.50			2 983.50
2		王冰	1 600.00	800.00	300.00	2 700.00	216.00	54.00	27.00	324.00	13.50			2 065.50
3		李林	1 600.00	800.00	300.00	2 700.00	216.00	54.00	27.00	324.00	13.50			2 065.50
4		张强	1 500.00	600.00	300.00	2 400.00	192.00	48.00	24.00	288.00	12.00			1 836.00
5		刘梦	1 600.00	800.00	300.00	2 700.00	216.00	54.00	27.00	324.00	13.50			2 065.50
6		张传顺	1 500.00	600.00	300.00	2 400.00	192.00	48.00	24.00	288.00	12.00			1 836.00
7		赵明	1 600.00	800.00	300.00	2 700.00	216.00	54.00	27.00	324.00	13.50			2 065.50
8		李婷	1 600.00	800.00	300.00	2 700.00	216.00	54.00	27.00	324.00	13.50			2 065.50
9	门店	秦芳	2 200.00	1 200.00	500.00	3 900.00	312.00	78.00	39.00	468.00	19.50			2 983.50
10		李超	1 500.00	600.00	400.00	2 500.00	200.00	50.00	25.00	300.00	12.50			1 912.50
11		王西	1 700.00	600.00	400.00	2 700.00	216.00	54.00	27.00	324.00	13.50			2 065.50
12		张雪	1 200.00	400.00	400.00	2 000.00	160.00	40.00	20.00	240.00	10.00			1 530.00
13		刘欢	1 700.00	600.00	400.00	2 700.00	216.00	54.00	27.00	324.00	13.50			2 065.50
14		马丽	1 500.00	600.00	400.00	2 500.00	200.00	50.00	25.00	300.00	12.50			1 912.50
15		郭芳	1 800.00	800.00	400.00	3 000.00	240.00	60.00	30.00	360.00	15.00			2 295.00
16		胡一统	1 200.00	400.00	400.00	2 000.00	160.00	40.00	20.00	240.00	10.00			1 530.00
17		袁梦	1 200.00	300.00	300.00	1 800.00	144.00	36.00	18.00	216.00	9.00			1 377.00
18		余力	1 000.00	300.00	300.00	1 600.00	128.00	32.00	16.00	192.00	8.00			1 224.00
19	超市	孙启立	2 200.00	1 200.00	500.00	3 900.00	312.00	78.00	39.00	468.00	19.50			2 983.50
20		赵华锋	1 500.00	600.00	400.00	2 500.00	200.00	50.00	25.00	300.00	12.50			1 912.50
21		林强	1 800.00	800.00	400.00	3 000.00	240.00	60.00	30.00	360.00	15.00			2 295.00
22		孙晓	1 500.00	600.00	400.00	2 500.00	200.00	50.00	25.00	300.00	12.50			1 912.50
23		夏雨	1 400.00	400.00	400.00	2 200.00	176.00	44.00	22.00	264.00	11.00			1 683.00
24		艾克	1 500.00	600.00	400.00	2 500.00	200.00	50.00	25.00	300.00	12.50			1 912.50
25		郝汉	1 200.00	400.00	400.00	2 000.00	160.00	40.00	20.00	240.00	10.00			1 530.00
26		孙清	1 200.00	300.00	400.00	1 900.00	152.00	38.00	19.00	228.00	9.50			1 453.50
27		李洪	1 600.00	800.00	400.00	2 800.00	224.00	56.00	28.00	336.00	14.00			2 142.00
28		杨光	1 400.00	400.00	400.00	2 200.00	176.00	44.00	22.00	264.00	11.00			1 683.00
29		刘美惠	1 000.00	300.00	400.00	1 700.00	136.00	34.00	17.00	204.00	8.50			1 300.50
30		张建车	800.00	200.00	400.00	1 400.00	112.00	28.00	14.00	168.00	7.00			1 071.00
31		王飞	800.00	200.00	400.00	1 400.00	112.00	28.00	14.00	168.00	7.00			1 071.00
营业人员工资合计			46 100.00	19 000.00	11 800.00	76 900.00	6 152.00	1 538.00	769.00	9 228.00	384.50			58 548.89

表 3-97　　山东商苑商城有限责任公司工资表　　20×1年12月　日第2页共2页

编号	部门	姓名	基本工资	补帖	奖金	应发金额	代扣项目							实发金额
							养老保险	医疗保险	失业保险	住房公积金	工会会员费	个人所得税	其他	
32		高示范	3 600.00	2 000.00	800.00	6 400.00	512.00	128.00	64.00	768.00	32.00			4 896.00
33	总部	王胜利	2 800.00	1 600.00	600.00	5 000.00	400.00	100.00	50.00	600.00	25.00			3 825.00
34		王志刚	2 800.00	1 600.00	600.00	5 000.00	400.00	100.00	50.00	600.00	25.00			3 825.00
35		李英	2 200.00	1 200.00	500.00	3 900.00	312.00	78.00	39.00	468.00	19.50			2 983.50
36		王艳	1 600.00	800.00	300.00	2 700.00	216.00	54.00	27.00	324.00	13.50			2 065.50
37		刘军	1 600.00	800.00	300.00	2 700.00	216.00	54.00	27.00	324.00	13.50			2 065.50
38		张冬梅	1 600.00	800.00	300.00	2 700.00	216.00	54.00	27.00	324.00	13.50			2 065.50
39	财务部	李丽华	1 500.00	600.00	300.00	2 400.00	192.00	48.00	24.00	288.00	12.00			1 836.00
40		吴军	1 500.00	600.00	300.00	2 400.00	192.00	48.00	24.00	288.00	12.00			1 836.00
41		王海	1 500.00	600.00	300.00	2 400.00	192.00	48.00	24.00	288.00	12.00			1 836.00
42		刘宝柱	1 500.00	600.00	300.00	2 400.00	192.00	48.00	24.00	288.00	12.00			1 836.00
43		赵宝刚	1 500.00	600.00	300.00	2 400.00	192.00	48.00	24.00	288.00	12.00			1 836.00
44	办公室	陈平	2 200.00	1 200.00	500.00	3 900.00	312.00	78.00	39.00	468.00	19.50			2 983.50
45		张梅	1 500.00	600.00	300.00	2 400.00	192.00	48.00	24.00	288.00	12.00			1 836.00
46		吴铮	2 200.00	1 200.00	500.00	3 900.00	312.00	78.00	39.00	468.00	19.50			2 983.50
47	人力资源部	李丽媛	1 600.00	800.00	300.00	2 700.00	216.00	54.00	27.00	324.00	13.50			2 065.50
48		赵福顺	1 500.00	600.00	300.00	2 400.00	192.00	48.00	24.00	288.00	12.00			1 836.00
49		齐大力	2 200.00	1 200.00	500.00	3 900.00	312.00	78.00	39.00	468.00	19.50			2 983.50
50		高虎	1 500.00	600.00	300.00	2 400.00	192.00	48.00	24.00	288.00	12.00			1 836.00
51	后勤保卫处	刘霄	1 500.00	600.00	300.00	2 400.00	192.00	48.00	24.00	288.00	12.00			1 836.00
52		赵康	1 500.00	600.00	300.00	2 400.00	192.00	48.00	24.00	288.00	12.00			1 836.00
53		王芳	1 600.00	800.00	300.00	2 700.00	216.00	54.00	27.00	324.00	13.50			2 065.50
54		刘峰	1 500.00	600.00	300.00	2 400.00	192.00	48.00	24.00	288.00	12.00			1 836.00
管理人员工资合计			425 00.00	20 600.00	8 800.00	71 900.00	5 752.00	1 438.00	719.00	8 628.00	359.50			55 003.50
总计			88 600.00	39 600.00	20 600.00	148 800.00	11 904.00	2 976.00	1 488.00	17 856.00	744.00			113 832.00

2．检查工资费用计提、分配

（1）案例资料：根据山东商苑商城有限公司应付职工薪酬各明细账的记录，进一步调查询问确认为了减少本期费用，企业未对本期工资进行分配；未按照标准计提各项保险、住房公积金；未按照标准计提职工教育经费、工会经费。表 3-98 提供了审计了解到的企业计提五险一金的基数和比例。

表 3-98 企业执行的五险一金政策

五险一金	计算基数	企业负担%
养老保险	138 800.00	20
医疗保险	138 800.00	8
失业保险	138 800.00	2
生育保险	138 800.00	0.8
工伤保险	138 800.00	1
住房公积金	138 800.00	12

（2）任务完成。

① 根据表 3-96、表 3-97；按照人员岗位，重新测算本期应计提的五险一金完成表 3-99。

表 3-99 应付职工薪酬分配、五险一金计提测算表

人员岗位	应发工资	五险			住房公积金		
		计提基数	比例%	金额	计提基数	比例%	金额
经营人员合计	60 000.00						
管理人员合计	78 000.00						
总计	138 800.00						

针对未分配的工资、未计提的"五险、一金"，写出建议调整分录。

② 根据表 3-96、表 3-97；按照人员岗位，重新测算本期应计提的工会经费、职工教育经费，完成表 3-100。

表 3-100 应付工会经费、职工教育经费测算表

人员岗位	工资	工会经费		职工教育经费	
		比例（%）	金额	比例（%）	金额
经营人员合计					
管理人员合计					
总计					

针对未计提的工会经费、职工教育经费，写出建议调整分录。

思考

（1）管理层舞弊分析，完成表 3-101。

表 3-101 管理层舞弊

错计性质	常见手段及目的

（2）员工侵占资产分析，完成表 3-102。

表 3-102 员工侵占资产

常用手段	舞弊表现

（3）思考如何利用分析程序发现可能的错报，完成表 3-103。

表 3-103 利用分析程序发现可能的错报

序号	分析程序	可能的错报

四、任务训练

任务　检查工资发放与分配。

（1）任务背景资料：获取客户公司工资发放和分配的账证资料，见表 3-104～表 3-108，共 5 张。

表 3-104 应付职工薪酬明细账

明细科目：工资

第　页

20×1年		记账凭证号数	摘要	对方科目	借方										贷方										借或贷	余额									
月	日				千	百	十	万	千	百	十	元	角	分	千	百	十	万	千	百	十	元	角	分		千	百	十	万	千	百	十	元	角	分
12	16	155	发 12 月份工资					6	9	0	0	0	0	0											借				6	9	0	0	0	0	0
12	31	253	工资分配															5	5	2	0	0	0	0	借				1	3	8	0	0	0	0
			结转下年																																

表 3-105 记 账 凭 证

20×1 年 12 月 18 日 记字第 155 号

摘要	会计科目	明细科目	√	借方金额										√	贷方金额										
				千	百	十	万	千	百	十	元	角	分		千	百	十	万	千	百	十	元	角	分	附单据
发工资	应付职工薪酬		√				6	9	0	0	0	0	0												
	其他应付款	代扣																1	3	8	0	0	0	0	7
	银行存款													√				5	5	2	0	0	0	0	张
合计							6	9	0	0	0	0	0					6	9	0	0	0	0	0	

账务主管：刘江　记账：黄兰　出纳：黄兰　审核：　制单：黄兰

表 3-106 华兴股份有限公司 12 月份工资结算单

20×1 年 12 月 16 日

部　门	应付工资	代扣款项	实发工资	签　名
M 产品生产工人合计	20 000.00	4 000.00	16 000.00	甲
N 产品生产工人合计	18 000.00	3 600.00	14 400.00	乙
车间管理人员合计	4 000.00	800.00	3 200.00	丙
行政管理人员合计	15 000.00	3 000.00	12 000.00	丁
销售人员合计	12 000.00	2 400.00	9 600.00	戊
总　计	69 000.00	13 800.00	55 200.00	

审核：王海　制表：李宏英

表 3-107 记 账 凭 证

20×1 年 12 月 31 日 记字第 253 号

摘　要	会计科目	明细科目	√	借方金额										√	贷方金额										
				千	百	十	万	千	百	十	元	角	分		千	百	十	万	千	百	十	元	角	分	
工资分配	生产成本	M 产品					1	6	0	0	0	0	0												附单据
	生产成本	N 产品					1	4	4	0	0	0	0												
	制造费用	车间管理人员工资						3	2	0	0	0	0												1
	管理费用	行政管理人员工资					1	2	0	0	0	0	0												张
	销售费用							9	6	0	0	0	0												
	应付职工薪酬																	5	5	2	0	0	0	0	

账务主管：刘江　记账：黄兰　出纳：　审核：　制单：黄兰

表 3-108　　工资费用分配表

20×1 年 12 月 31 日

部　门	分配计入项目				
	生产成本——M	生产成本——N	制 造 费 用	管 理 费 用	销 售 费 用
M 产品生产工人	16 000.00				
N 产品生产工人		14 400.00			
车间管理人员			3 200.00		
行政管理人员				12 000.00	
销售人员					9 600.00
合　计	16 000.00	14 400.00	3 200.00	12 000.00	9 600.00

审核：刘江　　制表：黄兰

（2）任务完成。

① 根据应付职工薪酬账户余额，怀疑可能存在的问题。

② 调查相关人员，了解企业是否存在拖欠职工工资的情况。

③ 按照人员岗位，重新确认本期应分配的工资费用，针对错计，写出建议调整意见。

项目小结

生产与仓储循环分项目审计的主要工作任务，是在项目审计目标要求的基础上，按照审计准则规定的可选择审计程序去获取审计证据并编制审计工作底稿。本循环主要项目的审计证据种类和审计工作底稿如图 3-20～图 3-23 所示，希望你在对这些项目全面学习的基础上，能够有针对性地区别和系统掌握项目审计的要领，能够承担该项目采用计算机审计时需要完成的工作。

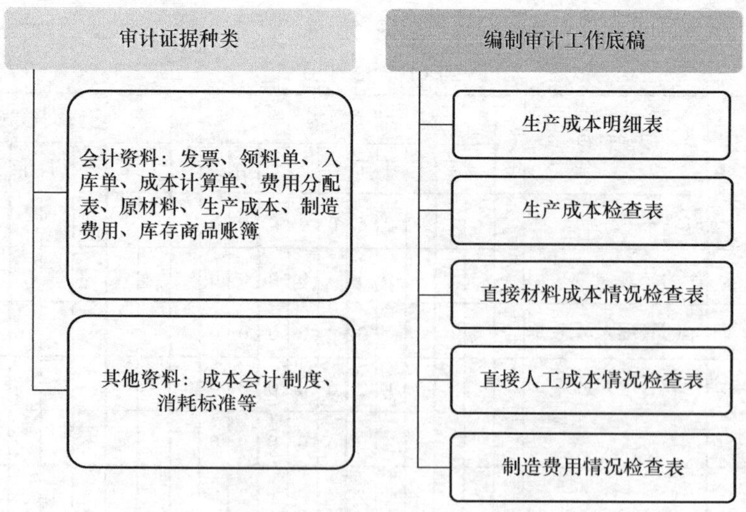

图 3-20　生产成本审计证据种类及要求会编制的工作底稿

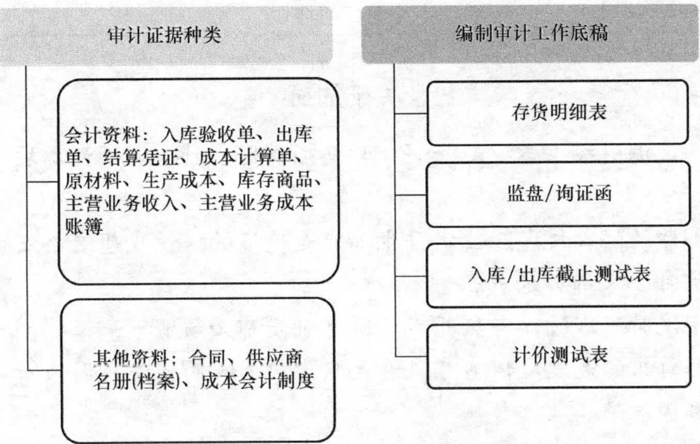

图 3-21　库存商品审计证据种类及要求会编制的工作底稿

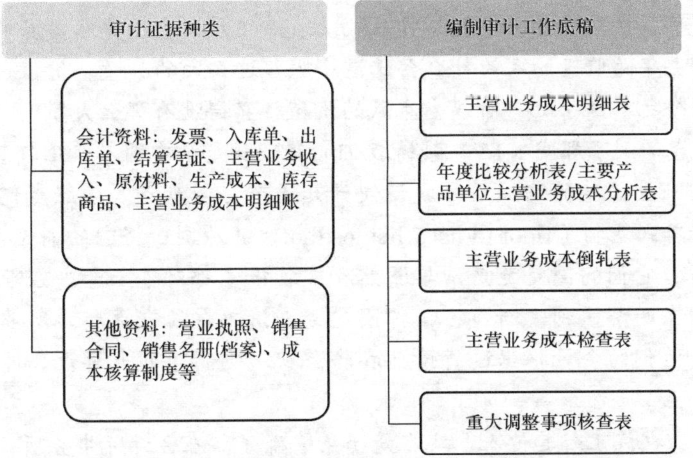

图 3-22　主营业务成本审计证据种类及要求会编制的工作底稿

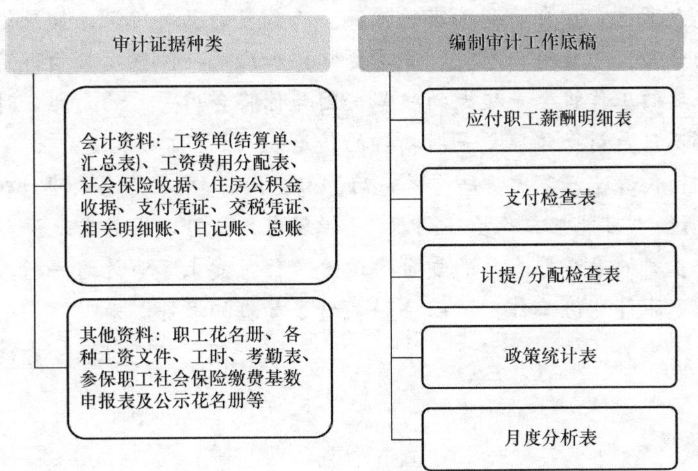

图 3-23　应付职工薪酬审计证据种类及要求会编制的工作底稿

海外实习生日记

关于加班

上海财经大学　赵子妮　毕马威国际会计公司　新加坡

据说，根据新加坡的法律规定，让实习生加班是违法的。但我想这条法律，并不是所有的人都知道。因为，我们每个人都加过班。

几乎没有五点半准时下班过。当然并不是所有时候都必须留下来工作，只是似乎觉得五点半准时下班不是一个好员工的表现。但有可能这也只是中国人的想法，因为新加坡当地的实习生可是一到五点半就全部闪人了。

最晚的一次加班就发生在这周。我被派去到一家 KTV 做固定资产监盘，工作时间是晚上七点开始，因为 KTV 七点才开门营业。这是一项很有意思的工作。我提前做了一些准备，选定了一些需要检查的项目，也翻了翻去年的工作底稿。我看了看，去年竟然盘点过麦克风，一共一百六十几支。我在猜去年做监盘的人为什么会选这个呢？这么大的数量，价值也并不是最高。想想可能因为这间公司今年扩建了吧，所以麦克风的价值就显得没有那么大了。

晚上七点半，我们到了那间 KTV。接待我们的经理竟是个中国人，几句普通话讲下来，还真有亲切感。在经过一些简单的沟通后，我们便开始逐个房间盘点。按照我们选的样本，本着从实物到清单，从清单到实物（floor to list，list to floor）的原则，将它的四十间房间都跑了一遍。结果真是出乎意料，它们的固定资产清单竟然和实物很多都对不上号。经理说，由于他们新开了分店，将许多的东西都搬到了新店去，但固定资产清单却没有更新。所以，后续工作也进行不下去了，只得让他们的会计根据进货情况和转移状况更新了列表再说。即使没有全部完成，时针也指向了十一点。

我的加班经历，也许比起其他人，实在是小菜一碟了。在会计师事务所，加班是再平常不过的事情。即使是这样的淡季，也仍然有熬通宵的时候。工作的辛苦程度，正如在国内一样。同事一起聊天的时候，大家也常常会聊到加班的状况。正如我的上司所说，如果你是真的热爱审计这一行，那么加班的辛苦，你就可以忍受，并不会觉得加班是一件很痛苦的事情。但如果你并不喜欢审计，那么高强度的工作将会是极大的痛苦，因为你将会用一天的大部分时间来忍受，做自己不情愿的事情。那不仅是对身体，更是对精神的折磨。

这样的话，她和我讲过好多次，每次讲完后，都会问一句："你喜欢审计吗？"开始时，我的答案并不肯定，我说："可能吧，至少不讨厌。"但现在，我可以很肯定地说："是的，我喜欢。"也许是通过这两个多月的磨炼，我真的爱上了这份工作，爱上了审计这一行。

是的，我爱上了审计这份工作，所以已经做好了加班的准备。来吧！

——资料来源：中注协网站

项目四 筹资与投资循环审计

学习目标

1. 了解典型业务种类，熟识相关业务的凭证；
2. 了解内部控制要求，掌握重要的不相容职务；
3. 明确审计目标，明确相关证据的种类及获取方法；
4. 会编制典型任务审计工作底稿，明确相关工作底稿的编写依据及编写要求，会综合运用所学知识，评价审计证据，进行审计调整；
5. 熟练运用计算机编制本循环各项目工作底稿；
6. 了解管理层、员工舞弊的表现及原因，以增强职业判断能力。

已经批准设立的企业，需按规定或出于特殊目的委托注册会计师进行财务报表审计。因客户的性质、规模以及现状不同，在国家政策的影响下，报表中涉及筹资、投资的项目会不一样。图 4-1 列示了企业筹资和投资活动所涉及的主要业务活动。总体来说，这类业务可能在本年度根本没发生过，或者虽发生但交易次数不多，而金额比较大，且既涉及资产又影响损益。从企业的角度看，针对这类业务的管理比较严格，但对会计人员来说，由于业务不是频繁发生，确认、计量、报告出错的可能性会增加。如果还有管理层舞弊的动机，则对审计人员的要求更高。因此，你一定要非常熟悉国家的相关政策、法规要求；要清楚各类业务发生与哪些政府部门、机构有关，有哪些审批文件；要了解相关事项确认的计算、核算要求等。在具体项目审计前，图 4-2 列示了与本循环有关的交易、账户、业务活动，及相关的凭证与记录。

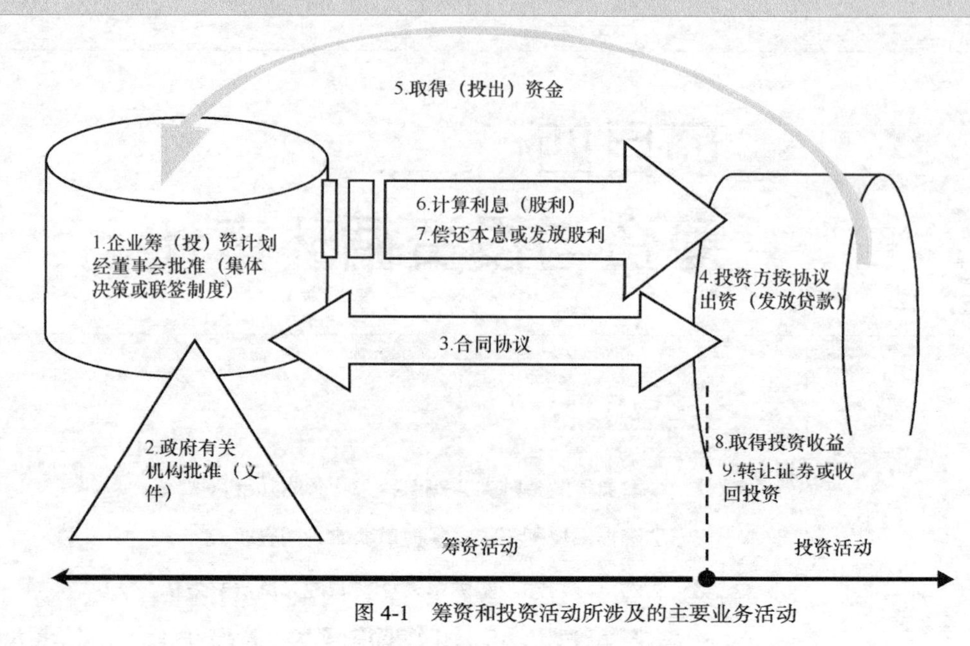

图 4-1 筹资和投资活动所涉及的主要业务活动

1.借款交易
2.股东权益交易

筹资活动的凭证与会计记录：债券、股票、债券契约、股东名册、公司债券存根簿、承销或包销协议、借款合同或协议。
有关记账凭证、总账及所属明细账：短期借款、交易性金融负债、应付利息、应付股利、长期借款、应付债券、实收资本(或股本)、资本公积、盈余公积、未分配利润、财务费用等。

1.权益性投资交易
2.债权性投资交易

投资活动的凭证与会计记录：股票或债券、经纪人通知书、债券契约、企业章程及有关协议、投资协议。
有关记账凭证、总账及所属明细账：交易性金融资产、应收利息、应收股利、可供出售金融资产、持有至到期投资、长期股权投资、投资性房地产、投资收益等。

图 4-2 筹、投资活动主要账户、相关的凭证与记录

①相关业务发生一定注意了解客户企业内外部信息。②有关业务的内部控制，主要涉及授权批准、资产（文件）安全保管、记录监督检查，不再单独赘述。③基于读者对本循环已有相关知识的基础，仅重点介绍有限责任公司可能发生的业务实质性程序的应用。

任务一 实收资本审计

一、知识准备

有限责任公司，包括国有独资公司股东投入的注册资本称为“实收资本”。公司设立时，

按照公司法和工商登记的规定办理相关手续并经过审批，领取营业执照，便可以开始从事经营范围内的生产经营活动，对于需要特别审批的事项，还需要办理相关手续和领取许可证件。在持续经营的过程中，公司董事会没有增资、减资的决定，注册资本始终保持不变。关于公司设立以及注册资本变更时的验资工作及提交的验资报告程序，有专门规定，不属于本项目研究范畴。

1．实收资本业务涉及的部门、业务活动及凭证种类

想一想　①结合图 4-3，在公司按照章程规定已办妥所有资产转移手续后，写出相关业务的会计处理（包括账户对应关系、账户计价要求）；②请根据图 4-4，说明你对相关业务出资时的入账时间的理解。

步骤（新设公司）：	投资方式：	投资者构成：
1.制定公司章程	1.货币（不得低于30%）	1.国家
2.投入资本	2.实物（存货、固定资产）	2.企业法人
3.申请公司注册	3.无形资产（不得超过70%）及依法可以转让的非货币财产作价出资	3.个人（自然人）
4.批准设立		4.外方

图 4-3　有限责任公司及国有独资公司投资者投入资本

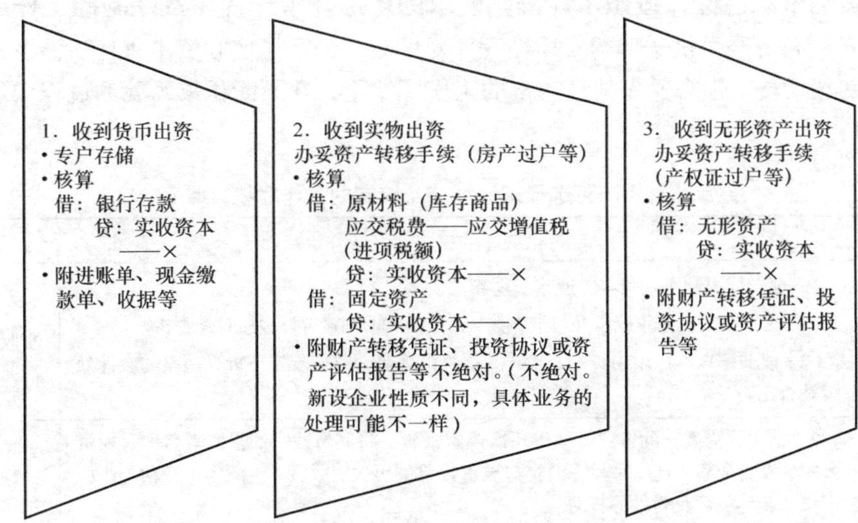

图 4-4　实收资本确认时间、核算要求

讨论　如果公司决定增资吸收新投资者加入，按照新的公司章程，收到投资时，有关凭证可能有哪些？请写出账户对应关系（一般纳税人企业）。

2．实收资本的审计目标

实收资本的审计目标及与管理当局认定的关系，如表 4-1 所示。

表 4-1　　审计目标及与管理当局认定的关系表

	审 计 目 标	财务报表认定				
		存在	完整性	权利和义务	计价和分摊	列报
A	资产负债表中记录的实收资本（股本）是存在的	√				
B	所有应当记录的实收资本（股本）均已记录，实收资本（股本）的增减变动符合法律、法规和合同、章程的规定		√			
D	实收资本（股本）以恰当的金额包括在财务报表中				√	
E	实收资本（股本）已按照企业会计准则的规定在财务报表中做出恰当列报					√

请仔细阅读上述审计目标，与其他项目比较有什么明显不同？

如何理解实收资本不涉及权利和义务的目标？计价和分摊的含义怎样理解？你认为实收资本审计的主要风险在什么认定上？

3．为实现审计目标，按照审计准则要求的可选择审计程序及编制的工作底稿

表 4-2 审计目标与可供选择的实质性程序对照表，列示了实收资本审计所涉及的所有工作内容。作为助理人员，你需要先从最基本的工作开始干，在不断积累经验的过程中逐渐掌握所有要求和技巧。

表 4-2　　审计目标与可选择审计程序及编制的工作底稿对照表

审计目标	可供选择的实质性程序	工作底稿
D	1. 获取或编制实收资本（股本）明细表。 （1）复核加计是否正确，并与报表数、总账数和明细账合计数核对是否相符。 （2）以非记账本位币出资的，检查其折算汇率是否符合规定，折算差额的会计处理是否正确	实收资本明细表
ABD	2. 首次接受委托的客户，取得历次验资报告，将其所载明的投资者名称、投资方式、投资金额、到账时间等内容与被审计单位历次实收资本（股本）变动的账面记录、会计凭证及附件等核对	检查情况表
AB	3. 审阅公司章程、股东（大）会、董事会会议记录中有关实收资本（股本）的规定。收集与实收资本（股本）变动有关的董事会会议纪要、股东（大）会决议、合同、协议、公司章程及营业执照，公司设立批文、验资报告等法律性文件，并更新永久性档案	
AD	4. 检查投入资本是否真实存在，审阅和核对与投入资本有关的原始凭证、会计记录，必要时向投资者函证实缴资本额，对有关财产和实物价值进行鉴定，以确定投入资本的真实性	检查情况表
ADB	5. 检查出资期限和出资方式、出资额，检查投资者是否按合同、协议、章程约定的时间和方式缴付出资额，是否已经注册会计师验证。若已验资，应审阅验资报告	

续表

审计目标	可供选择的实质性程序	工作底稿
	6. 根据评估的舞弊风险等因素增加的审计程序	
E	7. 检查实收资本（股本）是否已按照企业会计准则的规定在财务报表中做出恰当列报	

仔细阅读可选择审计程序（不包括上市公司），重点通过编制明细表，了解实收资本的状况，并在对照审阅、收集公司章程等重要文件的基础上，检查实收资本的存在性，有无抽逃资金的事实。发现错计，及时沟通，并提出调整建议。

记录测试过程和结果的审计工作底稿及相互关系，见图 4-5。

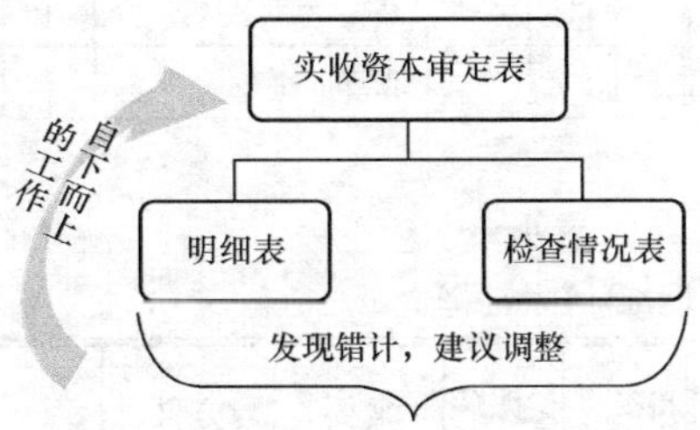

图 4-5　实收资本实质性程序工作底稿

① 如果投入的资本被抽逃，通常会在哪些账户上有体现？②如果想查明“其他应收款—×投资人”记录业务的事实是什么，如何获取相关证据？③你听说过“空壳公司”吗？为什么会空了？其表现怎样？其后果如何？注册时投入的资产与资本是如何对应的？举个例子说明一下。

二、典型工作任务及操作演示

1. 编制实收资本明细表

（1）案例资料：获取山东爱家科技有限公司的相关记录，见表 4-3～表 4-6，共 4 张。

表 4-3　总账

会计科目：实收资本　　第 18 页

20×1 年		记账凭证号数	摘要	借方										贷方										借或贷	余额									
月	日			千	百	十	万	千	百	十	元	角	分	千	百	十	万	千	百	十	元	角	分		千	百	十	万	千	百	十	元	角	分
1	1		期初余额																					贷			5	0	0	0	0	0	0	0
			结转下年																															

表 4-4　实收资本明细账

明细科目：刘毅和　　第　页

20×1 年		记账凭证号数	摘要	对方科目	借方										贷方										借或贷	余额									
月	日				千	百	十	万	千	百	十	元	角	分	千	百	十	万	千	百	十	元	角	分		千	百	十	万	千	百	十	元	角	分
1	1		上年结转																						贷			1	5	0	0	0	0	0	0
			结转下年																																

表 4-5　　　　实收资本明细账

明细科目：济南市泰康粮油加工厂　　　　第　页

20×1年		记账凭证号数	摘要	对方科目	借方										贷方										借或贷	余额									
月	日				千	百	十	万	千	百	十	元	角	分	千	百	十	万	千	百	十	元	角	分		千	百	十	万	千	百	十	元	角	分
1	1		上年结转																						贷			1	5	0	0	0	0	0	0
			结转下年																																

表 4-6　　　　实收资本明细账

明细科目：张泽　　　　第　页

20×1年		记账凭证号数	摘要	对方科目	借方										贷方										借或贷	余额									
月	日				千	百	十	万	千	百	十	元	角	分	千	百	十	万	千	百	十	元	角	分		千	百	十	万	千	百	十	元	角	分
1	1		上年结转																						贷			2	0	0	0	0	0	0	0
			结转下年																																

（2）任务实施：用计算机编制“实收资本明细表”，见表 4-7。

表 4-7　　　　实收资本明细表

股东名称	分类	期初数	所占比例	本期增加	本期减少	期末数	所占比例	备注
合计								

审计说明：

注意

按投资人身份填写分类，审计说明账账、账表核对结果。

2. 检查实收资本增减情况，编制实收资本（股本）检查情况表

（1）案例资料：获取华兴股份有限公司有关账证资料共 8 张，见表 4-8～表 4-15，按照公司章程办理注册资本变更登记。请你按项目负责人要求，检查变更业务的发生、业务处理的正确性，对发现的错计，建议调整。

表 4-8　　　　变更前投资者结构

变更前投资者名称	注册资本		实收资本	
	金额（万元）	出资比例%	金额（万元）	占注册资本%
山东嘉华科技股份有限公司	550	55	550	100
济南常青藤房地产开发有限公司	400	40	400	100

续表

变更前投资者名称	注册资本		实收资本	
	金额（万元）	出资比例%	金额（万元）	占注册资本%
刘一水	50	5	50	100
合计	1 000	100	1 000	100

表 4-9　变更后投资者结构

变更后投资者名称	注册资本	
	金额（万元）	出资比例%
山东嘉华科技股份有限公司	550	52.38
济南常青藤房地产开发有限公司	400	38.10
刘一水	50	4.76
刘老根	50	4.76
合计	1 050	100.00

表 4-10　实收资本明细账

明细科目：山东嘉华科技股份有限公司　　第　页

20×1年		记账凭证号数	摘要	对方科目	借方										贷方										借或贷	余额									
月	日				千	百	十	万	千	百	十	元	角	分	千	百	十	万	千	百	十	元	角	分		千	百	十	万	千	百	十	元	角	分
1	1		期初余额																						贷		5	5	0	0	0	0	0	0	0
12	31		结转下年																																

表 4-11　实收资本明细账

明细科目：济南常青藤房地产开发有限公司　　第　页

20×1年		记账凭证号数	摘要	对方科目	借方										贷方										借或贷	余额									
月	日				千	百	十	万	千	百	十	元	角	分	千	百	十	万	千	百	十	元	角	分		千	百	十	万	千	百	十	元	角	分
1	1		期初余额																						贷		4	0	0	0	0	0	0	0	0
12	31		结转下年																																

表 4-12　实收资本明细账

明细科目：刘一水　　第　页

20×1年		记账凭证号数	摘要	对方科目	借方										贷方										借或贷	余额									
月	日				千	百	十	万	千	百	十	元	角	分	千	百	十	万	千	百	十	元	角	分		千	百	十	万	千	百	十	元	角	分
1	1		期初余额																						贷			5	0	0	0	0	0	0	0
12	31		结转下年																																

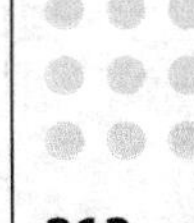

表 4-13

实收资本明细账

明细科目：刘老根

第　页

20×1年		记账凭证号数	摘要	对方科目	借方										贷方										借或贷	余额									
月	日				千	百	十	万	千	百	十	元	角	分	千	百	十	万	千	百	十	元	角	分		千	百	十	万	千	百	十	元	角	分
12	4	28	收到投资款														6	0	0	0	0	0	0	0	贷			6	0	0	0	0	0	0	0
12	31		结转下年																																

表 4-14

记账凭证

20×1年12月4日

记字第28号

摘要	会计科目	明细科目	√	借方金额										√	贷方金额									
				千	百	十	万	千	百	十	元	角	分		千	百	十	万	千	百	十	元	角	分
收到刘老根投资款	库存现金		√			6	0	0	0	0	0	0	0											
	实收资本	刘老根												√			6	0	0	0	0	0	0	0
合计						6	0	0	0	0	0	0	0				6	0	0	0	0	0	0	0

附单据1张

财务主管：王海　　记账：李丽　　出纳：黄兰　　审核：　　制单：李丽

表 4-15

收据

№ 5 290 383

20×1年12月4日

交款单位：刘老根

交款事由：投资款　　现金收讫

金额（大写）陆拾万元　　¥600 000.00

华兴公司 财务专用章

第三联：记账联

出纳：黄兰

（2）任务完成：任务实施过程如下。

① 进一步审查银行对账单，收到的货币投资款已存入银行。

② 编制“实收资本（股本）检查情况表”，见表4-16。

表 4-16　　实收资本（股本）检查情况表

记账日期	凭证编号	业务内容	借方科目	贷方科目	金额	附件	核对内容用"√""×"表示					备注
							1	2	3	4	5	
12月4日	28	收到刘老根投资款	库存现金	实收资本	600 000.00	收据	√	×	×	√	√	
核对内容说明：1. 原始凭证是否齐全；2. 记账凭证与原始凭证是否相符；3. 账务处理是否正确；4. 是否记录于恰当的会计期间；5. ……												

审计说明：

收到投资款已存入银行，会计处理不符合实收资本计价要求，建议实施如下调整。

借：实收资本——刘老根　　100 000.00

　　贷：资本公积　　100 000.00

经验积累

请将你所了解的管理层舞弊或员工侵占资产的做法，填在表 4-17 和表 4-18 中。

表 4-17　　管理层舞弊

错 计 性 质	常 见 手 段

表 4-18　　员工侵占资产

常 用 手 段	舞 弊 表 现

三、任务训练

任务：实收资本审计。

（1）任务背景资料：在客户公司固定资产账簿中，记录有一栋仓库，原值 12 万元。根据租赁合同规定，此仓库属于经营租赁性质，合同期限两年，每半年付租金一次，租赁费共 2 万元。查管理费用——租赁费明细账、银行存款日记账，本年已按合同支付全年租金 1 万元。签订合同时，客户公司账务处理如下。

借：固定资产——仓库　　120 000

　　贷：实收资本　　120 000

支付租金时，账务处理如下。

借：管理费用　　10 000

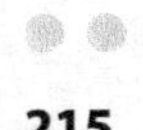

贷：银行存款　　　　　　　　　　　　　10 000

（2）任务实施：针对上述处理如何建议调整？

任务二 长、短期借款审计

案例导读

关于不予核准重庆三峡油漆股份有限公司非公开发行股票申请的决定

重庆三峡油漆股份有限公司：

中国证券监督管理委员会（以下简称中国证监会）依法受理了你公司提交的非公开发行股票申请文件。

中国证监会发行审核委员会（以下简称发审委）于2013年1月25日举行2013年第11次发审委会议，依法对你公司的非公开发行股票申请进行了审核。

发审委在审核中关注到，你公司存在以下情形：

根据申请材料及你公司代表和保荐代表人现场陈述，三峡英力为你公司控股股东于2006年作为股权分置改革对价置入的资产。你公司分次投入共计1.2亿元获得三峡英力80%的股权，三峡英力一直亏损并未正常生产。在你公司持股期间，三峡英力对银行有巨额借款，由你公司控股股东提供担保，该银行借款大部分已由三峡英力偿还。而你公司累计投入4.49亿元对三峡英力进行单方面的财务资助，并未获得偿还。最终你公司将三峡英力股权及对其债权处置给控股股东子公司化医紫鹰的价格为1.4亿元。

发审委认为，上述情形与《上市公司证券发行管理办法》（证监会令第30号）第三十九条的规定不符。

发审委会议以投票方式对你公司的非公开发行股票申请进行了表决，同意票数未达到3票，申请未获通过。根据《证券法》、《上市公司证券发行管理办法》和《中国证券监督管理委员会发行审核委员会办法》（证监会令第62号）等有关规定，现依法对你公司的非公开发行股票申请作出不予核准的决定。

你公司如再次申请发行证券，可在本决定做出之日起6个月后，向中国证监会提交申请文件。

你公司如不服本决定，可在收到本决定之日起60日内，向中国证监会申请行政复议，也可在收到本决定之日起3个月内，向有管辖权的人民法院提起行政诉讼。

一、知识准备

不是所有单位都能取得银行贷款的。小微企业融资难，已被中央政府关注并发布有关政策要求商业银行予以支持。因此，对客户企业长短期银行借款进行审查，必须了解企业以往的借款种类及用途，熟悉商业银行的贷款政策、程序及业务单据。图4-6列示了商业银行的贷款种类、程序及单据种类。按照项目负责人的安排，有针对性地查明企业借款的实际情况、借款的使用及利息的确认，特别要注意企业在内部控制薄弱的情况下，是否存在通过伪造、与银行串通等方式取得贷款并用于非法用途，给社会造成损失的风险。

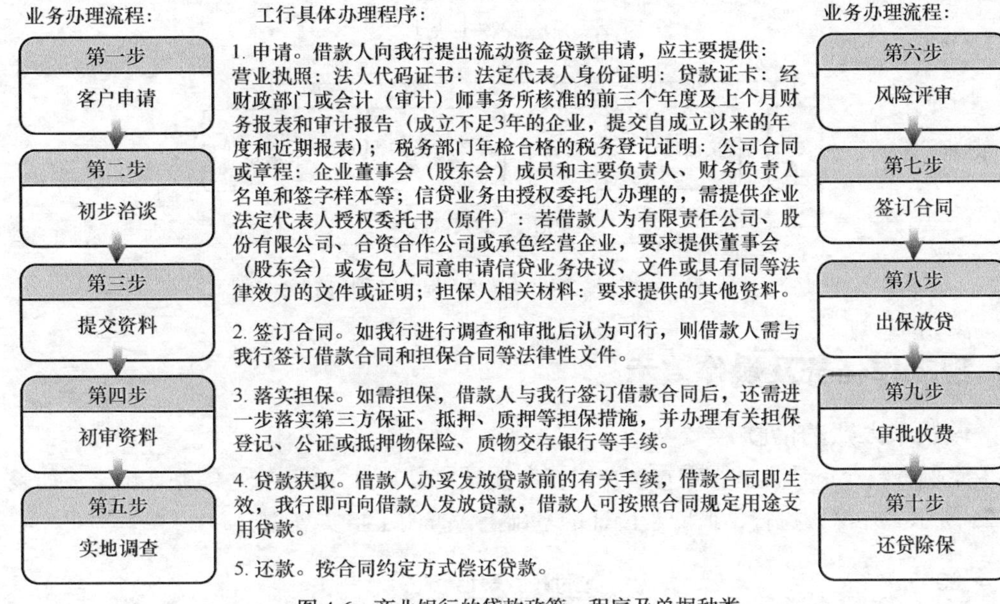

图 4-6　商业银行的贷款政策、程序及单据种类

①企业从银行取得贷款的证明材料有哪些？会计核算时如何划分“短期借款”或是“长期借款”？②你列举一下与借款利息相关的计算与核算事项。写下来。

1．长、短期借款的审计目标

长、短期借款的审计目标及与管理当局认定的关系如表 4-19 所示。

表 4-19　审计目标及与管理当局认定的关系表

审 计 目 标	财务报表认定				
	存在	完整性	权利和义务	计价和分摊	列报
A 资产负债表中记录的长、短期借款是存在的	√				
B 所有应当记录的长、短期借款均已记录		√			
C 记录的长、短期借款是被审计单位应当履行的现时义务			√		
D 长、短期借款以恰当的金额包括在财务报表中，与之相关的计价调整已恰当记录				√	
E 长、短期借款已按照企业会计准则的规定在财务报表中做出恰当的列报					√

2．为实现审计目标，按照审计准则要求的可选择审计程序及编制的工作底稿

记录测试过程和结果的审计工作底稿及相互关系，见图 4-7。

①你根据图中典型工作任务种类及主要工作底稿，能推断出每项工作与实现审计目标的关系吗？比如说一说询证函的作用及操作步骤。②利息计算与分配是重要的审计内容。其计算的依据是什么？分配的原则体现在会计核算中如何入账？写下来。

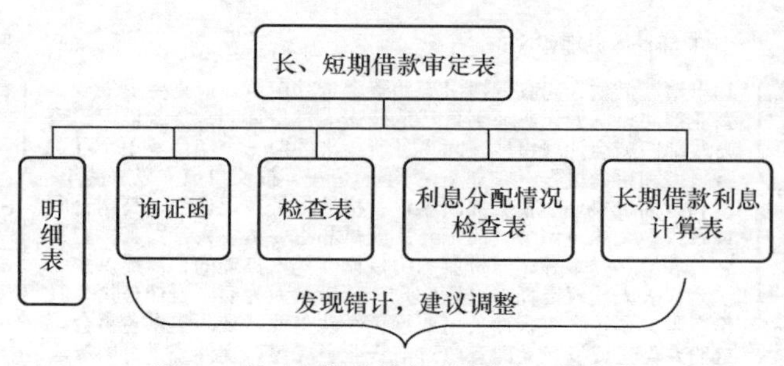

图 4-7 长、短期借款实质性程序工作底稿

二、典型工作任务及操作演示

1．查找未入账的借款

（1）案例资料：审计人员在审查客户银行存款时发现 9 月 12 日有一笔账证记录，如表 4-20 和表 4-21 所示。在深入检查、询问、函证的基础上，查明了事实真相。

表 4-20 应付账款明细账

明细科目： 第 页

20×1 年		记账凭证号数	摘要	对方科目	借方										贷方										借或贷	余额									
月	日				千	百	十	万	千	百	十	元	角	分	千	百	十	万	千	百	十	元	角	分		千	百	十	万	千	百	十	元	角	分
9	12	55	购货欠款													2	0	0	0	0	0	0	0	0	贷		2	0	0	0	0	0	0	0	0
12	12	63	欠款结清			2	0	0	0	0	0	0	0	0											平										

表 4-21 记账凭证

20×1 年 9 月 12 日 记字第 55 号

摘要	会计科目	明细科目	√	借方金额										√	贷方金额									
				千	百	十	万	千	百	十	元	角	分		千	百	十	万	千	百	十	元	角	分
购货欠款	银行存款		√		2	0	0	0	0	0	0	0	0											
	应付账款													√		2	0	0	0	0	0	0	0	0
合计					2	0	0	0	0	0	0	0	0			2	0	0	0	0	0	0	0	0

附单据 1 张

财务主管：王海 记账：周丽 出纳：李丽 审核： 制单：周丽

（2）审计步骤如下。

① 核对所附原始凭证，发现银行借据一张，借据略。注明借款期 3 个月，借款额 200 万元，月借款利率 8‰。

② 审计索要同期银行对账单，发现这期间共有 4 笔 200 万元的收付金额。经与企业日记账核对，发现企业仅记录其中的 2 笔，另外一收一付未记账。

③ 通过银行询证函确认 9 月 12 日借入资金 200 万元，并已于到期日 12 月 12 日如期还款，并支付利息 4.8 万元。

④ 检查客户 12 月 12 日的相关记录，见表 4-22、表 4-23、表 4-24。

表 4-22　　记 账 凭 证

20×1 年 12 月 12 日　　记字第 64 号

摘要	会计科目	明细科目	√	借方金额										√	贷方金额										附单据1张
				千	百	十	万	千	百	十	元	角	分		千	百	十	万	千	百	十	元	角	分	
付借款利息	财务费用		√				4	8	0	0	0	0	0												
	银行存款													√				4	8	0	0	0	0	0	
合计							4	8	0	0	0	0	0					4	8	0	0	0	0	0	

财务主管：王海　　记账：周莉　　出纳：李丽　　审核：　　制单：周莉

附借款利息通知单略。

表 4-23　　记 账 凭 证

20×1 年 12 月 12 日　　记字第 63 号

摘要	会计科目	明细科目	√	借方金额										√	贷方金额										附单据1张
				千	百	十	万	千	百	十	元	角	分		千	百	十	万	千	百	十	元	角	分	
结清欠款	应付账款		√		2	0	0	0	0	0	0	0	0												
	银行存款													√		2	0	0	0	0	0	0	0	0	
合计					2	0	0	0	0	0	0	0	0			2	0	0	0	0	0	0	0	0	

财务主管：王海　　记账：周莉　　出纳：李丽　　审核：　　制单：周莉

附银行特种转账凭证，从企业账户中划款归还到期借款。凭证略。

表 4-24　　财务费用明细账

明细科目：　　第　页

年		记账凭证号数	摘要	对方科目	借方										贷方										借或贷	余额									
月	日				千	百	十	万	千	百	十	元	角	分	千	百	十	万	千	百	十	元	角	分		千	百	十	万	千	百	十	元	角	分
12	12	64	借款利息					4	8	0	0	0	0	0											借				4	8	0	0	0	0	0
12	31	123	结转本年利润															4	8	0	0	0	0	0	平										

⑤ 经查客户单位没有“短期借款”总账、明细账记录。

（3）任务实施。

① 分析审计获取的上述证据，你怀疑事实的真相是什么？

② 经调查确认会计与银行职员勾结，以企业名义借入资金后，按同样期限以 18‰高价转借银行借款，将收取的利息私分。转借支付银行存款、收回高利贷的业务均未入账（200 万本金及利息）。

③ 确认的获利额为多少？

④ 依据上述事实，提出建议调整意见。

2．确认短期借款及利息费用

（1）案例资料：获取客户应付票据备查簿及明细账见表4-25。查阅银行承兑协议，确认5月3日因购货向银行申请签发银行承兑汇票一张，期限90天、金额200 000元、月利率2.4‰，到期日为8月1日。无银行承兑汇票保证金。协议规定，到期不能支付的票据款，银行按月利3.6‰收取利息。

表4-25

应付票据明细账

明细科目：山东坤华有限责任公司　　　　第　页

20×1年		记账凭证号数	摘要	对方科目	借方										贷方										借或贷	余额									
月	日				千	百	十	万	千	百	十	元	角	分	千	百	十	万	千	百	十	元	角	分		千	百	十	万	千	百	十	元	角	分
5	3	13	应付材料款														2	0	0	0	0	0	0	0	贷			2	0	0	0	0	0	0	0
12	31		结转下年																																

（2）任务实施。

① 截止年末，应付票据的余额是否存在？

② 期满无力支付的银行承兑汇票款的实质是什么？

③ 截止日短期借款的金额=

④ 确认的短期借款利息=

⑤ 针对上述错计，提出建议调整意见。

经验积累

请将你所了解的管理层舞弊或员工侵占资产的做法填在表4-26和表4-27中；思考如何利用分析程序发现可能存在的错报领域，完成表4-28。

表4-26　　管理层舞弊

错计性质	常见手段

表4-27　　员工侵占资产

常 用 手 段	舞 弊 表 现

表 4-28 利用分析程序发现可能的错报

序　号	分 析 程 序	可能的错报
1		
2		
3		

三、任务训练

任务　检查已发生的财务费用计算、核算的正确性

（1）任务背景资料：企业采用分期付款方式采购一大型设备，设备到达时，支付运杂费等相关费用 160 000.00 元（未取得增值税专用发票），设备在本年度内安装完毕交付使用，发生安装费 40 000.00 元，上述款项均已支付。该设备预计净残值率 5%，预计使用年限 10 年，按平均年限法计提折旧。企业提供了未确认融资费用的分摊表见表 4-29 及相关业务的计算与核算结果见表 4-30。

表 4-29 未确认融资费用分摊表

日期	分期付款额（租金）	确认融资费用	应付本金减少额	应付本金余额
	（1）	（2）=期初（4）×10%	（3）=（1）-（2）	（4）=期初（4）-（3）
购买时年初首付	150 000			568 620.00
第 1 年末	150 000	56 862.00	93 138.00	475 482.00
第 2 年末	150 000	47 548.20	102 451.80	373 030.20
第 3 年末	150 000	37 303.02	112 696.98	260 333.22
第 4 年末	150 000	26 033.32	123 966.68	136 366.54
第 5 年末	150 000	13 633.46	136 366.54	0.00
合计	900 000	181 380.00	718 620.00	

表 4-30 企业对相关业务的计算与核算

序号	业务时间	事项	相关账户及发生额	
1	第 1 年初	支付设备首付款	借：长期应付款	150 000.00
			贷：银行存款	150 000.00
2	第 1 年初	设备到达投入安装	借：在建工程	718 620.00
			未确认融资费用	181 380.00
			贷：长期应付款	900 000.00
3	第 1 年初	支付设备运杂费	借：在建工程	160 000.00
			贷：银行存款	160 000.00
4	第 1 年末	支付设备安装费	借：在建工程	40 000.00
			贷：银行存款	40 000.00

续表

序号	业务时间	事项	相关账户及发生额	
5	第 1 年末	确认融资费用	借：在建工程	56 862.00
			贷：未确认融资费用	56 862.00
6	第 1 年末	结转固定资产	借：固定资产	975 482.00
			贷：在建工程	975 482.00
7	第 2 年初	设备每月折旧额=975 482.00×（1–5%）/10×12=7 722.57		
8	每月末	计提折旧	借：制造费用	7 722.57
			贷：累计折旧	7 722.57
9	第 2 年末	支付本期设备款	借：长期应付款	150 000.00
			贷：银行存款	150 000.00
10	第 2 年末	确认融资费用	借：财务费用	47 548.20
			贷：未确认融资费用	47 548.20

（2）任务实施：针对上述业务处理，逐笔检查，说明检查结果填在表 4-31 中。

表 4–31　　融资租入固定资产相关费用计算检查表

序　号	检查结果（用“√”、“×”）	审计说明（是否需要调整，调整分录）
1		
2		
3		
4		
5		
6		
7		
8		
9		
10		

任务三　投资类项目审计

案例导读

关注“丰乐种业”财务造假

丰乐种业自 1997 年 4 月发行上市后会计报表便存在虚假记载。至 2001 年的 5 年间，丰乐种业虚报各类农作物种子销售 1.91 亿元，同时，累计冲销虚构主营业务收入 1 100 万元，累计虚构主营业务成本 2 200 万元，实际虚构主营业务收入 1.8 亿元，虚构主营业务利润 1.58 亿元。另外，丰乐种业将证券投资转回的收益以及相关补贴收入冲销虚构主营业务收入及由此形成的应收款项，其实际证券投资收益金额小于各年虚构主营业务利润，此项差额形成丰乐种业各年度的虚增利润，累计虚增利润 4 006 万元，等等。此外，公司 2002 年度会计报表曾虚构在建工程。

一、知识准备

大的企业集团及上市公司，资金雄厚，经营领域广泛，企业行为着眼于战略思考。从青岛海尔资产负债表 4-32 中可以看出，有部分资金常年占用在对外投资项目上。但对于中小企业来说，利用闲置资金从事证券交易谋利或通过控制、共同控制、或具有重大影响等参与被投资单位管理并取得投资收益的交易应该不多。

表 4-32　　青岛海尔资产负债表（部分）

报表日期	2011 年 6 月 30 日	2010 年 12 月 31 日
非流动资产		
可供出售金融资产	16 496 500.00	13 561 500.00
持有至到期投资	—	—
长期股权投资	1 294 070 000.00	1 078 320 000.00
资产总计	37 640 900 000.00	29 267 200 000.00

根据图 4-8 中的投资类型，熟悉交易性金融资产业务及会计处理，见图 4-9，写出长期股权投资主要业务（图 4-10）的会计处理。

投资：为获得收益或资本增值向被投资单位投放资金的经济行为

▲按投资性质不同
·债权性投资（短期或持有至到期获得稳定的利息收益）：债券
·权益性投资（持有一定股份，参与经营管理、取得投资收益）：股票、股权
▲ 按管理层持有意图不同
·交易性投资、可供出售投资、持有至到期投资等

1. 投资企业能够对被投资单位实施控制的权益性投资，即对子公司的投资（占50以上表决权）

2. 投资企业与其他合营方一同对被投资单位实施共同控制的权益性投资，即对合营企业投资

3. 投资企业对被投资单位具有重大影响的权益性投资，即对联营企业的投资（占20%以上但低于50%表决权股份）

4. 投资企业持有的对被投资单位不具有控制、共同控制或重大影响，并且在活跃市场中没有报价、公允价值不能可靠计量的权益性投资

理解投资类型

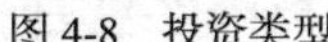
图 4-8　投资类型

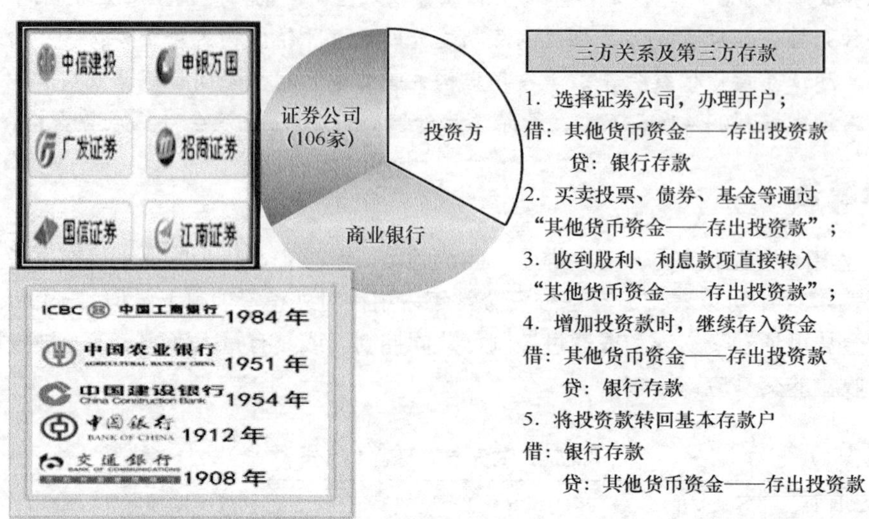

图 4-9 交易性金融资产投资业务种类

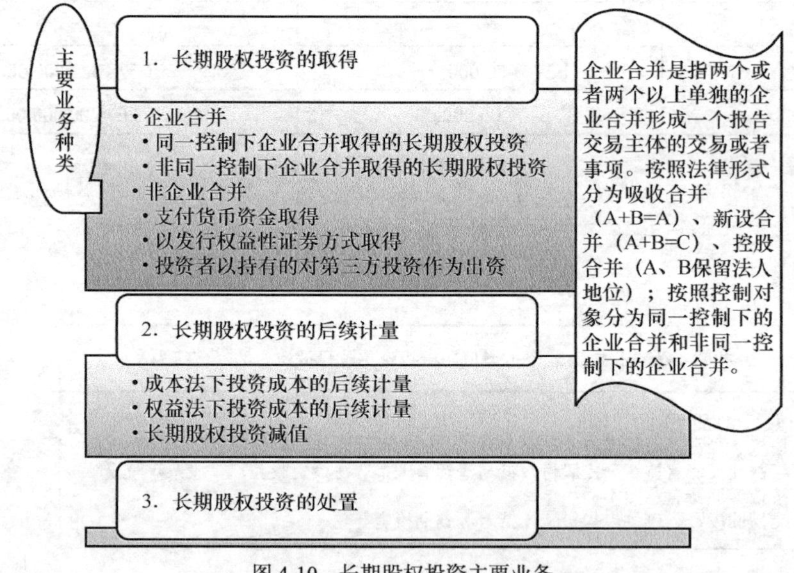

图 4-10 长期股权投资主要业务

1．投资类项目的审计目标

请你根据以往审计项目的审计目标要求，说说投资类项目的审计目标应该如何表述？

2．为实现审计目标，按照审计准则要求的可选择审计程序及编制的工作底稿

记录测试过程和结果的审计工作底稿及相互关系，见图 4-11。

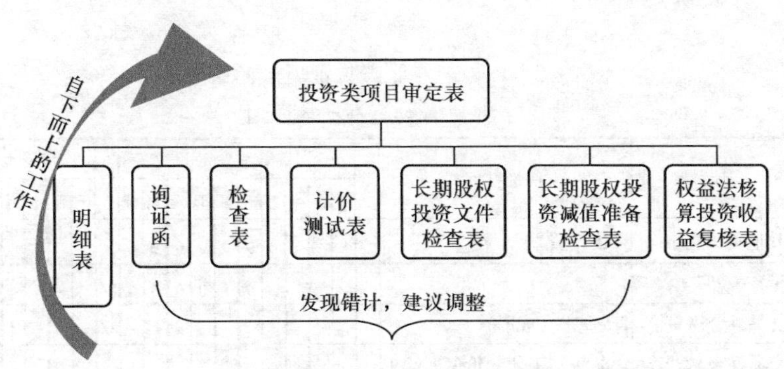

图 4-11　投资类项目实质性程序工作底稿

二、典型工作任务及操作演示

1．检查交易性金融资产出售

（1）案例资料：获取华兴股份有限公司有关账证资料共 3 张，如表 4-33～表 4-35 所示。

表 4-33　　交易性金融资产明细账

明细科目：青岛海尔（成本）　　第　页

20×1 年		记账凭证号数	摘要	对方科目	借方										贷方										借或贷	余额									
月	日				千	百	十	万	千	百	十	元	角	分	千	百	十	万	千	百	十	元	角	分		千	百	十	万	千	百	十	元	角	分
6	2	13	购入 10 000 股&9.80					9	8	0	0	0	0	0											借				9	8	0	0	0	0	0
	15	45	出售 5 000 股&10.20															4	9	0	0	0	0	0	借				4	9	0	0	0	0	0

表 4-34　　交易性金融资产明细账

明细科目：青岛海尔（公允价值变动）　　第　页

年		记账凭证号数	摘要	对方科目	借方										贷方										借或贷	余额									
月	日				千	百	十	万	千	百	十	元	角	分	千	百	十	万	千	百	十	元	角	分		千	百	十	万	千	百	十	元	角	分
6	30	123	计算公允价值变动						6	0	0	0	0	0											借					6	0	0	0	0	0

7 月 20 日，将持有青岛海尔 5 000 股以每股 10.00 元全部出售，扣除有关交易手续费（按卖出价 0.2%计算），款项存入投资款账户。编制的记账凭证见表 4-35。

（2）任务实施。

① 截止 6 月末，持有的青岛海尔股票的账面价值是：

② 检查 7 月份股票抛空后，业务处理存在的问题，提出建议调整意见。

表 4-35

记账凭证

20×1 年 7 月 20 日　　　　　　　　　　　　　记字第　78 号

摘要	会计科目	明细科目	√	借方金额										√	贷方金额									
				千	百	十	万	千	百	十	元	角	分		千	百	十	万	千	百	十	元	角	分
出售青岛海尔股票	其他货币资金	存出投资款					4	9	9	0	0	0	0	√										
5 000 股	投资收益							5	1	0	0	0	0	√										
	交易性金融资产	青岛海尔（成本）												√				4	9	0	0	0	0	0
	交易性金融资产	青岛海尔（公允价值变动）																	6	0	0	0	0	0
合计								5	5	0	0	0	0						5	5	0	0	0	0

附单据 2 张

财务主管：王海　　记账：李丽　　出纳：黄兰　　审核：　　制单：李丽

2．检查长期股权投资发生、后续计量、投资分红、出售转让等业务

（1）案例资料：客户甲公司 20×1 年 1 月 10 日购入乙公司 30%股权，购买价 2 200 万元全部以货币资金支付，并自取得投资之日起派人参与乙公司的生产经营决策。取得投资当日，乙公司可辨认净资产公允价值为 6 000 万元，除表 4-36 所列项目外，乙公司其他资产、负债公允价值与账面价值相同。经了解，甲、乙公司的会计政策、会计期间相同。乙公司 20×1 年实现净利润 600 万元，其中在甲公司取得投资时的账面存货有 80%对外出售；固定资产、无形资产均按直线法提取折旧或摊销，净残值率均为 0，本年度未发生任何内部交易。20×2 年 3 月 12 日乙公司宣告按 20×1 年实现净利润的 30%分配现金股利，甲公司 3 月 18 日收到股利（利润）。20×2 年 5 月 12 日甲公司以 2 800 万元将所持股权全部转让，款项存入银行。

表 4-36　　　　非货币资产投资　　　　单位：万元

资产项目	账面原价	已提折旧或摊销	公允价值	乙公司预计使用年限	甲公司取得投资后剩余使用年限
存货	500		700		
固定资产	1 200	240	1 600	20	16
无形资产	700	140	800	10	8
小计	2 400	380	3 100		

审计经调查，上述业务发生属实。对相关业务处理的有关记录见表 4-37。

表 4-37　　　　账务处理表

20×1 年 1 月 10 日　以货币出资取得乙公司 30%股权	借：长期股权投资——投资成本 投资收益 贷：银行存款	18 000 000.00 4 000 000.00	 22 000 000.00
20×1 年 12 月 31 日　确认投资收益：甲公司投资收益 = 600 × 30% = 180（万元） 20×1 年 12 月 31 日　股权投资按权益法后续计量	 借：长期股权投资——损益调整 贷：投资收益	 1 800 000.00	 1 800 000.00
20×2 年 3 月 12 日　应收乙公司股利=600 × 30% × 30%=54（万元）	借：应收股利 贷：长期股权投资——损益调整	540 000.00	 540 000.00

续表

20×2 年 3 月 18 日	收到股利	借：银行存款 贷：应收股利	540 000.00 540 000.00
20×2 年 5 月 12 日	将乙公司股权全部转让	借：银行存款 贷：长期股权投资——投资成本 长期股权投资——损益调整 投资收益	28 000 000.00 18 000 000.00 1 260 000.00 8 740 000.00

（2）任务实施：请逐笔仔细检查，对存在的问题，逐笔提出调整建议。

思考 请将你所了解的管理层舞弊或员工侵占资产的做法填在表 4-38 和表 4-39 中，思考如何利用分析程序发现可能存在的错报领域，完成表 4-40。

表 4-38 管理层舞弊

错计性质	常见手段

表 4-39 员工侵占资产

常用手段	舞弊表现

表 4-40 利用分析程序发现可能的错报

序号	分析程序	可能的错报
1		
2		
3		

项目小结

由于本循环项目主要证据资料及编制工作底稿的工作比较难。项目负责人可能会安排更有经验的人做。希望你对本循环的主要工作内容仿照以前循环项目进行整理，自我总结效果会更好。

海外实习生日记

工作的突破

上海财经大学　赵子妮　毕马威国际会计公司 新加坡

不知不觉，两个月的时间就已经过去了。艰难的，快乐的，都教我成长。对于工作，也是越来越有心得。接触得越多，学到得越多，就更明白怎样才能做得有效率，做得有取舍。而完成一

项任务的时间，是由多变少，再变多的过程；刚开始时不知道要怎样做，后来熟练了，做得自然快；而到现在这个阶段，我开始学习想着为什么要这样做，哪些测试是不必要的，而哪些又是缺乏的。凭着已审过五家子公司的经验，在审第六间子公司时，我找到了突破口。

第六间公司是我所遇到的公司中最复杂的一间，但仍然是小的房屋租赁公司，只是客户有二十家而已。所以，各种测试都稍显复杂。但最大的问题是，这间公司的银行贷款比较复杂。经手的银行有三间，而且贷款的存续期很长，大概是从 1992 年开始便一路续签下来，其间还本复息等的计算也比较复杂。尤其是从今年的 1 月 1 日起，利息的计算方法发生了重大变化：某间银行的五组贷款开始全部启用，有的以单利计算全年利息，其后再复利计息；有的以银行基准利率上浮一定比例计息，有的按合同约定利息计算。这下，我就基本上不能参考去年的文件了，因为情况发生了重大变化。而根据准则的要求，必须以小于一年到期的，一年至五年到期的，大于五年到期的分别披露。这就要求我必须精确地计算出各时间段地贷款本息。的确是相当复杂。

我参考了去年的一个类似的计算表，是用 Excel 编制的一个实际利率摊销表。但说实话，一开始根本就没太看懂。看着用 A3 纸算出的满满三大页纸，心里就发怵。于是便想放弃。去找上司请教，她看了五分钟，竟然也说没看懂，说是等她改天看懂了再给我讲怎么做。结果隔天，她去培训了，一周时间都不在……

这也变成了我不得不独立完成任务的直接原因。因为其他人也都在赶完成任务的截止时间，大家不可能丢下自己的工作来帮我做，而我不能真的等到上司回来的那一天，那时候就来不及了，一定要在这周完成。于是我被迫拼命攻克这个难题，真是觉得心上压了块大石头，怎样才能顺利完成任务呢？站着想，坐着想，吃饭想，睡觉也想，死命回忆以前学过的东西，设计 Excel 公式，筹划怎么写工作底稿。结果呢，当然是功夫不负有心人。在上司回来之前，我就将这间公司搞定了。这可是对我的工作能力的重大考验，竟然突破了。听着上司连连夸我聪明能干，真是……好开心！

——资料来源：中注协网站

项目五 货币资金审计

学习目标

1 了解典型业务种类，熟识相关业务的凭证；

2 了解内部控制要求，掌握重要的不相容职务；

3 明确审计目标，明确相关证据的种类及获取方法；

4 会编制典型任务审计工作底稿，明确相关工作底稿的编写依据及编写要求，会综合运用所学知识，评价审计证据，进行审计调整；

5 熟练运用计算机编制本循环各项目工作底稿；

6 了解管理层、员工舞弊的表现及原因，以增强职业判断能力。

货币资金的收支与企业各项业务循环具有广泛联系，涉及的交易、账户、业务活动和相关的凭证记录可以回到前面已学习过的列表中查阅。图 5-1 中综合展示了他们之间的相互关系，本项目专门针对货币资金收支业务、账户余额，学习掌握可选择的审计程序，指导参与该项目审计工作，为能够胜任此项任务奠定基础。因货币资金包括的三个项目在审计目标、可选择的审计程序、审计工作底稿等多方面具有许多共性，以下不分别子项目按顺序一并介绍。

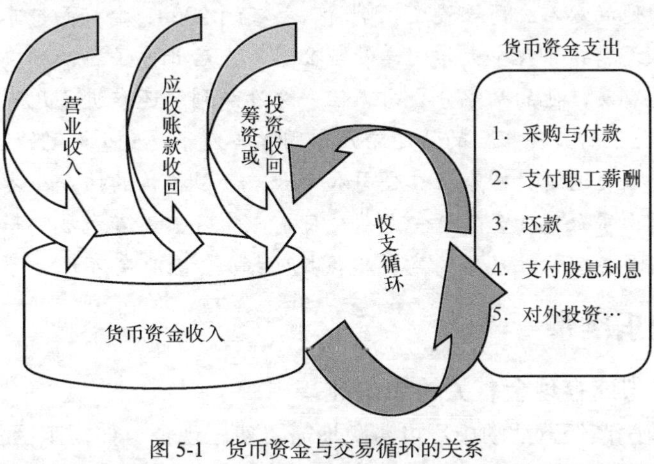

图 5-1 货币资金与交易循环的关系

案例导读

[资料来源：2009年9月30日第一财经日报]27岁的陶华太疯狂了。作为一家国有股份有限公司计划财务部经理助理的他，为掘取人生“第一桶金”，不惜犯下惊天大案——1年时间挪用公款9 226万元，成为2002年度本市检察系统查处的涉案金额最大的经济犯罪案件的主角。这名被单位同事一致公认的财务高手，在刚踏上事业舞台之时，就早早地为自己的人生拉上了帷幕，黯然出局。

2001年是陶华人生的转折点。在此之前，他一直是众人眼中的幸运儿。出身高级知识分子家庭的他自小品学兼优，高中毕业后又以优异的成绩考入同济大学建筑管理专业，大学期间历任学生会干部，而且还是全年级第一个学生党员。1998年进入公司计划财务部工作后，他表现出了在资金调度和融资方面的超凡能力，使他成为领导眼里的“潜力股”，两年后即出任计划财务部经理助理。中等偏胖的身材，戴着一副眼镜，平日少言寡语的陶华给人的感觉是儒雅敦厚、稳重能干。当然，别看他表面风平浪静，内心却是波涛汹涌。对于已有的一切，胸怀鸿鹄之志的陶华并不满足，他梦想着自己有“搞大”的一天。

不久，陶华发现他所在的公司在资金运作上有诸多不规范之处：设立账外资金，部分资金支出审批手续不全，融资由他一人操作，法人章、财务章均由他一人保管，等等。

天天与钱共“舞”，陶华不想只做“过路财神”。“当时股市形势非常好，我想动用一下，盈利了再归还也没人知道，赚够了500万元就收手。”因考虑到直接将公司资金打到股市容易被发现，陶华于2001年5月挪用了“股份公司”500万元作为验资款，以他人名义成立了实际属于他个人的私营公司——上海达善企业发展有限公司（简称“达善公司”）。成立“达善公司”的目的，就是为了能“安全”地动用“股份公司”资金，为他炒股提供方便。

从2001年7月至2002年7月，陶华可谓“日进斗金”，他采用开具“股份公司”票据后再背书等手段，先后9次将8 700余万元的公款划入“达善公司”。

可惜人算不如天算，自打陶华挪用公款炒股后还没等他乐上几天，股市风云突变，从他杀入时的2 200点狂跌至1 300点，他被“套牢”了。一向自负的他非但没有及时抽身，还自以为能挽回败局，结果“本”没扳回，反倒越陷越深。

当然，让他郁闷的还不止这事。“达善公司”成立后，陶华用留置在账上的一部分公款，像模像样地为他的私人公司添置了帕萨特、桑塔纳2000、金杯面包车以及一些办公用品，并以每人每月2 500元聘请了几个大学同学管理公司，先后开办了餐饮和快递两家分公司，可因经营不善，员工中饱私囊，他的两家分公司不但一分没赚到，还赔进了几百万元。陶华只能让它们寿终正寝了。临了，“财大气粗”的他还给几个同学各发了2.5万美元的遣散费。

侦查人员通过对四家证券公司和十六家金融机构的核查，才找到9 226万元资金的原始流转凭证，理出了每笔资金的走向。截至目前，除1 200万元被陶华挥霍殆尽无法追回外，经浦东新区检察院多方努力，已经为案发单位挽回损失2 500余万元。

一、知识准备

1．与库存现金有关的知识准备

企业生产经营活动中不可避免地需要使用现金，如职工因公出差经批准需要借支差旅费、报销零星开支、给职工发放加班费等，日常性或非经常性生产经营活动中也可能涉及收取现金，因此，出纳手中每天保留一部分现金是正常现象。然而，现金具有普遍可接受性特征，如果管理不善，就可能出现挪用、贪污、白条抵库、私设“小金库”等舞弊现象。因此，对现金的收支、保管，国家有明确的管理要求，各单位必须遵守执行。在审计工作中，这些管理要求也是重要的审计依据和评价标准。图 5-2 汇总了库存现金的管理核算要求，在开始审计前必须非常熟悉。

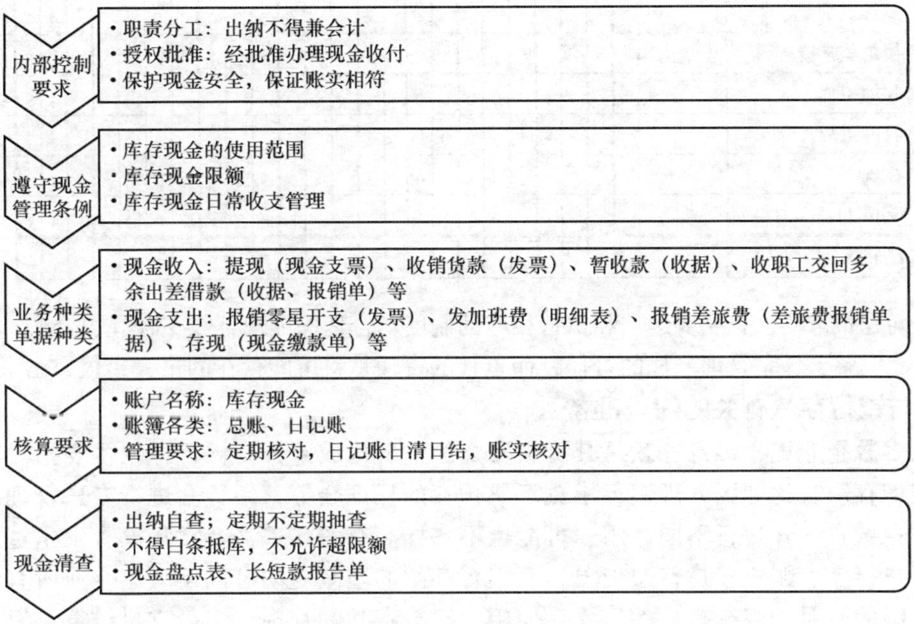

内部控制要求	·职责分工：出纳不得兼会计 ·授权批准：经批准办理现金收付 ·保护现金安全，保证账实相符
遵守现金管理条例	·库存现金的使用范围 ·库存现金限额 ·库存现金日常收支管理
业务种类单据种类	·现金收入：提现（现金支票）、收销货款（发票）、暂收款（收据）、收职工交回多余出差借款（收据、报销单）等 ·现金支出：报销零星开支（发票）、发加班费（明细表）、报销差旅费（差旅费报销单据）、存现（现金缴款单）等
核算要求	·账户名称：库存现金 ·账簿各类：总账、日记账 ·管理要求：定期核对，日记账日清日结，账实核对
现金清查	·出纳自查；定期不定期抽查 ·不得白条抵库，不允许超限额 ·现金盘点表、长短款报告单

图 5-2　库存现金管理核算要求

讨论 请结合图 5-2 中与库存现金管理相关的内容，重点说明以下问题。①出纳不得兼任的具体工作有哪些？②从出纳报销的单据（表 5-1）中，你认为主要存在的问题有哪些？属于什么性质的问题？写下来。③从表 5-2 库存现金日记账的记录内容和结果看，你认为主要存在的问题可能有哪些？写下来。

表 5-1

收据

20×1 年 12 月 3 日　　　　No. 5231010

交款单位：华兴科技开发股份有限公司

（印章：永胜科技公司 财务专用章）

现金付讫

交款事由：材料款

金额（大写）捌万伍仟壹佰元整

出纳：李玉梅

表 5-2　　　　库存现金日记账　　　　24

年		凭证号数	摘要	对应科目	借方									√	贷方									√	余额								
月	日				百	十	万	千	百	十	元	角	分		百	十	万	千	百	十	元	角	分		百	十	万	千	百	十	元	角	分
12	20		承前页				8	4	0	0	0	0	0				3	2	6	4	7	7	0	借			5	3	0	1	6	5	2
	20	记 33	存现															3	6	0	0	0	0	借			4	9	4	1	6	5	2
	24	记 35	发加班费															1	5	0	0	0	0	借			4	7	9	1	6	5	2
	27	记 38	报销差旅费																5	2	1	0	0	借			4	7	3	9	5	5	2
	28	记 39	收加工费					2	6	0	0	0	0											借			4	9	9	9	5	5	2
	31	记 40	收加工费					7	5	0	0	0	0											借			5	7	4	9	5	5	2
	31	记 41	存现															7	5	0	0	0	0	借			4	9	9	9	5	5	2
	31	记 43	支付 11、12 月电费															3	8	7	6	0	0	借			4	6	1	1	9	5	2
			结转下年																														

上述问题很重要，企业要建立和执行相应的制度，合理保证现金收支合规、合法，保证库存现金安全、完整，这是管理当局的责任，而审计的责任是将可能存在的重大错报查出来。

2．与银行存款有关的知识准备

在大多数企业里，银行存款是其货币资金的主要构成部分。银行存款主要指活期存款，如果有定期存款，比如因办理银行承兑汇票预存的保证金等，银行会进行专户管理。企业开立的各种存款户，开户行不同，用途可能也不一样。有的账户甚至常年没有发生过一次交易往来。开户行多、账户多是普遍现象。而银行存款的增减变动可以反映出企业所有经济活动的脉络。因此，对于银行账户的开立、使用，银行存款的管理，银行支付结算，银行存款核算要求等，国家都制定了严格的相关规定。其他货币资金的管理不再单独赘述。图 5-3 汇总了银行存款的

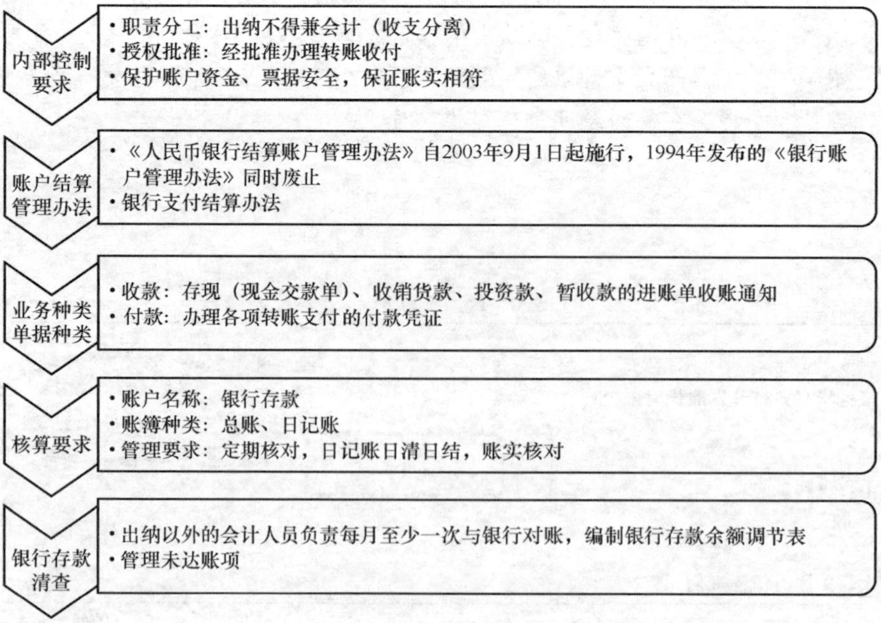

内部控制要求
- 职责分工：出纳不得兼会计（收支分离）
- 授权批准：经批准办理转账收付
- 保护账户资金、票据安全，保证账实相符

账户结算管理办法
- 《人民币银行结算账户管理办法》自2003年9月1日起施行，1994年发布的《银行账户管理办法》同时废止
- 银行支付结算办法

业务种类单据种类
- 收款：存现（现金交款单）、收销货款、投资款、暂收款的进账单收账通知
- 付款：办理各项转账支付的付款凭证

核算要求
- 账户名称：银行存款
- 账簿种类：总账、日记账
- 管理要求：定期核对，日记账日清日结，账实核对

银行存款清查
- 出纳以外的会计人员负责每月至少一次与银行对账，编制银行存款余额调节表
- 管理未达账项

图 5-3　银行存款的管理核算要求

管理核算要求，图 5-4 说明了人民币银行结算账户管理使用要求，图 5-5 说明了几种常用票据的使用要求。你必须对这些业务单据种类、联次、传递、记录要求非常熟悉，这是审计的基础。

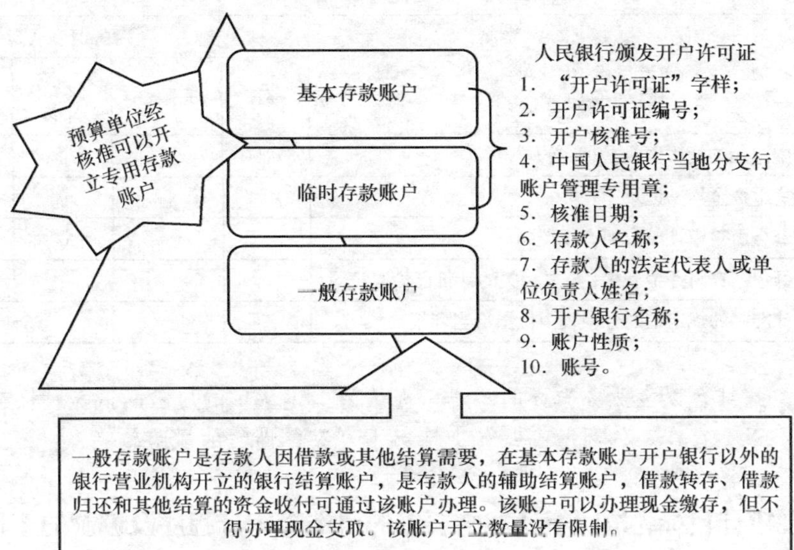

图 5-4 人民币银行结算账户管理办法

银行汇票（有效期一个月）
• 使用范围：异地结算，可以提取现金
• 办理使用程序：企业申请、银行签发、异地使用、银行通知多余款退回

银行本票（有效期二个月，分定额、非定额两种）
• 使用范围：同一票据交换区域
• 办理使用程序：企业申请、银行签发、同一票据交换区域使用

商业汇票（有效期最长六个月，分商业承兑、银行承兑两种）
使用范围：真实商品交易产生的债权债务关系
办理使用程序：签发人出票（存根）、收款人（被背书人）持票到期委托银行收款、承兑人期满付款（委托银行收款付款通知联）（详细结算、核算要求见应收票据业务）

支票（有效付款期十天，分现金支票、转账支票、普通支票三种）
• 使用范围：同一票据交换区域
• 办理使用程序：出票（存根意味付款）、正本交收款人送存银行

图 5-5 常用票据的使用要求

①在企业多头开户的情况下，银行存款日记账的设置是怎样的？设置的依据是什么？②针对 4 种票据和汇兑结算方式，各举一例说明相关业务凭证种类及核算，写下来。

3. 明确货币资金的审计目标（见表5-3）

表5-3　　货币资金的审计目标

审计目标		财务报表认定				
		存在	完整性	权利和义务	计价和分摊	列报
A	资产负债表中记录的货币资金是存在的	√				
B	应当记录的货币资金均已记录		√			
C	记录的货币资金由被审计单位拥有或控制			√		
D	以恰当的金额包括在财务报表中，与之相关的计价已恰当记录				√	
E	按照企业会计准则的规定在财务报表中做出恰当列报					√

想一想　结合以上业务循环的学习，你认为上述认定的风险高低与什么有关？什么情况下“存在”的风险高？什么情况下“完整性”的风险较高？

4. 为实现审计目标，按照审计准则要求的可选择审计程序及编制的工作底稿（其他货币资金未单独列示）

仔细阅读表5-4，你可以比较全面地了解货币资金审计所涉及的所有工作内容，将审计目标、获取审计证据的程序、审计工作底稿有机结合在一起，为“做中学”完成典型工作任务做好知识准备。

表5-4　　审计目标与可选择审计程序及编制的工作底稿对照表

审计目标	可供选择的实质性程序	工作底稿
（一）库存现金		
D	1. 核对库存现金日记账与总账的金额是否相符，检查非记账本位币库存现金的折算汇率及折算金额是否正确	货币资金明细表
ABDE	2. 监盘库存现金。 （1）制定监盘计划，确定监盘时间。 （2）将盘点金额与现金日记账余额进行核对，如有差异，应要求被审计单位查明原因并做适当调整，如无法查明原因，应要求被审计单位按管理权限批准后做出调整。 （3）在非资产负债表日进行盘点时，应调整至资产负债表日的金额。 （4）若有充抵库存现金的借条、未提现支票、未作报销的原始凭证，需在盘点表中注明，如有必要应做调整（特别关注数家公司混用现金保险箱的情况）	库存现金监盘表
ABD	3. 抽查大额库存现金收支。检查原始凭证是否齐全、记账凭证与原始凭证是否相符、账务处理是否正确、是否记录于恰当的会计期间等项内容。	货币资金收支检查情况表
（二）银行存款		
D	4. 获取或编制银行存款余额明细表。 （1）复核加计是否正确，并与总账数和日记账合计数核对是否相符。 （2）检查非记账本位币银行存款的折算汇率及折算金额是否正确	货币资金明细表
ABD	5. 取得并检查银行存款余额调节表。 （1）取得被审计单位的银行存款余额对账单，并与银行询证函回函核对，确认是否一致，抽样核对账面记录的已付票据金额及存款金额是否与对账单记录一致。	对银行存款余额调节表的检查

续表

审计目标	可供选择的实质性程序	工作底稿
（二）银行存款		
ABD	（2）获取资产负债表日的银行存款余额调节表，检查调节表中加计数是否正确，调节后银行存款日记账余额与银行对账单余额是否一致。 （3）检查调节事项的性质和范围是否合理。 ①检查是否存在跨期收支和跨行转账的调节事项。编制跨行转账业务明细表，检查跨行转账业务是否同时对应转入和转出，未在同一期间完成的转账业务是否反映在银行存款余额调节表的调整事项中。 ②检查大额在途存款和未付票据： 1）检查在途存款的日期，查明发生在途存款的具体原因，追查期后银行对账单存款记录日期，确定被审计单位与银行记账时间差异是否合理，确定在资产负债表日是否需审计调整； 2）检查被审计单位的未付票据明细清单，查明被审计单位未及时入账的原因，确定账簿记录时间晚于银行对账单的日期是否合理； 3）检查被审计单位未付票据明细清单中有记录，但截止资产负债表日银行对账单无记录且金额较大的未付票据，获取票据领取人的书面说明，确认资产负债表日是否需要进行调整； 4）检查资产负债表日后银行对账单是否完整地记录了调节事项中银行未付票据金额。 （4）检查是否存在未入账的利息收入和利息支出。 （5）检查是否存在其他跨期收支事项。 （6）（当未经授权或授权不清支付货币资金的现象比较突出时）检查银行存款余额调节表中支付异常的领款（包括没有载明收款人）、签字不全、收款地址不清、金额较大票据的调整事项，确认是否存在舞弊	
AC	6. 函证银行存款余额，编制银行函证结果汇总表，检查银行回函。 （1）向被审计单位在本期存过款的银行发函，包括零账户和在本期内注销的账户。 （2）如果不对银行存款项目实施函证程序，应当在审计工作底稿中说明理由。 （3）确定被审计单位账面余额与银行函证结果的差异，对不符事项做出适当处理	银行询证函/银行函证结果汇总表
C	7. 检查银行存款账户存款人是否为被审计单位，若存款人非被审计单位，应获取该账户户主和被审计单位的书面声明，确认资产负债表日是否需要调整	货币资金收支检查情况表
CE	8. 关注是否存在质押、冻结等对变现有限制或存在境外的款项，是否已做必要的调整和披露	
E	9. 对不符合现金及现金等价物条件的银行存款在审计工作底稿中予以列明，以考虑对现金流量表的影响	
ABD	10. 抽查大额银行存款收支的原始凭证，检查原始凭证是否齐全、记账凭证与原始凭证是否相符、账务处理是否正确、是否记录于恰当的会计期间等项内容。检查是否存在非营业目的的大额货币资金转移，并核对相关账户的进账情况；如有与被审计单位生产经营无关的收支事项，应查明原因并做相应的记录	
BA	11. 检查银行存款收支的截止是否正确。选取资产负债表日前后_____张、____金额以上的凭证实施截止测试，关注业务内容及对应项目，如有跨期收支事项，应考虑是否进行调整	货币资金截止测试
	12. 根据评估的舞弊风险等因素增加的其他审计程序。	
E	13. 检查货币资金，是否已按照企业会计准则的规定在财务报表中做出恰当列报。 附注是否按库存现金、银行存款、其他货币资金分别列示货币资金情况。因质押或冻结等对使用有限制、存放在境外、有潜在回收风险的款项应单独说明	

归纳的货币资金审计思路、审计要点，见图 5-6。

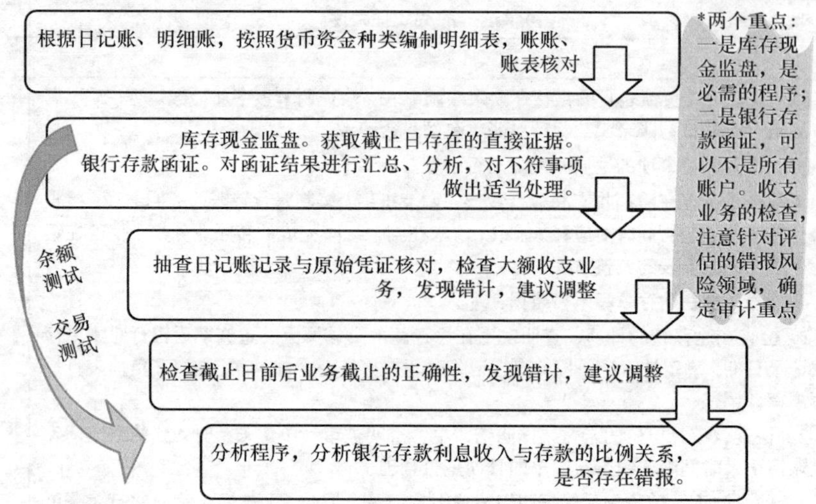

图 5-6　货币资金审计思路、审计要点

记录测试过程和结果的审计工作底稿及相互关系，见图 5-7。

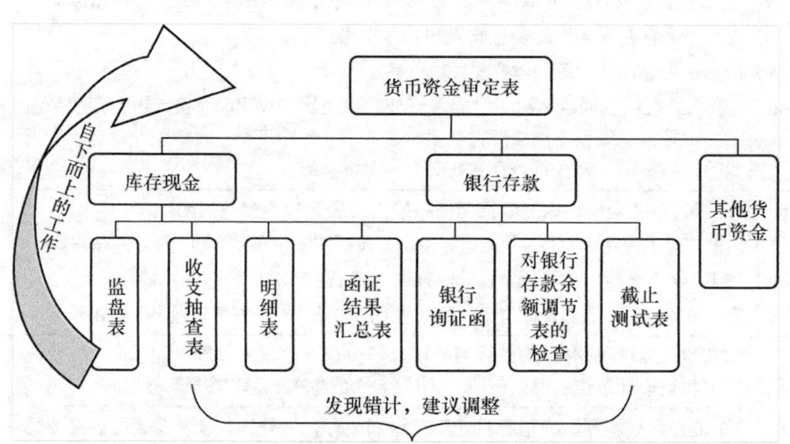

图 5-7　货币资金审计实质性程序工作底稿

库存现金监盘是必需的程序，工作步骤见图 5-8。

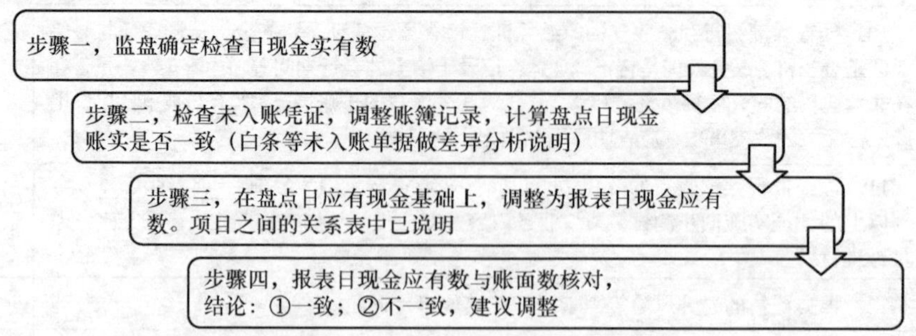

注意：监盘日不是报表截止日时，监盘日盘点现金确定的实有数，不是审计的目的，须调整为报表截止日现金应有数。注意理解实质，注意相关人签字

图 5-8　实施库存现金监盘

二、典型工作任务及操作演示

1．库存现金监盘（注意程序表要求）

情境一

（1）案例资料：华兴股份有限公司 20×1 年 12 月 31 日库存现金账存数为 6 929.60 元。次年 1 月 8 日下午安排库存现金突击监盘。

① 盘点现金结果如表 5-5 所示。

表 5-5　　现金监盘结果

币　值	张　数	币　值	张　数	币　值	张　数
100	27	5	12	0.5	19
50	10	2	28	0.1	63
20	37	1	77		

② 检查未入账单据发现以下问题。

未入账收款凭证 4 张，金额 2 800 元；付款发票 3 张，金额 300 元；白条借款 1 张，金额 2 000 元。

③ 清点日现金账面余额为 3 648.80 元，审计截止日至盘点日收入现金 49 000.00 元，支出现金 47 800.00 元。

①计划监盘库存现金时，为了获取最可靠的实物证据，要确定好监盘时间突击进行（最好选择在营业开始或终了）；②参加人员如表 5-6 中所示；③如果了解到有多处存放现金的地点，最好同时盘点或采取封存再盘的方式，这是为什么？

（2）任务实施：编制库存现金监盘表，见表 5-6。

表 5-6　　库存现金监盘表

检查盘点记录				实有库存现金盘点记录		
项目		项次	人民币	面额	人民币	
					张	金额
上一日账面库存余额		①	3 648.80	100.00	27	2 700.00
盘点日未记账传票收入金额		②	2 800.00	50.00	10	500.00
盘点日未记账传票支出金额		③	300.00	20.00	37	740.00
盘点日账面应有金额		④=①+②−③	6 148.80	10.00	0	—
盘点实有库存现金数额		⑤	4 148.80	5.00	12	60.00
盘点日应有与实有差异		⑥=⑤−④	−2 000.00	2.00	28	56.00
差异原因分析	白条抵库（张）	1	2 000.00	1.00	77	77.00
				0.50	19	9.50
				0.20	0	—
				0.10	63	6.30
				合计		4 148.80

续表

检查盘点记录			实有库存现金盘点记录		
项目		人民币	面额	人民币	
追溯调整	报表日至审计日库存现金付出总额	47 800.00			
	报表日至审计日库存现金收入总额	49 000.00			
	报表日库存现金应有余额	4 948.80			
	报表日账面汇率				
	报表日余额折合本位币金额				
本位币合计		4 948.80			

出纳：徐晋　　会计主管：王美　　监盘人：卫华　　检查日：20×2 年 1 月 8 日

审计说明：12 月 3 日出纳私自借款未经批准。

审计结论：　报表截止日账面结存现金 6 929.60 元，现金短款 1 980.80 元，其中白条抵库 2 000.00 元，长款 19.20 元。

建议调整。借：其他应收款　　2 000.00

　　贷：营业外收入　　19.20

　　　　库存现金　　1 980.80

情境二

（1）案例资料：如果你作为审计人员检查旺润股份有限公司 20×1 年 12 月 31 日现金实有数，并进一步确定资产负债表中货币资金的正确性，于 20×2 年 1 月 12 日对现金实施突击盘点，盘点结果如表 5-7 所示。审计发现以下问题。

① 尚未入账的业务招待费发票一张，金额 274 元，已经批准；

② 差旅费借款单三张，金额 2 500 元，已经批准；

③ 职工赵洪借款 500 元私用（12 月 25 日），未经批准；

④ 收据一张，收职工李建归还差旅费 1 200 元；

⑤ 1 月 12 日现金账面余额 3 703.50 元；

⑥ 1 日—12 日现金收入总计 54 230 元，现金支出总计 54 376 元；

⑦ 20×1 年 12 月 31 日现金账面余额 1 752.50 元。

①如果盘点发现大量现金长款，或存在私人存折或所谓代保管款项，可能存在小金库，一定要报告。②如果现金余额很大，而且账面余额经常超过库存限额，一定要与管理层沟通。③如果出纳手中有大量（大金额）的单据属于白条性质，一定要与管理层沟通，并注意是否存在特别风险，是否需要增加审计程序。④你能分清楚什么时间需要追溯调整吗？假如恰好监盘安排在报表截止日，这项工作会做吗？

（2）任务实施：编制库存现金盘点表，见表 5-7。

表 5-7　　库存现金监盘表

检查盘点记录			实有库存现金盘点记录		
项　目	项次	人民币	面额	人民币	
上一日账面库存余额	①			张	金额
盘点日未记账传票收入金额	②		100.00		

续表

检查盘点记录				实有库存现金盘点记录		
项　目		项次	人民币	面额	人民币	
盘点日未记账传票支出金额		③		50.00		
盘点日账面应有金额		④=①+②-③		20.00		
盘点实有库存现金数额		⑤		10.00		
盘点日应有与实有差异		⑥=⑤-④		5.00		
差异原因分析	白条抵库（张）			2.00		
				1.00		
				0.50		
				0.20		
				0.10		
				合计		1 629.50
追溯调整	报表日至审计日库存现金付出总额					
	报表日至审计日库存现金收入总额					
	报表日库存现金应有余额					
	报表日账面汇率					
	报表日余额折合本位币金额					
本位币合计						

出纳：　　　　会计主管：　　　　监盘人：　　　　检查日：

审计说明：

2．编制货币资金收支检查情况表

（1）案例资料：抽查客户公司 12 月 31 日第 42 号记账凭证（表 5-8）及所附原始凭证（表 5-9、表 5-10）。

表 5-8

记账凭证

20×1 年 12 月 31 日

记字第 42 号

摘　要	会计科目	明细科目	√	借方金额										√	贷方金额										附件据
				千	百	十	万	千	百	十	元	角	分		千	百	十	万	千	百	十	元	角	分	
支付11、12月电费	主营业务成本		√					3	8	7	6	0	0												
	库存现金													√					3	8	7	6	0	0	
合　计								3	8	7	6	0	0						3	8	7	6	0	0	2张

财务主管：李冰　　　　记账：徐晋　　　　出纳：徐晋　　　　审核：　　　　制单：徐晋

表 5-9　　费用报销单

报销日期：20×1 年 12 月 31 日　　附件 1 张

费用项目	类别	金额	负责人（签章）	王美
11、12 月份电费		3 876.00		
			审核意见	李冰
			报销人（签章）	赵敏
金额合计		现金付讫		
核实金额（大写）	叁仟捌佰柒拾陆元整		¥3 876.00	
借款金额		应退金额		应补金额	

审核：　　出纳：徐晋

表 5-10　　山东省工业统一发票

发票联

发票代码：137010153760

发票号码：00033999

客户名称及地址：山东爱家科技开发有限公司　　20×1 年 12 月 31 日填制

项目	单位	数量	单价	金额 千	百	十	元	角	分	备注
11、12 月份工业及照明电				3	8	7	6	0	0	
金额人民币（大写）叁仟捌佰柒拾陆元整				3	8	7	6	0	0	

第一联：发票联

济南市大桥路电业所 3703537643236 发票专用章

开票人：李斌　　收款人：胡晓兵　　单位签章

①报销电费的合法凭证应该是什么单据？内部控制要求的报销手续应该有哪些？②现金使用的范围有规定，单位之间大额使用现金的话，你会怀疑什么？

（2）任务实施。

① 经了解支付电费的业务属实。供电所为偷税，以假发票冒充正规发票，收取的现金不入账，私设小金库。

② 编制“货币资金收支检查情况表”，见表 5-11。

表 5-11 货币资金收支检查情况表

记账日期	凭证编号	业务内容	借方科目	贷方科目	金额	附件	核对内容〔用“√”、“×”表示〕					备注
							1	2	3	4	5	
12 月 31 日	42	支付 11、12 月份电费	主营业务成本	库存现金	3 876.00	报销单发票	√	×	×	×		
核对内容说明：1. 原始凭证是否齐全；2. 记账凭证与原始凭证是否相符；3. 账务处理是否正确；4. 是否记录于恰当的会计期间；5. ……												
对不符事项的处理：业务是真实的，建议换发票。												
审计说明：对不符事项的处理调查，了解到业务是真实的，但假发票不合法，不能作为记账的依据。												
建议调整，借：预付账款 3 876.00 贷：主营业务成本 3 876.00												

3. 检查银行存款的程序——实施函证，编制对银行存款余额调节表的检查表

检查银行存款，必须在弄清客户企业有几个存款账户的基础上，分别根据各日记账记录，实施函证，并索要银行对账单，检查企业银行存款余额调节表，确定银行存款余额的存在性。基本程序见图 5-9。

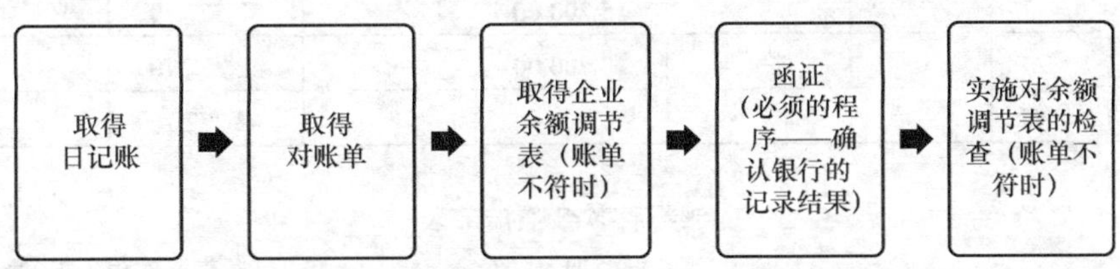

图 5-9 检查银行存款的程序

（1）检查结果：

① 账单一致、函证一致，确认余额；

② 账单不一致、函证与对账单一致，检查余额调节表，确认余额是否需要调整（是否存在不合理未达账项）。

（2）案例资料：获取客户企业山东爱家科技开发公司 12 月份银行存款日记账、对账单、调节表，见表 5-12～表 5-14，函证开户行，对不符事项分析，提出调整建议。

表 5-12 银行存款日记账 2

年 月	年 日	凭证号数	结算方式 类	结算方式 号码	摘要	借方（亿千百十万千百十元角分）	√	贷方（亿千百十万千百十元角分）	√	余额（亿千百十万千百十元角分）
12	16				承前页	980000		2800000	借	1677770
	20	记 32	利息		收四季度存款利息	8837			借	1686607
	20	记 33	交款		存现	360000	√		借	2046607
	25	记 36	联行		收回加工费	1520000	√		借	3566607
	26	记 37	联行		收回加工费	870000	√		借	4436607
	31	记 41	交款		存现	750000			借	5186607
	31				本月合计	4488837		2800000	借	5186607
					结转下年					

表 5-13

中国农业银行 AGRICULTURAL BANK OF CHINA 山东省分行 SHANDONG BRANCH 对账单

户名：山东爱家科技开发有限公司

账号：151-33101040002897　　币种：　　科目号：　　单位

日期	摘要	凭证号	借方发生额	贷方发生额	借/贷	余额	序号	附注
	期初余额				贷	30 377.70		
11.30				11 000.00		41 377.70		
12.06			4 000.00			37 377.70		
12.10			20 000.00			17 377.70		
12.15			4 000.00			13 377.70		
12.16				3 400.00		16 777.70		
12.20				3 600.00		20 377.70		
12.24			2 000.00			18 377.70		
12.25				15 200.00		33 577.70		
12.26				8 700.00		42 277.70		
	期末余额					42 277.70		

表 5-14　　银行存款余额调节表

年 12 月 31 日　　账户 151-33101040002897

项　目	金　额	项　目	金　额
企业日记账余额	51 866.07	银行对账单余额	42 277.70
加：银行已收，企业未收		加:企业已收，银行未收	88.37
			7 500.00
减：银行已付，企业未付	2 000.00	减:企业已付，银行未付	
调节后余额	49 866.07	调节后余额	49 866.07

制表：徐晋

① 请仔细分析银行存款账户余额的实际情况，理解不同情况下审计程序的安排及对进一步审计工作的影响。可以再假设几种情况，明白原理就可以了。

② 银行询证函的程序下，审计应与客户一起去银行办理。建议直接去人民银行，这样可以获得企业在所有商业银行的存贷款信息，相关费用由企业支付（可以参照海外实习学生的经验，了解国内外函证的差异）。若银行回函与对账单一致，那么是否以回函的结果为依据调整银行日记账的余额？调整或是不调整，以什么为依据（证据）？举个例子说明一下。

（3）审计步骤。

① 获取客户企业银行存款日记账见表 5-12，索要银行对账单见表 5-13、银行存款余额调节表见表 5-14 并核对。

② 向银行函证。客户单位盖章的银行询证函如下。

银行询证函

编号：第 1 号

山东省济南市农业银行东风支行：

本公司聘请的中兴华会计师事务所有限责任公司正在对本公司 20×1 年度财务报表进行审计，按照中国注册会计师审计准则的要求，应当询证本公司与贵行相关的信息。下列信息出自本公司记录，如与贵行记录相符，请在本函下端“信息证明无误”处签章证明；如有不符，请在“信息不符”处列明不符项目及具体内容；如存在与本公司有关的未列入本函的其他重要信息，也请在“信息不符”处列出其详细资料。回函请直接寄至中兴华会计师事务所有限责任公司。

回函地址：北京市西城区阜外大街 1 号四川大厦东座 15 层　　邮编：100037

电话：010—68364878　　传真：010-68348135　　联系人：卫华

截至 20×1 年 12 月 31 日止，本公司与贵行相关的信息列示如下：

1. 银行存款

账户名称	银行账号	币种	利率	余额	起止日期	是否被质押、用于担保或存在其他使用限制	备注
基本户	151-33101040002897	¥		51 866.07	活期	否	

除上述列示的银行存款外，本公司并无在贵行的其他存款和借款。

注：“起止日期”一栏仅适用于定期存款，如为活期或保证金存款，可只填写“活期”或“保证金”字样。

其他重大事项：无

山东爱家科技开发有限公司（公司盖章）

20×2 年 1 月 28 日

③ 取得银行回执与银行对账单结果一致。

④ 实施对对银行存款余额调节表的检查，编制检查表。

（4）任务实施：编制“对银行存款余额调节表的检查”，见表 5-15。

表 5-15　　对银行存款余额调节表的检查

开户银行：山东省济南市农业银行东风分理处

银行账号：151-33101040002897

币种：人民币

项　　目	金额	调节项目说明	是否需要审计调整
银行对账单余额	42 277.70		
加：企业已收，银行尚未入账合计金额	7 588.37		

续表

项　　目	金额	调节项目说明	是否需要审计调整
其中：1. 存款利息	88.37	银行漏计	否
2. 存现	7 500.00	未存	调整
减:企业已付，银行尚未入账合计金额			
其中：1.			
2.			
调整后银行对账单余额	49 866.07		
企业银行存款日记账余额	51 866.07		
加:银行已收，企业尚未入账合计金额			
其中：1.			
2.			
减：银行已付，企业尚未入账合计金额	2 000.00		
其中：1. 电汇付款	2 000.00	漏计	调整
2.			
调整后企业银行存款日记账余额	49 866.07		

经办会计人员（签字）：徐晋　　　　　　　　会计主管（签字）：刘冰

审计说明：发现不合理未达账项，调整后截止日银行存款余额为 42 366.07 元。

针对业务内容和入账时间的错误，建议调整：

借：库存现金　　7 500.00

　　应付账款　　2 000.00

　　贷：银行存款　　9 500.00

4. 对银行存款、其他货币资金的检查

（1）案例资料：项目负责人安排你查华兴公司 20×1 年度货币资金。12 月 31 日企业银行存款日记账余额为 1 722 590.37 元；12 月 31 日银行对账单余额为 1 592 590.37 元。经逐笔核对银行存款，找出下列未达账项，相关账证资料见表 5-16、表 5-17、表 5-18，共 3 张。

表 5-16　　其他货币资金明细账——银行汇票存款

20×1 年		凭证号	摘要	借方	贷方	余额
月	日					
10	28	125	办理上海宏盛集团汇票一张	330 000.00		
11	2	5	结算上海宏盛集团汇票款		330 000.00	平

表 5-17　　记账凭证

20×1 年 11 月 2 日　　会字 5 号

摘要	会计科目	明细科目	借方	贷方
支付甲产品款	材料采购	上海宏盛集团	282 400.00	
	应交税费	应交增值税（进项税）	47 600.00	
	其他货币资金	银行汇票		330 000.00
合计			330 000.00	330 000.00
附单据 1 张				

会计主管：刘江　　会计：黄兰　　制证：黄兰　　出纳：黄兰

表 5-18 上海市增值税专用发票

3100050921 　发　票　联　　№：00182940

开票日期：20×1 年 11 月 2 日

<table>
<tr><td rowspan="1">购货单位</td><td colspan="4">名称：华兴股份有限公司
纳税人识别号：370112787444223
地址、电话：济南市旅游路 88 号 0531-86345678
开户行及账号：工行历城区支行洪楼分理处 1620007009034120818</td><td>密码区</td><td colspan="2">67893--+9827/16<241< 加密版本:01
0<<>3<2+876<-6105>4+>3100050921
51*84-9319<8>9-20<750
0/-3000252/9-*+91>>4+00182940</td></tr>
<tr><td>货物或应税劳务名称</td><td>规格型号</td><td>单位</td><td>数量</td><td>单价</td><td>金额</td><td>税率</td><td>税额</td></tr>
<tr><td>甲产品

合计</td><td></td><td></td><td>1 000</td><td>280.00</td><td>280 000.00

¥280 000.00</td><td>17%</td><td>47 600.00

¥47 600.00</td></tr>
<tr><td colspan="2">价税合计（大写）</td><td colspan="4">⊗叁拾贰万柒仟陆佰元整</td><td colspan="2">（小写）¥327 600.00</td></tr>
<tr><td>销货单位</td><td colspan="4">名　　称：上海宏盛集团商贸有限公司
纳税人识别号：310104760163008
地 址、电 话：上海市花园路 18 号　021-65478907
开户行及账号：上海市工商银行虹口区支行 1100100320470902352</td><td>备注</td><td colspan="2">上海宏盛集团商贸有限公司
税号:310104760163008
发票专用章</td></tr>
</table>

收款人：陈红　　复核：李慧　　开票人：郑天平　　销货单位（章）

国税函［2010］150 号济南华森印刷厂

第三联：发票联购货方记账凭证

① 10 月 15 日企业办理银行汇票申请，要求签发银行汇票一张，金额 500 000.00 元，10 月 16 日该汇票金额全额转账支付，银行均已入账，但企业没有记录。

② 11 月 6 日收到一笔银行汇票多余款 2 400.00 元，企业未入账，查该汇票已全额付款，其他货币资金——银行汇票没有余额。同时发现 11 月 8 日 3304 号现金支票提现 2 400.00 元，也一直未入账。

③ 企业 6905 号转账支票 12 月 3 日付款，支付修理费 90 000.00 元，银行始终未付。

④ 12 月 5 日银行收汇入款，金额 30 000.00 元，12 月 8 日现金支票 3328 号提现金 30 000.00 元，企业均未入账。查下年度 1 月 3 日记账凭证并附现金交款单一张。

借：银行存款　　30 000.00

　　贷：应收账款——甲单位　　30 000.00

⑤ 12 月 30 日银行收支票存入销货款，金额 280 000.00 元，企业未收，查企业下年度 1 月 5 日入账，进账单日期为 12 月 30 日。

（2）任务实施。

① 根据上述未达账项，完成编制银行存款余额调节表，见表 5-19。

表 5-19 银行存款余额调节表

项　目	金　额	项　目	金　额
银行日记账余额 加：银行已收，企业未收 减：银行已付，企业未付		银行对账单余额 加：企业已收，银行未收 减：企业已付，银行未付	
调节后余额		调节后余额	

② 仔细分析每一笔未达账项的性质，是否需要调整，如何建议调整？

- 询问出纳及有关人员，要求交出办理银行汇票时的委托书，并说明款项去向。确认属挪用公款性质，写出建议调整分录。

- 记账凭证与原始凭证不符，确认为贪污银行汇票多余款。写出建议调整分录。

出纳交回现金时，写出建议调整分录（一收一付均未入账，对银行存款余额没有影响）。

- 进一步查明该支票未结算的原因，如属虚开，写出建议调整分录。
- 挪用公款，应如何处理？
- 推迟入账，写出建议调整分录。

根据上述调整建议，最终确定的银行存款余额应该是多少？写出计算过程。

思考

（1）管理层舞弊。从管理层的角度看，由于被审计单位的性质不同、规模大小不一样，同一单位不同时期的战略规划不同，业绩考核办法不一样，在“压力、动机”的驱使下，某个会计期间可能出现管理层操纵收入，虚报支出等操纵利润的舞弊行为，进而影响货币资金。请利用各种信息渠道，完成表5-20。

表5-20 管理层舞弊

错计性质	常见手段及目的
虚构多计	
隐瞒少计	

你可以从哪些迹象了解到企业可能存在小金库？试着设计一个审查的思路。

（2）员工侵占资产。从员工的角度看，在单位内部控制薄弱的条件下，在“动机、机会”的驱使下，业务、会计等岗位人员可能利用职务之便，个人或串通挪用、贪污公款，谋取私利。请将常用手段及一般表现填在表5-21中。

表5-21 员工舞弊

常 用 手 段	舞 弊 表 现

所有循环下的员工侵占资产，大多数都表现为对货币资金的侵占。你可以从哪些迹象中怀疑可能存在舞弊？如何确认事实真相？请设计或列举一种甚至多种情形。

三、任务训练

1．库存现金审计

（1）任务背景资料：获取的客户公司有关凭证如下。

借：应付职工薪酬　　263 600.00

　贷：库存现金　　263 600.00

所附原始凭证如表 5-22 所示。

表 5-22

领　款　单

20×1 年 12 月 30 日　　现金付讫章

领款事由：职工困难补助

金额（大写）：贰拾陆万叁仟陆佰元整　　¥263 600.00

审核：李明　　领款人：董琳

（2）任务实施。

① 你认为该笔业务是否真实？真实的业务应附何种原始凭证？

② 如果在现金盘点时发现存折一个，其存款日期、金额恰与此相同，你对此有何看法？应进一步取得何种审计证据，弄清事实真相？

③ 如果上述业务经核实确属私设小金库，如何建议调整？

2．阅读理解银行存款余额明细表的编制

（1）任务背景资料：审计已编制的银行存款余额明细表，如表 5-23 所示。

表 5-23　银行存款余额明细表

被审计单位：A 公司　　截止 20×1 年 12 月 31 日

开户银行	银行账号	日记账明细				对账单余额	调整数		审计后余额
		期初余额	本期借方	本期贷方	本位币余额		借方	贷方	
兴业银行上海普陀支行	216160100100001332	44 330 923.82	143 012 976.66	183 475 065.55	3 868 834.93	3 868 834.93			3 868 834.93
光大银行闸北支行	083656120100304064272	21 393 238.53	14 713 300.66	25 518 271.73	10 588 267.46	10 002 067.46		586 200.00	10 002 067.46

续表

开户银行	银行账号	日记账明细				对账单余额	调整数		审计后余额
		期初余额	本期借方	本期贷方	本位币余额		借方	贷方	
招商银行上海分行	00847219001	0.00	1 021 230.33	119 572.89	901 657.44	901 657.44		901 657.44	0.00
广东发展银行上海分行黄浦支行	165070-516010002201	14 322 334.56	24 140 402.34	27 140 281.15	11 322 455.75	11 322 455.75	10 000 000.00	10 000 000.00	11 322 455.75
上海银行江浦支行	00008803942	198 615.70	894 011.46	1 001 042.45	91 584.71	91 584.71			91 584.71
农业银行宜兴城中支行	648201040006720	186 012.42	402 802.40	542 034.70	46 780.12	46 780.12			46 780.12
华夏银行上海静安支行（定期）	135767－8301－4141	10 000 000.00	10 000 000.00	10 000 000.00	10 000 000.00	10 000 000.00			10 000 000.00
合计		90 431 125.03	194 184 723.85	247 796 268.47	36 819 580.41	36 233 380.41	10 000 000.00	11 487 857.44	35 331 722.97

注：①回函情况：上述银行存款询证函均由××在客户的陪同下亲自前往各开户银行询函，上述银行均盖章确认。

②经询问公司不存在已质押的或限定用途的银行存款，已取得公司出具的承诺书。

③通过检查贷记凭证和银行支票存根的存根联，没有发现付款凭证不连号的情况；经询问了解到公司不存在签发给外单位做质押而未入账的现象，已取得公司出具的承诺书。

（2）任务实施。

① 说明工作步骤及资料来源。

② 针对银行存款日记账与对账单的差异，请你说明调整原因。

③ 针对经调整的银行存款审定数与银行对账单的差异，请分析可能的差异原因。

项目小结

货币资金的收支与企业各项业务循环具有广泛联系，本项目重点掌握货币资金审计证据种类和相关工作底稿种类及编制，见图 5-10。

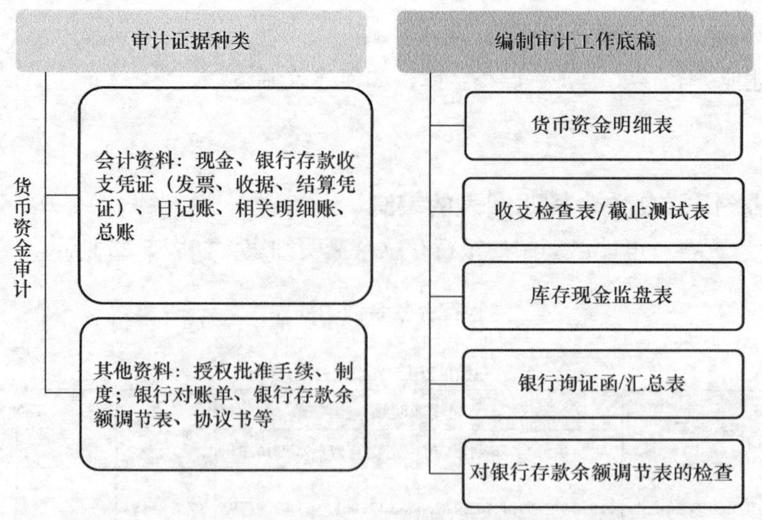

图 5-10　货币资金审计证据种类及要求会编制的工作底稿

海外实习生日记

办理银行存款函证

中国人民大学　文达　浩华国际会计公司　香港

这次审计的公司是一个在香港上市的跨国集团的子公司，这也是我第一次出差。

从香港到深圳十分方便，坐不到一个小时的九广动车就到了。

以前因为语言的关系，一直都无法与客户交流。这次到深圳出差，终于可以和客户直接交流了。

虽然做的还是一样的交易测试，可是由于每个公司本身的会计管理制度不同，所以虽然步骤一样，可是实际操作时需要做的事情不太相同；特别是内地的公司和香港的公司就有更多方面不同了。

以前都是有一个同事一步一步地教我，先查完这个，再根据那里查另外一个，一直都感觉很无聊，可是这次一起出差的只有两个人，要在一个星期内审完一个公司，时间非常紧。他只告诉我应该做哪几个部分，其他全部由我自己做。一开始我想还不是一样的事情，只要和原来那几个公司一样就行了。可是后来发现这家内地的公司和我以前做的几家公司保存凭证的方法不太一样。我必须和客户交流，了解他们平时购货销售记账的程序，然后再根据自己审计时需要做的步骤，自己组织出一套审查的方法。这一次是完全自主思考后的结果，很有成就感。

这次还有和以前不同的是接触了两个新的任务，即使这些任务也很简单，但是从中也收获不少。

第一个就是发银行询证函，虽然之前在香港也填过询证函，可是这次完全不同。因为在香港，只需要给银行寄一个询证函过去，银行就会将有关信息直接寄回公司，对审计工作十分方便。可是在内地，必须要公司的会计人员亲自去银行核对盖章，而且同事教导我，由于有些内地银行的工作人员不尽负责甚至与客户勾结，会不进行核对就直接在询证函上盖章。所以，在内地发询证函就必须审计人员在客户会计人员的陪同下，亲自去银行确认。那天早上深圳正准备迎接台风的袭击，我和客户跑了三家银行，才完成任务。

第二个就是做薪酬审计的部分。这部分并不复杂，主要是将分别计在制造费用、管理费用和销售费用的工资、福利费及补贴记录下来，并且与前一年的数字对比，分析变化原因。然后抽查两个月的工资发放表，查看银行付款记录、员工领取记录，确认工资确实发出。还有抽查劳工合同和标准工资表，看这些工资的发放是否有章可循。公司中工资最高的几个人一般是我们的重点抽查对象。这部分我有所收获是因为不仅仅知道了如何审计工资这一项，更重要的是知道了我们在做审计时，一定要注意保护客户秘密，这是审计人员基本的职业道德。除了不对外公布消息外，一些资料是公司内部人员也不能知情的，所以在搜集审计证据时，要注意为客户保密，复印时不要遗漏资料，要将资料完整交还客户，资料不需要时要及时销毁（放入碎纸机中）。这些事情看来虽小，可是都十分重要。

也许这是三个月实习期的最后一个客户了。回想这三个月，虽然能接触的业务仅限于一小部分，可是在平时的实际操作、同事的帮助和与客户的交流过程中，学到的东西又岂止是审计方面？很感谢中国注册会计师协会给我这次宝贵的机会，让我受益匪浅，谢谢！

——资料来源：中注协网站

参考文献

[1] 财政部. 中国注册会计师审计准则 2012.
[2] 财务报表审计工作底稿编制指南——中国注册会计师协会.